21世纪高职高专教材·物流管理系列

国际航空物流实务

（第2版）

李旭东　编著

清华大学出版社
北京交通大学出版社
·北京·

内 容 简 介

基于产教深度融合模式，本书立足国际航空物流业实践发展的前沿、面向企业主要岗位群的任职要求、同步对接行业国际标准，采用"项目—任务"体例，对国际航空物流主要业务项目及典型工作任务进行深度剖析，重构职业技能与专业知识的学习框架，每个项目均安排实操训练，体系结构与内容让读者耳目一新。

全书分为6个项目，涵盖了国际航空运输规则、国际航协航空货物运价手册（TACT）、危险品规则（DGR）、国际航空公约等重要领域的最新内容。书中精选大量前沿实务案例、业务单证、运输文件、运作流程、操作规范，材料皆来源于企业实践一线并对接国际国内行业标准。

本书既可作为高职本科与专科相关专业（现代物流管理、航空物流管理、民航运输服务、关务与外贸服务等）的教材，也可作为应用型本科物流类专业的教材，还可作为国际物流企业的员工培训教材及工作参考用书。

本书封面贴有清华大学出版社防伪标签，无标签者不得销售。
版权所有，侵权必究。侵权举报电话：010-62782989　13501256678　13801310933

图书在版编目（CIP）数据

国际航空物流实务 / 李旭东编著. -- 2版. -- 北京：北京交通大学出版社：清华大学出版社，2024. 11. -- ISBN 978-7-5121-5386-8

Ⅰ. F560.84

中国国家版本馆CIP数据核字第20249GJ603号

国际航空物流实务
GUOJI HANGKONG WULIU SHIWU

责任编辑：赵彩云
出版发行：清 华 大 学 出 版 社　　邮编：100084　　电话：010-62776969
　　　　　北京交通大学出版社　　邮编：100044　　电话：010-51686414
印 刷 者：北京时代华都印刷有限公司
经　　销：全国新华书店
开　　本：185 mm×260 mm　　印张：13.25　　字数：339千字
版 印 次：2017年1月第1版　　2024年11月第2版　　2024年11月第1次印刷
定　　价：49.00元

本书如有质量问题，请向北京交通大学出版社质监组反映。对您的意见和批评，我们表示欢迎和感谢。
投诉电话：010-51686043，51686008；传真：010-62225406；E-mail：press@bjtu.edu.cn。

前　言

在我国产业转型升级持续推进、跨境电子商务迅猛发展、新质生产力发展加快的新形势下，时间越来越显示出独特的价值。像信息科技产品、精密仪器、医疗器械、中高端服装、生鲜产品、安防产品、生物医药、新材料、贵重物品等科技含量或自身价值较高的产品，其特征是生命周期不断缩短、时效要求越来越高、市场敏感度高、交货期短、具有运量较小、运费承担能力较强等优势，对国际航空物流服务保持高度依赖性与强劲的市场需求。中国民用航空局统计数据显示：2014年至2023年十年间，中国国际航线货邮运输量从184.8万t增至279.0万t，国际航线货邮周转量从140.4亿t·km增至213.2亿t·km；2024年1—8月，国际航线货邮运输量继续保持较快增长，共完成228.7万t，比2023年同期增长33.8%；同时，中国海关总署统计数据表明，2023年中国进出境飞机累计536 198架次，比2022年增长103.7%；2024年1—8月中国进出境飞机累计567 037架次，比2023年同期增长84.1%；根据中国物流与采购联合会航空物流分会统计，2024年1—9月，全国累计新开国际货运航线127条，国际航空货运网络在不断织密，其中新开亚洲航线65条、欧洲航线39条、北美航线18条、其他航线5条，出口货物主要以跨境电商货物、生鲜货物、电子产品和汽车配件等为主。

我国国际航空物流业具有广阔的发展前景，需要高职院校培养大量高技能、高素质的国际航空物流人才，介绍国际航空物流业务知识与实操技能的教材不可或缺。目前，国际航空货运、国际货运代理（含空运）或物流运输领域的教材非常多，但是良莠不齐；虽然不少教材在结构和思路上体现了工学结合，但是在内容上却未真正实现与企业实践、发展前沿及国际标准的紧密对接。相比之下，本书在这几方面有所突破，具有以下特色。

第一，实践性强。本书设计理念、素材、知识与技能来源于行业企业的长期实践，知名国际航空物流企业的多位业务技术骨干充分参与了教材选题策划、体系与结构设计、内容选取等工作，提供了大量来自实践领域的第一手材料，完善和丰富了本书内容的实践性，保障了专业知识与技能的实用性与可操作性，因此本书是一本实际意义上的工学结合型教材。

第二，立足前沿。作者多年来在国际航空物流领域扎实开展产教融合，在从事专业教学的同时，持续参与国际航空物流企业运作实践，为企业提供技术服务，这保障了教材内容的实时更新、与前沿实务的及时对接。本书涵盖了国际航空运输规则、国际航协航空货物运价手册（TACT）、危险品规则（DGR）、国际航空公约等重要领域的最新内容，立足国际航空物流实践发展前沿，编写时参考借鉴了国内外学者与专家的最新研究成果，查阅了大量专业著作和论文，比较系统地介绍了国际航空物流理论与实践的最新发展状况。

第三，国际化程度高。当前，我国国际航空物流企业在不同程度上缺失统一服务标准与操作规范，本书在结合我国国情的基础上，融入了国际民航组织、国际航空运输协会等权威组织的国际空运业务标准，在内容上与国际规范紧密接轨，使学生所学知识与技能更能适应国际航空物流业务境内外操作一体化日益增强的岗位工作要求。

在体例上，本书突破传统教材结构，采用"项目—任务"体例，对国际航空物流主要业务项目及典型工作任务进行深度剖析，重构知识技能学习内容框架：以业务部门工作流程（营销揽货、物流操作、客户服务等）为主线，以主要工作岗位（营销员、操作员、客服员等）为载体，以典型工作任务为驱动。在学习内容的设计上，遵循以下思路：明确目标（能力目标、知识目标）—提出问题（通过引导资料导入工作背景、案例与任务）—分析问题（工作任务分解与知识技能讲解）—解决问题（提出应对措施、方法或解决方案）—巩固测评（知识技能测试与实操训练），不仅融入了岗位能力标准，还将思政元素、职业素养要求等融入其中，注重职业能力与职业素养双方面的培养。

本书作者现任广东交通职业技术学院教授，是中国物流学会特约研究员、经国际民用航空组织（ICAO）认证的危险品空运技术高级教员、中国航空学会会员，曾在全球知名的国际航空物流企业——德国敦豪（DHL）公司任职 11 年，先后在分公司航空货运部、华南区市场营销部、中国区全球物流部分别担任运作主管、全球客户经理、物流项目策划经理，三次被评为 DHL 年度 EOY（Employee of the Year），近年来被评为广东省"南粤优秀教师"、全国物流职业教育教学指导委员会"首届教学名师"。

在本书写作过程中，北京交通大学博士生导师王耀球教授提出了非常宝贵的指导意见；联邦快递（Fedex）公司的 Aroc Lee 经理、DHL 公司的 Norman Leung 经理等人对教材的规划设计提出了专业化建议，并提供了不少典型案例和行业发展资讯；本书部分内容参考了国内外学者的研究成果，在结尾以参考文献的形式列入书中。在此，对以上提供支持和帮助的个人、单位、文献作者致以衷心、诚挚的谢意！

由于水平有限，本书难免存在疏漏和不足之处，敬请各位专家、同行及读者予以批评指正，以便逐步完善。

编　者
2024 年 10 月

目　　录

项目 1　国际航空物流基础认知 ·· 1

　任务 1.1　理解国际航空物流 ·· 2
　　1.1.1　国际航空物流的概念 ·· 2
　　1.1.2　国际航空物流企业 ·· 2
　　1.1.3　国际航空物流的特点 ·· 3
　任务 1.2　认识国际航空物流组织 ·· 3
　　1.2.1　国际航空运输协会 ·· 3
　　1.2.2　国际民用航空组织 ·· 5
　　1.2.3　国际航空电信协会 ·· 5
　　1.2.4　中国航空运输协会 ·· 6
　任务 1.3　计算飞行时间 ·· 6
　任务 1.4　掌握国际航空 IATA 代码 ·· 7
　　1.4.1　国家/地区两字代码 ·· 7
　　1.4.2　机场三字代码 ·· 8
　　1.4.3　航空公司三字/两字代码 ·· 9
　　1.4.4　其他常用的 IATA 业务代码 ·· 11
　任务 1.5　了解民用航空飞机 ·· 11
　　1.5.1　飞机制造商简介 ·· 11
　　1.5.2　民航飞机的分类 ·· 12
　　1.5.3　机型介绍 ·· 13
　思考与练习 ·· 15

项目 2　国际航空物流流程解析 ·· 18

　任务 2.1　国际航空物流流程基础认知 ·· 19
　　2.1.1　业务流程的参与主体 ·· 19
　　2.1.2　核心主体——国际航空物流企业 ·· 19
　　2.1.3　国际航空物流企业的业务部门 ·· 20
　任务 2.2　国际航空物流业务流程 ·· 21
　　2.2.1　营销揽货 ·· 22
　　2.2.2　物流操作 ·· 28
　　2.2.3　客户服务 ·· 37

I

2.2.4　费用结算 ………………………………………………………………… 37
　思考与练习 …………………………………………………………………………… 38

项目3　国际航空物流运费与运单 ………………………………………………………… 42
　任务3.1　运价与计费重量认知 …………………………………………………………… 43
　　3.1.1　运价概述 ……………………………………………………………………… 43
　　3.1.2　IATA运价 ……………………………………………………………………… 43
　　3.1.3　计费重量 ……………………………………………………………………… 44
　任务3.2　普通货物运价与运费计算 ……………………………………………………… 46
　　3.2.1　概述 …………………………………………………………………………… 46
　　3.2.2　经济分界点 …………………………………………………………………… 47
　　3.2.3　运费计算 ……………………………………………………………………… 48
　任务3.3　指定商品运价与运费计算 ……………………………………………………… 51
　　3.3.1　概述 …………………………………………………………………………… 51
　　3.3.2　指定商品分组与编码 ………………………………………………………… 52
　　3.3.3　运费计算与运单填制 ………………………………………………………… 53
　任务3.4　等级货物运价与运费计算 ……………………………………………………… 59
　　3.4.1　概述 …………………………………………………………………………… 59
　　3.4.2　活体动物运价与运费计算 …………………………………………………… 60
　　3.4.3　贵重物品运价与运费计算 …………………………………………………… 64
　　3.4.4　书报杂志类货物运价与运费计算 …………………………………………… 65
　　3.4.5　作为货物运输的行李运价与运费计算 ……………………………………… 67
　任务3.5　国际航空运单基础认知 ………………………………………………………… 68
　　3.5.1　概述 …………………………………………………………………………… 68
　　3.5.2　航空运单的作用 ……………………………………………………………… 69
　　3.5.3　航空运单的构成 ……………………………………………………………… 70
　　3.5.4　航空运单代填 ………………………………………………………………… 71
　任务3.6　国际航空运单填制 ……………………………………………………………… 71
　　3.6.1　填制的基本要求 ……………………………………………………………… 71
　　3.6.2　各栏目填写规范 ……………………………………………………………… 71
　思考与练习 …………………………………………………………………………… 80

项目4　国际航空集约物流 ………………………………………………………………… 85
　任务4.1　国际航空集运基础认知 ………………………………………………………… 86
　　4.1.1　国际航空集运的概念 ………………………………………………………… 86
　　4.1.2　集运操作流程 ………………………………………………………………… 86
　　4.1.3　集运与直运的区别 …………………………………………………………… 88
　　4.1.4　集运文件 ……………………………………………………………………… 89
　任务4.2　集运运费与利润核算 …………………………………………………………… 90

  4.2.1 集运收入核算 · 90
  4.2.2 集运成本核算 · 91
  4.2.3 集运利润核算 · 91
  4.2.4 集运利润来源分析 · 92
 任务 4.3 集运运单填制 · 94
  4.3.1 分运单与总运单对比 · 94
  4.3.2 分运单填写 · 94
  4.3.3 总运单填写 · 95
 任务 4.4 包箱板运输 · 95
  4.4.1 包箱板运输的概念 · 95
  4.4.2 集装器介绍 · 95
  4.4.3 集装器与飞机货舱的适配 · 99
  4.4.4 包箱板运输实务 · 100
  4.4.5 包箱板集装操作 · 102
  4.4.6 集装箱利用率最大化 · 105
 任务 4.5 国际航空快递 · 107
  4.5.1 国际航空快递概述 · 107
  4.5.2 国际航空快递运作流程 · 107
  4.5.3 快递运费计算 · 108
  4.5.4 快递运单填制 · 111
  4.5.5 国际快递运输条款与条件 · 112
 思考与练习 · 114

项目 5 危险品国际航空物流 · 120

 任务 5.1 基础认知 · 121
  5.1.1 危险品概述 · 121
  5.1.2 危险品航空运输法律法规 · 122
  5.1.3 危险品航空运输责任 · 123
 任务 5.2 危险品的限制 · 126
  5.2.1 禁运的危险品 · 126
  5.2.2 隐含的危险品 · 126
  5.2.3 旅客或机组人员携带的危险品 · 127
  5.2.4 危险品的邮政运输 · 128
  5.2.5 承运人物资中的危险品 · 128
  5.2.6 例外数量危险品 · 129
  5.2.7 有限数量的危险品 · 130
  5.2.8 国家及承运人差异 · 131
 任务 5.3 危险品的分类 · 132
  5.3.1 分类、包装等级与 UN 编号 · 132

5.3.2　第1类——爆炸品 ··· 139
　　　5.3.3　第2类——气体 ··· 140
　　　5.3.4　第3类——易燃液体 ·· 141
　　　5.3.5　第4类——易燃固体等 ··· 141
　　　5.3.6　第5类——氧化性物质和有机过氧化物 ····································· 142
　　　5.3.7　第6类——毒性物质和感染性物质 ··· 142
　　　5.3.8　第7类——放射性物品 ··· 143
　　　5.3.9　第8类——腐蚀性物质 ··· 144
　　　5.3.10　第9类——杂项危险物质和物品 ··· 144
　　任务5.4　危险品的识别 ·· 145
　　　5.4.1　危险品表 ·· 145
　　　5.4.2　危险品编号对照表 ·· 148
　　　5.4.3　运输专用名称的选择 ··· 149
　　任务5.5　危险品的包装 ·· 150
　　　5.5.1　危险品包装常用术语 ··· 150
　　　5.5.2　一般包装要求 ··· 151
　　　5.5.3　包装类型 ·· 151
　　　5.5.4　包装说明 ·· 152
　　　5.5.5　包装检查 ·· 153
　　任务5.6　危险品包装件标记和标签 ··· 153
　　　5.6.1　危险品包装件标记 ·· 153
　　　5.6.2　危险品包装件标签 ·· 157
　　任务5.7　危险品航空运输文件 ··· 159
　　　5.7.1　危险品航空运输文件填制要求 ·· 159
　　　5.7.2　托运人危险品申报单 ··· 159
　　　5.7.3　航空货运单 ·· 165
　　任务5.8　危险品航空运输操作 ··· 167
　　　5.8.1　收运 ·· 167
　　　5.8.2　存储 ·· 171
　　　5.8.3　装载 ·· 172
　　　5.8.4　机长通知单 ·· 174
　　思考与练习 ·· 176

项目6　国际航空物流法规与应用 ·· 181

　　任务6.1　国际航空物流法规认知 ··· 182
　　　6.1.1　国际航空公约：蒙特利尔公约（1999年签订） ······························ 182
　　　6.1.2　中国航空法规：中国民航法 ·· 185
　　任务6.2　国际航空物流事故的分析处理 ·· 186
　　　6.2.1　国际航空物流事故的概念 ··· 186

  6.2.2　国际航空物流事故一般处理流程 ………………………………………… 186
  6.2.3　当事人与受雇人或代理人的责任划分 ……………………………………… 189
 任务 6.3　国际航空物流事故的索理赔 ……………………………………………………… 189
  6.3.1　国际航空物流事故的发现 …………………………………………………… 189
  6.3.2　索赔原则与条件 ……………………………………………………………… 190
  6.3.3　索赔程序 ……………………………………………………………………… 191
  6.3.4　理赔 …………………………………………………………………………… 192
 任务 6.4　国际航空物流事故处理案例分析 ………………………………………………… 193
  6.4.1　国际航空运输货物丢失的处理 ……………………………………………… 193
  6.4.2　国际航空物流货物延误的处理 ……………………………………………… 193
  6.4.3　国际航空物流部分货物受损的处理 ………………………………………… 194
  6.4.4　陆路运输期间货物受损的处理 ……………………………………………… 194
  6.4.5　多个主体参与的国际航空物流事故的处理 ………………………………… 195
  6.4.6　空中运输未开始的责任认定 ………………………………………………… 195
 思考与练习 …………………………………………………………………………………… 196

参考文献 ………………………………………………………………………………………… 200

项目 1

国际航空物流基础认知

能力目标

会正确计算飞行时间；能正确解释主要国家、机场、航空公司的 IATA 代码含义以及常用的 IATA 业务代码含义；能熟练列举常见宽体与窄体飞机的机型、常用货机机型和查明主要参数。

知识目标

熟悉国际航空物流特点；了解 IATA、ICAO、CATA 等航空运输组织；熟悉飞机制造商中国商飞、波音、空客及其系列机型。

思政目标

提升民族自豪感与职业认同感、坚持自信自立、增强自主创新与低碳发展的责任感。

引导资料

国产 C919 大飞机

二十大报告指出，我国一些关键核心技术实现突破，大飞机制造等取得重大成果，进入创新型国家行列，同时提出，加快实施创新驱动发展战略、增强自主创新能力。

C919 大飞机是中国首款按照国际通行适航标准自行研制、具有自主知识产权的喷气式中程干线客机，具有安全、经济、舒适、环保的特点，可满足航空公司对不同航线的运营需求。C919 于 2007 年立项、2017 年首飞，2022 年 12 月 C919 首架飞机交付航司。2023 年 5 月 C919 完成首次商业飞行，首发用户为中国东方航空。截至 2023 年 9 月，C919 大型客机订单（量）达 1 161 架。今后，C919 大飞机将为促进我国国际国内航空物流与民航客运可持续发展提供强有力的支撑和保障。

二十大报告强调推动能源清洁低碳高效利用，推进交通等领域清洁低碳转型。C919 采用先进气动设计、先进的新一代发动机 LEAP-1C、先进推进系统和先进材料，碳排放更低、燃油效率更高，经济性竞争优势明显，目前单价为 0.99 亿美元。

通过本项目内容的学习，一方面，掌握民航飞机、航空组织、IATA 代码、飞行时间计算等专业知识与技能；另一方面，提升民族自豪感与职业认同感，坚持自信自立，增强自主创新与低碳发展的责任感。

任务 1.1　理解国际航空物流

1.1.1　国际航空物流的概念

物流（logistics）是物品从供应地到需求地的实体流动过程。国际航空物流是以国际航空运输为核心、物品从境内供应地到境外需求地的实体流动过程，是以客户需求为中心，由国际航空运输、仓储、搬运装卸、包装、配送、信息处理、流通加工等服务功能组合而成的有机整体。本书不同项目的内容对上述功能介绍的侧重点不同，但是各项目在不同程度上都涵盖了国际航空物流的基本功能。国际航空物流的一般过程如图 1-1 所示。

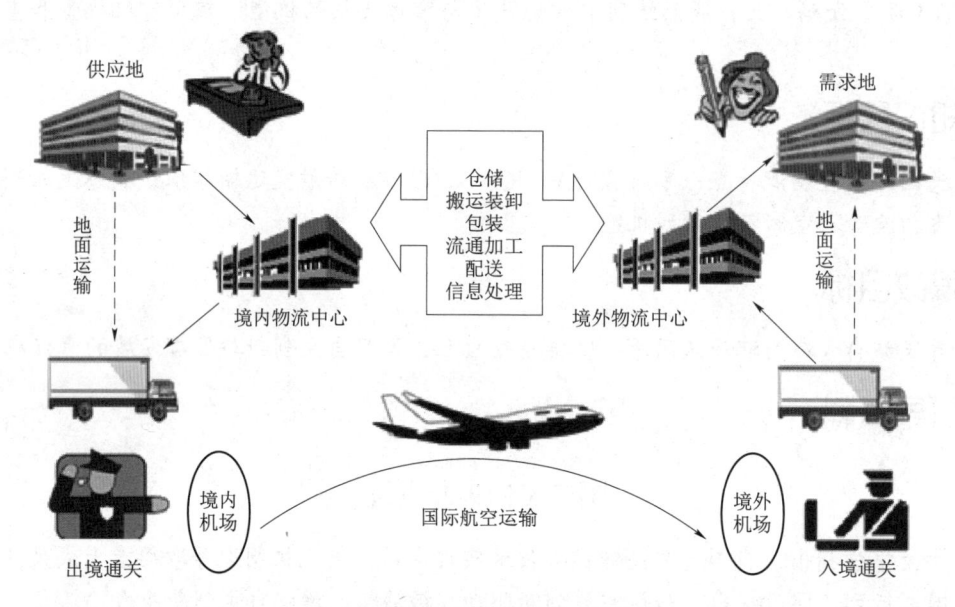

图 1-1　国际航空物流的一般过程

1.1.2　国际航空物流企业

国际航空物流企业是国际航空物流活动的主体，是国际航空物流服务的提供商（provider）。既可以理解为国际航空物流运作过程的参与型企业，包括提供国际航空运输、订舱配载、辅助性地面运输、货站服务、跨境通关、仓储与配送、单证与信息处理等服务的相关企业，也可以理解为整合上述各种服务的集成型企业。随着客户乃至市场对一站式服务需求的日益增长和行业的快速发展，集成型国际航空物流企业逐渐成为主流。

1.1.3 国际航空物流的特点

从时空角度，国际物流一般分为国际航运物流、国际航空物流、国际公路物流、国际铁路物流；与其他物流方式相比，国际航空物流具有非常鲜明的特点，主要包括以下几个方面。

1. 快捷高效

国际航空物流采用飞机作为运送货物的主要工具，现代喷气式飞机时速通常在 900 km 左右，最显著的特点就是速度快。当前市场竞争日益激烈，对运输速度要求高的货物越来越多，国际航空物流快捷高效的特点适应了这些货物的物流需求。全球经济一体化的发展，要求企业对国际市场的变化作出快捷灵敏的反应，及时抢占商机是竞争制胜的重要因素，如缩短国际贸易、跨境电商订单的交货期，新产品在海外及时上市而获取更高的利润等，都需要国际航空物流强有力的支撑才更容易实现。因此，从效率的角度看，国际航空物流适合时效要求高、市场敏感性强、交货期短等的货物（如高科技产品、时装、鲜活货物、季节性强的货物、紧急物资、部分危险品），这是其他物流方式所不具备的优势。

2. 安全可靠

在安全保障方面，与其他物流方式相比，国际航空物流的管制更为严格、完善，程序手续相对简单，中间环节较少，加上飞机运行比较平稳，在运输过程中发生货失货损的机会也就少得多。因此从安全的角度看，航空物流尤其适合精密仪器、价值高、易碎易破损等货物。

3. 空间广袤

空间广袤、跨度大是国际航空物流的另一个重要特征，在有限的时间内，飞机的空间跨度是最大的，宽体飞机的航程一般在 7 000 km 以上，目前最先进的货机之一 B747-8F 即使在最大载重（140 t）情况下航程仍可达到 8 275 km，足以完成跨洋飞行运输。

4. 运量小、运价高

由于飞机本身载重和容积的限制，国际航空物流的运量比航运、铁路小得多。快捷高效、安全可靠的优点和运量小的缺点，加上航空燃油价格持续上涨、碳排放限制等诸多因素，导致国际航空物流的运价较高。尽管如此，对于相当一部分货物来说，它具有的优势是其他物流服务所无法替代的，航空物流运价偏高的不利因素往往被它所提升的综合经济效益所抵消。同时，对于计费重量低至几十千克乃至几千克的轻小型货物，其他物流方式采取的起步运价往往超过了国际航空物流运价，甚至不接收这类货物。

综上所述，国际航空物流快捷高效、安全可靠、空间广袤的优势使交货周期大大缩短，充分实现了时间的独特价值，尤其适合科技含量高、价值高、安全要求高、市场敏感度高、时效性强、交货期短、轻小型的产品，因此，它在物流这个大系统中具有独特的重要地位，具有强劲的市场潜力和广阔的发展前景，在跨境商务贸易中发挥着越来越重要的作用。

任务 1.2　认识国际航空物流组织

1.2.1 国际航空运输协会

国际航空运输协会（International Air Transport Association，IATA）是各国航空运输企业

之间的联合组织，它的前身是六家航空公司参加的国际航空业务协会，处理航空公司之间的业务以及其他方面的关系问题。1944年，世界各国航空公司开始建立新的组织——国际航空运输协会，1945年4月审议了协会章程，58家航空公司签署了文件，1945年10月，国际航空运输协会正式成立，在加拿大蒙特利尔召开第一届年会，并在此设立总部。IATA标志如图1-2所示。

图1-2　IATA标志

1. 协会的宗旨和目标

（1）为了世界人民的利益，促进安全、正常和经济的航空运输，扶植航空交通，并研究与此有关的问题。

（2）为直接或间接从事国际航空运输服务的各航空运输企业提供协作的途径。

（3）与国际民航组织及其他国际组织协力合作。

协会的目标是调解有关商业飞行上的法律问题，简化和加速国际航线的客货运输，促进国际航空运输的安全和世界范围内航空运输事业的发展。

2. 协会的基本职能

（1）运价协调。国际航空运输协会通过召开运输会议确定运价，经有关国家批准后即可生效。第二次世界大战以后，确立了通过双边航空运输协定经营国际航空运输业务的框架。在此框架内，由哪一家航空公司经营哪一条航线及运量的大小，由政府通过谈判确定，同时，在旅客票价和货物运费方面也采用一致的标准，而这个标准的运价规则是由国际航空运输协会制定的。如有争议，有关国家政府有最后决定的权利。为便于工作，协会将全球划分为3个区域：一区包括北美洲和南美洲，二区包括欧洲、中东地区和非洲，三区包括亚洲（中东除外）、澳大利亚和太平洋地区。

（2）运输服务。协会制定了一整套完整的标准和措施以便在客票、货运单和其他有关凭证以及对旅客、行李和货物的管理方面建立统一的程序，主要包括旅客、货运、机场服务3个方面，也包括多边联运协议。

（3）代理事务。协会制定了代理标准协议，为航空公司与代理之间的关系设置了模式。协会举行一系列培训代理的课程，为航空销售业培养合格人员。

（4）法律支持。协会的法律工作首先表现在为世界航空的平稳运作而设立文件和程序的标准，如合同；其次是为会员提供民用航空法律方面的咨询和诉讼服务；最后是在国际航空立法中，表达航空运输承运人的观点。

（5）技术支持。协会在国际航空运输技术标准制定、技术研发与推广等方面起到了重要的作用，在技术领域开展了大量的工作，主要包括航空运输危险品规则、航空电子和电信、工程环境、机场、航行、医学、简化手续及航空保安工作等。

1.2.2 国际民用航空组织

国际民用航空组织（International Civil Aviation Organization，ICAO）简称国际民航组织，是各国政府组成的国际航空运输机构，也是联合国的一个专门机构。1944 年 12 月 7 日，52 个国家（含中国）在美国芝加哥举行国际民用航空会议，签订了《国际民用航空公约》（通称《芝加哥公约》），1947 年 4 月 4 日，《芝加哥公约》正式生效，国际民航组织也因之正式成立，并于 5 月 6 日召开了第一次大会。1947 年 5 月 13 日，国际民航组织正式成为联合国的一个专门机构，总部设在加拿大的蒙特利尔。2013 年 9 月 28 日，中国在加拿大蒙特利尔召开的国际民航组织第 38 届大会上再次当选为一类理事国。国际民航组织标志如图 1-3 所示。

图 1-3 国际民航组织标志

国际民航组织的宗旨和目的在于发展国际航空的原则和技术，促进国际航空运输的规划和发展；保证全世界民用航空安全、有秩序地发展；鼓励为和平用途的航空器的设计和操作技术；鼓励发展国际民用航空应用的航路、机场和航空设施；满足世界人民对安全、正常、有效和经济的航空运输的需要；防止因不合理的竞争而造成经济上的浪费；保证缔约各国的权利充分受到尊重，每一缔约方均有经营国际空运企业的公平机会；避免缔约各方之间的差别待遇；促进国际航空飞行安全；促进国际民用航空的全面发展。

以上几条共涉及国际航空运输两个方面的问题，一方面为技术问题，如在航空安全领域持续制定、更新《危险品航空安全运输技术细则》（简称 TI）；另一方面为经济和法律问题，主要是公平合理，尊重主权。两方面的共同目的是保证国际民航安全、正常、有效和有序地发展。

1.2.3 国际航空电信协会

1949 年 12 月 23 日，荷兰、法国、英国、瑞士等 11 家欧洲航空公司代表在布鲁塞尔成立了国际航空电信协会（Society International De Telecommunication Aero-nautiques，SITA），它是联合国认可的一个非营利组织，是世界航空运输业领先的电信和信息技术解决方案的集成供应商。SITA 不仅为各国航空公司提供网络通信服务，还提供共享系统，如机场系统、行李查询系统、货运系统、国际票价系统等。为适应航空运输的快速发展，SITA 的发展策略由原来的网络提供者转变为一个整体方案的提供商，SITA 为航空运输企业提供互联网与企业内部网之间的整合性解决方案。

1.2.4　中国航空运输协会

中国航空运输协会（China Air Transport Association，CATA）简称中国航协，成立于 2005 年，是依据我国有关法律规定，以民用航空公司为主体，由企、事业法人和社团法人自愿参加结成，不以营利为目的，经中华人民共和国民政部核准登记注册的全国性社团法人。

协会的基本宗旨是：遵守宪法、法律法规和中国国家的方针政策。按照社会主义市场经济体制要求，努力为航空运输企业服务，为会员单位服务，为旅客和货主服务，维护行业和航空运输企业的合法权益，促进中国民航事业健康、快速、持续的发展。

协会组织和参与航空运输相关行业标准规范的制定和修订，推动标准规范实施；开展教育科技和文化工作。组织进行专业技术和管理培训，支持提高职工队伍素质和管理水平；依照有关规定，经批准，开展科技项目的研究、成果鉴定和科学技术奖的评选。

任务 1.3　计算飞行时间

小资料

国际时区

1884 年在华盛顿召开的一次国际经度会议（又称国际子午线会议）上，规定将全球划分为 24 个时区（东、西各 12 个时区），每个时区横跨经度 15°，时间正好是 1 小时，每个时区中央经线上的时间就是这个时区内统一采用的时间，称为区时。并且规定，通过英国格林威治天文台原址的经线为本初子午线，即 0°经线，0°经线向东向西各跨经度 7.5°构成中时区，中时区的区时被称为世界标准时，即 Greenwich Mean Time（GMT）；最后的东西第 12 时区以东、西经 180°为界，各跨经度 7.5°。

飞行时间是指自始发地机场至目的地机场之间的航空运输时间，包括中转时间。

国际航班时刻表上的出发和到达时间都是以当地时间（local time）公布的（但实际飞行常受风向等因素的影响，实际到达时间和公布到达时间有时会有差异），所以，计算航班的飞行小时，要将起飞和到达的当地时间换算成世界标准时，或者在起飞当地时间和到达当地时间之间进行换算。计算步骤如下。

首先，查出始发地与目的地的标准时间。

然后，将始发地与目的地的时间换算成同一时间，有两种方法：一是将两地的时间换算成 GMT 时间，二是将一地的时间换算成另一地的时间。

最后，用到达时间减去起飞时间。

[例]

某货物从北京（IATA 代码：PEK）空运到华盛顿（IATA 代码：IAD），飞机从北京起飞时间为 9 月 10 日 9:44，到达华盛顿时间为同日 15:30，计算该航班的飞行时间。

[解]

查出起飞和到达城市的标准时间：北京为 GMT+08:00，华盛顿为 GMT−05:00。

➢ **方法 1：将起飞时间和到达时间换算成 GMT**

（1）将起飞时间与到达时间换算成 GMT：

北京 GMT=9:44−8:00=GMT 1:44

华盛顿 GMT=15:30+5:00=GMT 20:30

（2）用到达时间减去起飞时间：

飞行时间=20:30−1:44=18:46，即 18 h 46 min。

➢ **方法 2：将一地的时间换算成另一地的时间**

（1）将一地的时间换算成另一地的时间：

华盛顿和北京的两地时差=8:00+5:00=13:00，前者比后者早 13 h。

将华盛顿时间换算成北京时间=15:30+13:00=28:30

（2）用到达时间减去起飞时间：

飞行时间=28:30−9:44=18:46，即 18 h 46 min。

以方法 2 为例，解题过程可简写如下：

Time lag=5:00+8:00=13:00

IAD time→PEK time=15:30+13:00=28:30

【完整表达：IAD time changed (converted) as PEK time=15:30+13:00=28:30】

Flying time=28:30−9:44=27:90−9:44=18:46

任务 1.4 掌握国际航空 IATA 代码

在国际航空物流过程中，IATA 规定的各种业务代码所起到的作用非常显著，具有简洁、节省资源、容易识别及高效沟通等优点，有利于克服货运单证篇幅的限制、有利于提高航空货运操作效率和准确率，在此对国际航空货运的主要代码进行重点介绍。

1.4.1 国家/地区两字代码

在国际航空物流过程中，各种业务单证和信息的国家/地区名称采用 IATA 两字代码表示，全球部分国家/地区两字代码如表 1–1 所示。

表 1–1 全球部分国家/地区两字代码

国家/地区中文名	国家/地区英文名	两字代码
中国	China	CN
中国香港	Hong Kong (SAR of China)	HK
中国台湾	Taiwan, Province of China	TW

续表

国家/地区中文名	国家/地区英文名	两字代码
韩国	Korea (the Republic of)	KR
日本	Japan	JP
新加坡	Singapore	SG
泰国	Thailand	TH
马来西亚	Malaysia	MY
印度	India	IN
澳大利亚	Australia	AU
英国	United Kingdom	GB
德国	Germany	DE
法国	France	FR
荷兰	Netherlands	NL
意大利	Italy	IT
美国	United States	US
加拿大	Canada	CA
巴西	Brazil	BR
阿根廷	Argentina	AR
南非	South Africa	ZA
埃及	Egypt	EG
尼日利亚	Nigeria	NG

1.4.2　机场三字代码

国际航空货运业务单证和信息的机场名称采用 IATA 三字代码表示，小部分机场代码与机场所在城市的代码一致，如深圳机场代码与城市代码都是 SZX、天津都是 TSN；但是大部分机场代码与机场所在城市的代码不同，如北京机场代码是 PEK，而北京的城市代码是 BJS，巴黎戴高乐机场代码是 CDG，而巴黎的城市代码是 PAR，伦敦希思罗机场代码是 LHR，而伦敦的城市代码是 LON，因此应仔细辨别识记。表 1-2 是全球部分国际机场的 IATA 三字代码。

表 1-2　全球部分国际机场 IATA 三字代码

序号	所在国家	机场中文名	机场英文名	三字代码
1	中国	北京首都	Beijing Capital	PEK
2	中国	北京大兴	Beijing Daxing	PKX
3	中国	广州白云	Guangzhou Baiyun	CAN
4	中国	深圳宝安	Shenzhen Baoan	SZX
5	中国	上海浦东	Shanghai Pudong	PVG
6	中国	上海虹桥	Shanghai Hongqiao	SHA

续表

序号	所在国家	机场中文名	机场英文名	三字代码
7	中国	香港赤鱲角	Chek Lap Kok	CLK
8	中国	台北桃园	Taipei Taoyuan	TPE
9	日本	东京成田	Narita	NRT
10	日本	大阪关西	Kansai	KIX
11	韩国	首尔仁川	Seoul Incheon	ICN
12	新加坡	新加坡樟宜	Singapore Changi	SIN
13	阿联酋	迪拜	Dubai	DXB
14	澳大利亚	悉尼	Sydney	SYD
15	英国	伦敦希思罗	London Heathrow	LHR
16	德国	法兰克福	Frankfort	FRA
17	法国	巴黎戴高乐	Paris Charles De Gaulle	CDG
18	荷兰	阿姆斯特丹史基辅	Amsterdam Schiphol	AMS
19	美国	孟菲斯	Memphis	MEM
20	美国	纽约约翰肯尼迪	John F Kennedy	JFK
21	美国	休斯敦	Houston	HOU
22	美国	洛杉矶	Los Angeles	LAX
23	美国	旧金山(三藩市)	San Francisco	SFO
24	巴西	圣保罗	Sao Paulo–Guarulhos	GRU
25	南非	约翰内斯堡	Johannesburg	JNB

1.4.3 航空公司三字/两字代码

在国际航空货运业务中，航空公司的信息既采用 IATA 三字代码，也采用两字代码。航空运单与机票号码中的航空公司信息采用前缀三字代码（阿拉伯数字），航班号中的航空公司信息采用前缀两字代码（英文字母）。表 1-3 是全球部分航空公司的 IATA 代码；表 1-4 是全球部分货运航空公司的 IATA 代码。

表 1-3 全球部分航空公司 IATA 代码

航空公司英文名称	航空公司中文名称	运单与机票号码前缀三字代码	航班号前缀两字代码
US Airways	美国航空	037	US
Delta Airlines	美国达美航空	006	DL
United Airlines	美国联合航空	016	UA
Southwest Airlines	美国西南航空	526	WN
China Southern Airlines	中国南方航空	784	CZ
China Eastern Airlines	中国东方航空	781	MU
Fedex Express	美国联邦快递	023	FX

续表

航空公司英文名称	航空公司中文名称	运单与机票号码前缀三字代码	航班号前缀两字代码
Air China	中国国际航空	999	CA
KLM Royal Dutch Airlines	荷兰皇家航空	074	KL
Air Canada	加拿大航空	014	AC
Lufthansa Airlines	德国汉莎航空	020	LH
British Airways	英国航空	125	BA
Air France	法国航空	057	AF
Cathay Pacific	香港国泰航空	160	CX
China Airlines	台湾中华航空	297	CI
Emirates Airlines	阿联酋航空	176	EK
Qatar Airways	卡塔尔航空	157	QR
Singapore Airlines	新加坡航空	618	SQ
Korean Air	韩国大韩航空	180	KE
All Nippon Airways	全日空航空	205	NH
Malaysia Airlines	马来西亚航空	232	MH
Thai Airways	泰国航空	217	TG
India Airlines	印度航空	058	IC
Qantas Airways	澳大利亚航空	081	QF
Lanchilie Airlines	智利国家航空	045	LA
Ethiopian Airlines	埃塞俄比亚航空	071	ET

表1-4 全球部分货运航空公司IATA代码

航空公司英文名称	航空公司中文名称	运单前缀三字代码	航班号前缀两字代码
Air China Cargo	中国国际货运航空（国货航）	999	CA
China Cargo Airlines	中国货运航空（中货航，属东航）	112	CK
Yangtze River Express Airlines	扬子江快运航空	871	Y8
Fedex Express	美国联邦快递	023	FX
United Parcel Service	美国联合包裹服务	406	5X
DHL Airways	德国敦豪航空	423	ER
Lufthansa Cargo	德国汉莎货运航空	020	LH
Cargolux Airlines	卢森堡货运航空	172	CV
Cathay Pacific Cargo	香港国泰货运航空	160	CX
Korean Air Cargo	韩国大韩货运航空	180	KE
China Airlines Cargo	台湾中华货运航空	297	CI
Eva Air Cargo	台湾长荣货运航空	695	BR

1.4.4 其他常用的 IATA 业务代码

在国际航空货运业务单证和信息中经常用到一些缩写,这些缩写也是以代码形式表示的,掌握这些代码有助于提高业务操作及沟通效率。表 1–5 为其他常见的 IATA 业务代码。

表 1–5 其他常见的 IATA 业务代码

代码	英文全称	中文全称
SLI	SHIPPER'S LETTER OF INSTRUCTION	托运书
AWB	AIR WAYBILL	航空运单
HWB（HAWB）	HOUSE AIR WAYBILL	航空分运单
MWB（MAWB）	MASTER AIR WAYBILL	航空总运单
AWC	AIR WAYBILL CHARGE	航空运单费
NVD	NO VALUE DECLARED	无声明价值
NCV	NO COMMERCIAL VALUE	无商业价值
FSC（MYC）	FUEL SURCHARGE	燃油附加费
GCR	GENERAL CARGO RATE	普通货物运价
SCR	SPECIAL COMMODITY RATE	指定商品运价
CCR	COMMODITY CLASSIFICATION RATE	等级货物运价
GW/VW/CW	GROSS WEIGHT/VOLUME WEIGHT/CHARGEABLE WEIGHT	毛重/体重/计重
ULD	UNIT LOAD DEVICE	集装器
DGR	DANGEROUS GOODS REGULATIONS	危险品规则
LAR	LIVE ANIMALS REGULATIONS	活体动物规则
SDR	SPECIAL DRAWING RIGHT	特别提款权

任务 1.5 了解民用航空飞机

1.5.1 飞机制造商简介

1. 中国商飞公司（COMAC）

中国商用飞机有限责任公司,简称中国商飞,英文名称 Commercial Aircraft Corporation of China Ltd,缩写 COMAC,于 2008 年 5 月 11 日在中国上海成立,是中国实施国家大型飞机重大专项中大型客机项目的主体,也是统筹干线飞机和支线飞机发展、实现中国民用飞机产业化的主要载体,目前主要产品有 ARJ21、C919 飞机。中国商飞公司注册资本 501.01 亿元。2020 年入选国务院国资委"科改示范企业"名单,同年中国商飞与中国航空工业携手捧获第十四届航空航天月桂奖合作奖。

2. 美国波音公司（Boeing）

美国波音公司成立于 1916 年，由威廉·爱德华·波音创建，总部位于芝加哥。1997 年波音公司与另一个飞机制造巨头美国麦道公司强强合并，成为世界上最大的民用和军用飞机制造商之一。该公司生产的民用运输机主要产品包括 B717、B727、B737、B747、B757、B767、B777、B787 系列飞机，提供从 100 座级别到 500 多座级别以及货运专用型号在内的各种民用运输机。

3. 空中客车公司（Airbus）

1970 年在法国成立，总部在图卢兹，创立公司的国家包括法国、德国、西班牙与英国，是一个欧洲联合企业，其创建的初衷是为了同波音和麦道那样的美国公司竞争。空中客车的生产线是从 A300 机型开始启动的，该机型是世界上第一个双通道、双引擎的飞机，发展到 A320 机型时就获得了巨大的商业成功，产品系列主要包括：A300、A310、A318、A319、A320、A321、A330、A340、A350、A380 系列飞机。

1.5.2 民航飞机的分类

1. 按机身宽窄分类

按机身宽窄分类，可分为宽体飞机和窄体飞机。

宽体飞机指的是机身宽度直径 5~6 m 以上的飞机；对于客机而言，至少有两条走道，经济舱座位每排有 7 至 10 个，通常共可搭载 200 至 800 人。常见宽体飞机（广体飞机）机型有 B747、B777、B787、A300、A340、A350 等系列机型。

窄体飞机通常指机身直径 3~4 m 的飞机；对于客机而言，只有一条通道，经济舱座位一排有 2 到 6 个座位，通常可搭载 200 人以下。常见窄体飞机（单通道飞机）机型有 B737、B757、A320 等系列机型。

2. 按主要用途分类

按主要用途分类，可分为货机、客机、客货混用机。

（1）货机（cargo aircraft 或 air freighter），是以包机或定期航班的形式专门运输货物的飞机，其主舱和下舱全部用来载货，货机型号末位通常为字母 F（代表 freighter）。

（2）客机，是以定期航班的形式载运旅客的飞机，但实际上大多数客机的下舱也用来载货。

主要宽体货机 B747-400F 和主要宽体客机 B747-400 的机舱结构对比如图 1-4 所示。

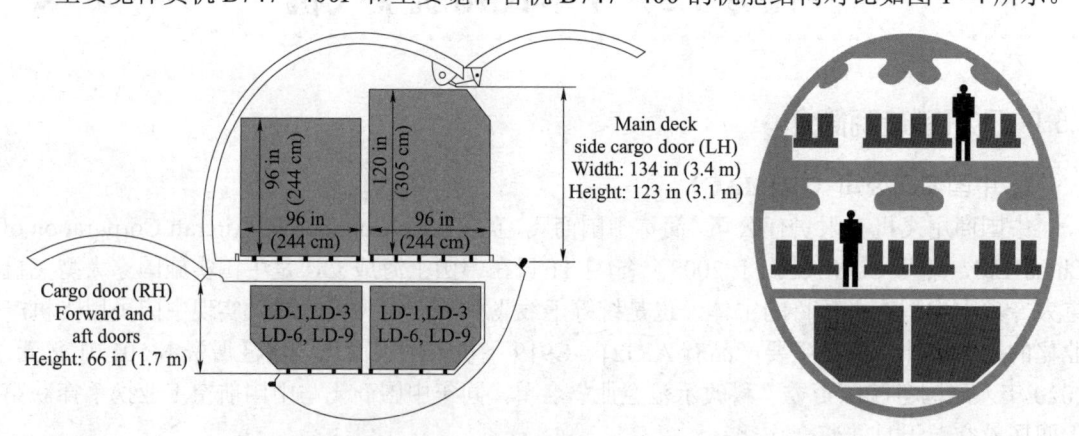

图 1-4　B747-400F（左）与 B747-400（右）机舱结构对比

（3）客货混用机，通常主舱一部分载客、另一部分载货，下舱内也可装载货物，此类机型为数不多，实践中使用也少。

1.5.3 机型介绍

1. 中国商飞 C919 飞机

C919 大飞机是中国首款按照国际通行适航标准自行研制、具有自主知识产权的喷气式中程干线客机，具有安全、经济、舒适、环保的特点，可满足航空公司对不同航线的运营需求。C919 采用先进气动设计、先进的新一代发动机 LEAP-1C、先进推进系统和先进材料，碳排放更低、燃油效率更高，经济性竞争优势明显，目前单价为 0.99 亿美元。今后，C919 大飞机为促进我国国际国内航空物流与民航客运可持续发展提供强有力的支撑和保障。其主要技术参数如下。

- 机体尺寸：总长 38 m，翼展 35.8 m，高度 11.952 m
- 航程：标准航程为 4 075 km，最大航程为 5 555 km
- 寿命：经济寿命（飞行）达 9 万 h
- 音量：67～79 dB（A）
- 碳排放量：较同类飞机降低 50%
- 客舱温度：一般在 20 ℃
- 载客量——座级为 158～192 座，机组人员有正、副驾驶员 2 名及观察员 1 名
- 载物量——前货舱为 18.10 m^3，后货舱为 27.07 m^3
- 机型等级：单通道窄体客机
- 最大起飞质量：77 300 kg
- 最大飞行高度：12 131 m

2. 现阶段常用货机机型

很多干线机型都有专门的货机型号，如 B737-300F（或 400F）、B747-400F（或 8F）、B757-200F、B767-300F、B777F、A300-600F、A330-200F 等，都是全货机。全货机机舱一般设计为集装设备型货舱，货舱地板大多数配置了滚轴及集装器固定系统，便于配载集装板和集装箱。

目前，大多数货机由客机改装而成。为了载货的需要，除将客舱内的座椅、装饰和服务设施拆卸外，还要将地板加强，提高承压能力；货机还装设地板滚轮（棒）系统和起重吊车等，便于装卸货物；一些货机在必要时可以恢复成客机或客货混用机，这种飞机通常称为可转换飞机。部分常用货机机型的主要参数如表 1-6 所示。

表 1-6 部分常用货机机型的主要参数

常用机型	货运业务载量/t	货舱容积/m^3	舱门尺寸宽×高/cm （收货尺寸通常小 10 cm）	地板承受力/（kg/m^2）
B737-300F	14.5	98.3	主舱 269×168 散舱 121×86	主舱 976 散舱 732

续表

常用机型	货运业务载量/t	货舱容积/m³	舱门尺寸宽×高/cm（收货尺寸通常小 10 cm）	地板承受力/（kg/m²）
B747-400F	120	726	主舱 340×305 前舱 264×168 后舱 264×168 散舱 119×112	主舱 1 952 前舱 976 后舱 976 散舱 732
B777F	115	650	主舱 362×305 前舱 269×168 后舱 269×168 散舱 121×90	主舱 1 952 前舱 976 后舱 976 散舱 732
A300-600F	54.5	378	前舱 270×178 后舱 181×171 散舱 95×95	前舱 1 050 后舱 1050 散舱 732
A330-200F	69	533	前舱 244×170 后舱 244×170 散舱 95×95	前舱 1 050 后舱 1 050 散舱 732

1）B747-400F 货机

目前的全球航空物流市场上，波音系列货机占总运力很高比例，其中 B747-400F 是最常用的主力机型之一（如图 1-5 所示），其主要技术参数如下。

- 机长：70.6 m
- 翼展：64.4 m
- 机高：19.4 m

图 1-5　B747-400F 货机

- 货舱容积：726 m³
- 载货质量：120 t
- 航程 10 000 km
- 发动机（4 台）：PW 4056、PW 4062、GE CF6-80C2B5F、RR RB211-524H

2）B747-8F 货机

B747-8F 融合了 B787 的新技术，是专门为航空货运而设计的机型，属于 747-400F 货机的衍生品。B747-8F 的载货量、容积比 B747-400F 分别大 16%和 13%，噪声更低，燃油经济性更强，废气排放也更少，是目前最先进的货机之一（如图 1-6 所示）。其主要技术参数如下。

- 机长：76.40 m
- 翼展：68.50 m
- 机高：19.40 m
- 货舱容积：854 m³（主舱 688 m³，下舱 166 m³）
- 载货质量：140 t
- 航程：8 275 km（最大载重下）
- 发动机：4 台 GEnx-2B67

图 1-6　B747-8F 货机

思考与练习

（一）单选题

1.（　　）是各国航空运输企业之间的联合组织。
　　A. IATA　　　　　B. ICAO　　　　　C. SITA　　　　　D. CATA

2.（　　）是各国政府之间的国际航空运输机构。

A. IATA　　　　　B. ICAO　　　　　C. SITA　　　　　D. CATA

3. （　　）是联合国认可的一个非营利组织，是世界航空运输业领先的电信和信息技术解决方案的集成供应商。

　　A. IATA　　　　　B. ICAO　　　　　C. SITA　　　　　D. CATA

4. IATA 的国家/地区代码中 GB 代表（　　）。

　　A. 中国　　　　　B. 法国　　　　　C. 英国　　　　　D. 德国

5. 香港赤鱲角机场的 IATA 代码是（　　）。

　　A. HKG　　　　　B. CLK　　　　　C. HOK　　　　　D. HLK

6. 中国国际航空公司的 IATA 三字代码为（　　）。

　　A. 781　　　　　B. 784　　　　　C. 789　　　　　D. 999

7. 中国南方航空公司的 IATA 两字代码为（　　）。

　　A. CX　　　　　B. CZ　　　　　C. MU　　　　　D. CA

8. 在常见的 IATA 业务代码中，MWB 代表（　　）。

　　A. 航空运单　　　B. 航空主运单　　C. 航空分运单　　D. 舱单

9. 在常见的 IATA 业务代码中，NVD 代表（　　）。

　　A. 航空运单　　　B. 运费到付　　　C. 无声明价值　　D. 无商业价值

10. （　　）机型不是宽体机。

　　A. B747　　　　B. A380　　　　C. B737　　　　D. A340

（二）多选题

1. 国际航空物流企业可提供的服务包括（　　）。

　　A. 国际空运、代理订舱　　　　　B. 地面运输、货站服务
　　C. 跨境通关　　　　　　　　　　D. 仓储与配送

2. IATA 机场代码错误的有（　　）。

　　A. 上海浦东机场：SHA　　　　　B. 广州白云机场：GZH
　　A. 深圳宝安机场：SZX　　　　　D. 北京首都机场：BJG

3. 民用航空飞机按机身的宽窄可以分为（　　）。

　　A. 货机　　　　　B. 宽体飞机　　　C. 窄体飞机　　　D. 客机

4. 民用航空运输飞机按用途不同可以分为（　　）。

　　A. 货机　　　　　B. 客机　　　　　C. 客货混用机　　D. 宽体飞机

5. 常用货机中的宽体机型包括（　　）。

　　A. B747-400F　　B. B737-300F　　C. A300-600F　　D. 330-200F

（三）判断题

1. 中国航空运输协会是以民用航空公司为主体、不以营利为目的的全国性社团法人。（　　）

2. 国际航空运输协会与国际民航组织的英文简称分别为 IATA 和 ICAO。（　　）

3. B737 和 A320 分别是波音公司和空客公司的窄体机型。（　　）

4. 上舱载客、下舱载货的飞机称为客货混用机。（　　）

5. 客机只能载客不能载货。（　　）

6. B747-400F 的货舱分为上舱、主舱和下舱。（　　）

7. 大部分机场的 IATA 代码与机场所在城市的代码不同。（　　）
8. C919 大飞机是中国首款按照国际通行适航标准自行研制的中程干线客机。（　　）
9. 中华航空公司和香港国泰航空公司的 IATA 两字代码分别是 CX 和 CI。（　　）
10. ULD 是航空集装器的 IATA 业务代码。（　　）

（四）简答题
1. 简述国际航空物流的概念。
2. 简述 IATA 的主要职能。
3. 请识记表 1–3，然后按照机场名称复述其 IATA 三字代码。

（五）实操题
1. 某票货物从广州空运到阿姆斯特丹（IATA 代码 AMS，GMT+1:00），于北京时间 2 月 8 日 23:55 起飞，于当地时间 2 月 9 日 6:45 到达。请计算该票货物的飞行时间。
2. 某票货物从成都空运到洛杉矶（IATA 代码为 LAX，区时为 GMT−5:00），于北京时间 2 月 10 日 17:00 起飞，于当地时间 2 月 10 日 19:40 到达。请计算该票货物的飞行时间。

项目 2

国际航空物流流程解析

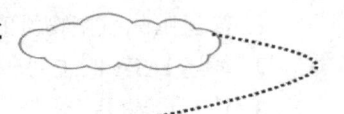

能力目标

能阐述国际航空物流企业的核心主体地位；会准确解释 6P 营销组合的含义、列举每个 P 的若干项常见变量；会举例运用访问客户的每个阶段的主要技能；能按正确的顺序复述空运操作流程的 12 个环节以及每个环节包括的主要步骤。

知识目标

了解国际航空物流业务流程的参与主体、国际航空物流企业业务部门及相互关系；领会营销组合策略；熟悉访问客户过程；领会营销人员的素质与活动要求；知道客户服务流程及费用结算的要点。

思政目标

提升对"空中丝绸之路"有效支撑国家战略实施的认知，提高对国际航空物流业发展方向与趋势的认识，增强职业自信、岗位认同感与使命感。

引导资料

空中丝绸之路

二十大报告指出，共建"一带一路"成为深受欢迎的国际公共产品和国际合作平台。近年来，我国众多航空公司、航空物流企业协同创新营销策略，面向"一带一路"沿线国家增设全货机航班，协同开发"空中丝绸之路"航空物流服务，深度开展联合营销，并提供有竞争力的运价与增值服务。

"空中丝绸之路"建设是国际航空物流业实施"一带一路"倡议、贯彻执行国家战略的充分体现。2014 年 6 月 15 日，郑州至卢森堡国际货运航线开通，为国际航空物流架起了横贯中欧的"空中丝绸之路"。截至 2023 年 9 月 20 日，卢森堡货航郑州航线已经累计执飞航班 6 062 班，贡献货运量超过 100 万 t。经过多年建设，郑州至卢森堡"空中丝绸之路"货物贸易已覆盖欧洲 24 个国家 200 多个城市，辐射中国 90 多个城市，"空中丝绸之路"已成为连接活跃的东亚经济圈和发达的欧洲经济圈的空中经济廊道，有效促进了区域之间贸易自由化、便利化，也为我国广大地区探索出一条依托航空经济、扩大开放加快转型的新路径。数据显示，2023年，我国与"一带一路"共建国家的航空市场恢复水平优于我国国际航线总体水平；2023年上半年，"空中丝绸之路"旅客运输量占我国国际航空客运市场比重达到71%，比2019年同期增长13%，"空中丝绸之路"货邮运输量占我国国际航空货运市场比重为26%，比2019年同期增长4%。

二十大报告提出，推进高水平对外开放、推动共建"一带一路"高质量发展。多年来，在"一带一路"建设框架下，以国际航空物流为核心的"空中丝绸之路"建设，为促进"一带一路"高质量发展提供了强力支撑。

通过本项目内容的学习，一方面，掌握国际航空物流营销揽货、物流操作、客户服务、费用结算等专业知识与技能；另一方面，提升对"空中丝绸之路"有效支撑国家战略实施的认知，提高对国际航空物流业发展方向与趋势的认识，增强职业自信、岗位认同感与使命感。

任务 2.1　国际航空物流流程基础认知

2.1.1　业务流程的参与主体

国际航空物流业务流程以国际航空物流企业为核心企业，参与主体主要有物流企业、货主、航空公司（如专用货运站、货运部门）、报关行、国际机场（如公共货运站、地面代理）、关境机构（如海关、检验检疫局）等，其中航空公司既包括采用全货机的货运航空公司，也包括采用客机下舱载货的客运航空公司。国际航空物流业务流程的参与主体如图2-1所示。

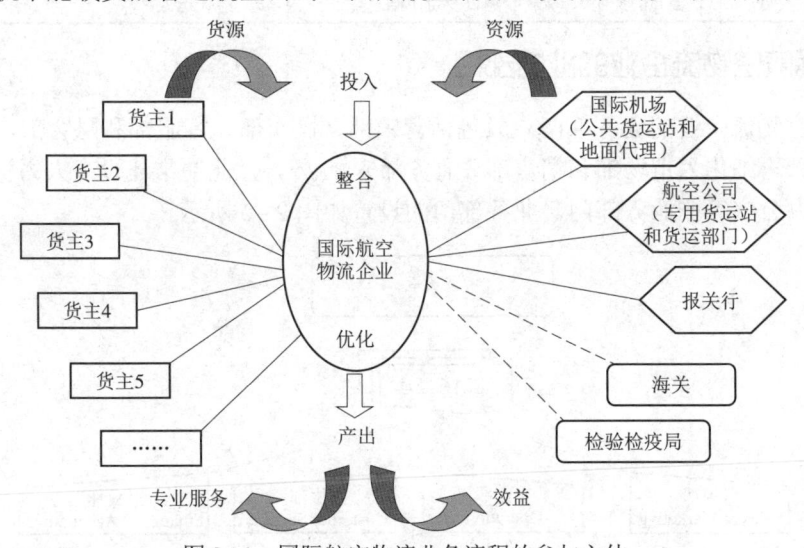

图2-1　国际航空物流业务流程的参与主体

2.1.2　核心主体——国际航空物流企业

从图2-1可看出，国际航空物流企业（以下简称物流企业）是货运业务流程中的核心主体，是整个运作链条中的组织者和协调者。一方面，物流企业通过开拓客户（货主）、承揽规模化货源，成为货运业务流程的驱动者、发动机；另一方面，物流企业通过与各方建立战略合作伙伴关系，有效整合、集成航空公司、报关行、机场等参与主体的分散资源，产出专业服务和经济效益。

就国际航空货运业务而言，物流企业的法律地位主要有两种：一种是当事人（principal），另一种是代理人（agent）。当事人的业务角色相当于国际海上货运中的无船承运人（NVOCC），在此就是"无机承运人"，而航空公司就相当于海运中的船公司；代理人的业务角色只是中间人。一般来说，代理人型物流企业在责任风险承担、业务规模、服务水平、综合实力等方面均不如当事人型物流企业，随着市场需求的演变，当事人型物流企业逐渐成为行业发展的主流，代理人型物流企业逐渐减少。物流企业在国际航空货运业务中的法律地位对比如表2-1所示。

表2-1 物流企业在国际航空货运业务中的法律地位对比

	对比项目	当事人（无机承运人）	代 理 人
法律地位	物流企业与托运人关系	承托关系	委托关系
	双方签订的合同性质	航空货物运输合同	航空货运代理协议
	物流企业的业务角色	空运业务的承运人	空运业务的中间人
	主要责任	不仅承担自身过失造成的责任，而且承担受雇人过失造成的责任	仅仅承担自身过失造成的责任
	主要权利	有权收取运费、留置货物、享受法律规定的免责及责任限额等	无权收取运费、留置货物、享受法律规定的免责及责任限额等
	收入性质	运费（赚取价格差）	代理服务费或佣金
	运单签发	可签发自己的运单，属于运输合同（或运输合同的证明）、货物收据以及费用结算凭证	不能签发运单，只能领取承运人签发的运单再转交给托运人

2.1.3 国际航空物流企业的业务部门

国际航空物流企业的业务部门一般包括营销部、操作部、客服部和财会部，中大型企业可能把营销部再细化为市场部和销售部（业务部）；此外，企业通常还设有人力资源部、行政部或总经理办公室等非业务部门。业务部门的设置如图2-2所示。

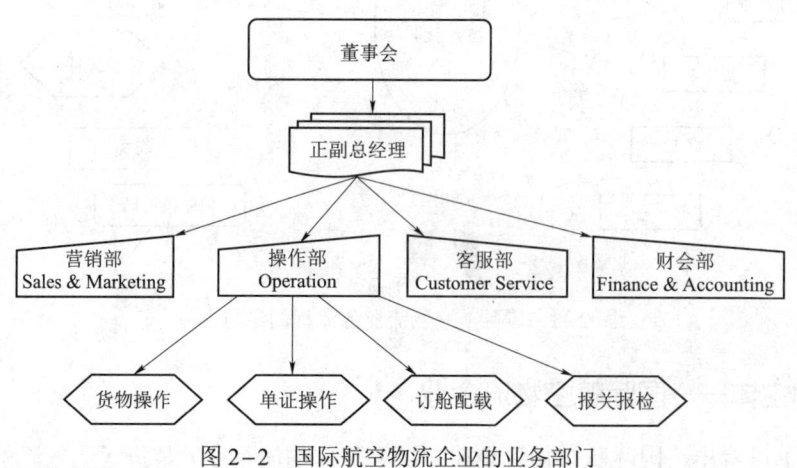

图2-2 国际航空物流企业的业务部门

业务部门之间是紧密合作关系，单靠某个部门无法向任何一个客户提供完整的国际航空物流服务、无法就任何一票货物实施完整的国际航空物流业务流程。

就开发与维护客户的整体工作而言，各业务部门的活动相互支撑，"你中有我，我中有你"。营销部门通常是业务流程的火车头，也就是说营销人员成功获取订单后，由操作部履行订单、由客服部提供售后服务、由财会部跟进费用结算工作；但是其他部门也可能成为业务的驱动者，如以下的情况时有出现：客服部根据客户来电的内容向营销部提供重要的揽货信息，操作部通过派送进口货物时发现的动态向营销部传达客户希望与我司合作的情报。

就围绕单票货物提供的服务而言，各业务部门的活动在业务流程中存在一个大致的先后顺序：营销揽货—物流操作—客户服务—费用结算。但此流程及顺序并非一成不变的，尤其在特殊情况下。例如，在物流操作活动的订舱配载、报关、起运等环节出现意外的情况下，客服部往往早已把信息传递给了货主，而不会等到物流操作完全结束后才进行滞后沟通；临时托运货物的不固定客户的运费通常在受理托运时就已经结算完毕，不会留到最后一个环节以赊销月结的形式进行结算。

任务 2.2　国际航空物流业务流程

下面以一般情况为例、以物流操作为重点，解析国际航空物流企业（以下简称物流企业）营销揽货、物流操作、客户服务以及费用结算的业务流程，如图 2-3 所示。

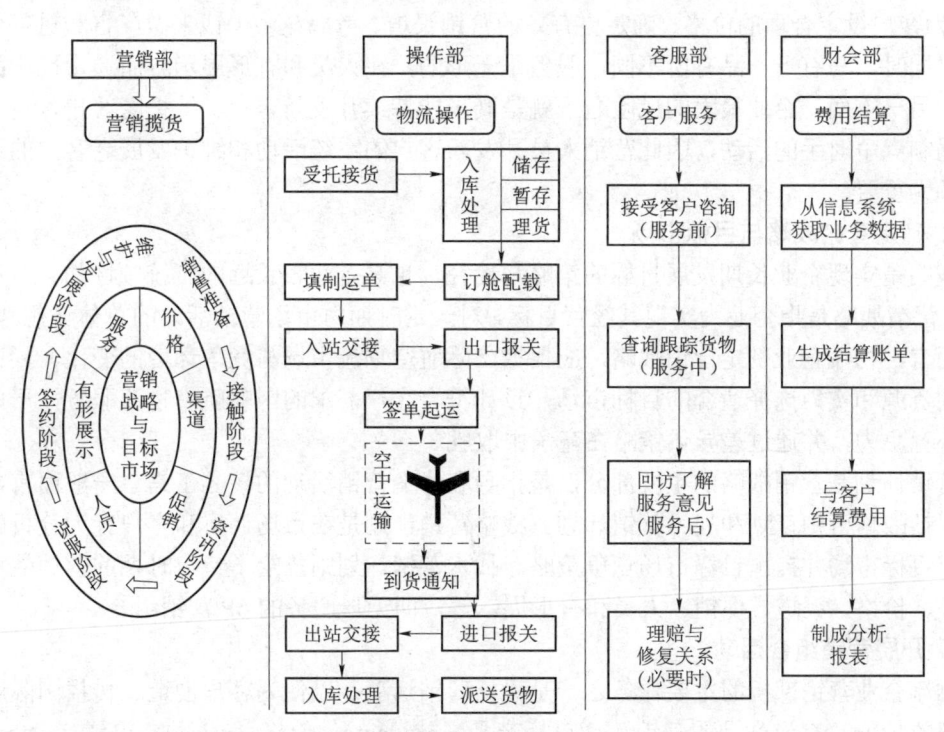

图 2-3　国际航空物流业务流程

2.2.1 营销揽货

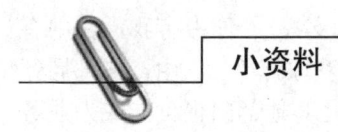

> **小资料**
>
> **认识营销的重要性**
>
> 　　企业的营销能力是企业盈利的根本保证。如果产品或服务的需求不足，那么财务、运营、会计和其他方面的努力也只不过是虚无缥缈的东西，因为只有通过足够的需求，企业才能真正获得利润。由于市场营销是一切活动的基础，所以几乎每家国际货运企业都设置了营销团队，越来越多的企业设立了营销总监或首席营销官（CMO），享有重要的业务地位。对于国际航空物流企业而言，成功揽货并满足客户对航空物流服务的需求，是营销活动的基本任务。物流企业只有成功承揽到货物、飞机舱位只有配载了货物，才有了利润源泉，因此可以说营销揽货处于业务流程的龙头位置，该部门业绩的高低对物流企业的持续发展影响重大。

1. 营销揽货的总体思路

　　市场营销是一个复杂而微妙的过程。物流企业首先应制定营销战略与计划，确定目标市场，结合本身的资源和实力选择适合的经营领域，形成自己的核心竞争力。具体到日常营销活动，一方面，营销经理必须及时策划设计出新服务（把何种新需求、新创意纳入新服务之中）、为客户设定合理的价格、确定更有效的营销渠道、考虑花多少钱来做广告和进行促销或推广。同时，与有形产品有所不同，服务是无形的，在人员和有形展示方面通常比产品更为重要。另一方面，企业最大的风险之一就是既未能持续开发新客户、维护老客户，也未能监视和遏制竞争对手的活动，因此营销人员开发新客户的系统活动和维护发展老客户的过程管理就颇为重要。

2. 确定营销战略与目标市场

　　战略是实现企业长期发展目标的策略与途径，也是企业较长远的、统领性的、全局性的计划。营销战略是指企业为实现其经营目标，对一定时期内市场营销活动的总体设想和规划。一般而言，物流企业制定营销战略，应根据国际航空物流市场与竞争环境的变化，紧密结合本身的资源和实力选择适合的目标市场，设计符合客户需求的国际航空物流服务，形成自己的核心竞争力，并通过差异化策略在竞争中取胜。

　　营销计划是营销战略的主要部分，是指导和协调营销活动的核心工具。一般而言，营销计划包括战略营销计划和战术营销计划。战略营销计划是在市场调研和客户行为分析的基础上确定目标市场并提出目标市场竞争策略。战术营销计划则描绘了特定时期的营销战术，包括服务、价格、渠道、促销、人员和有形展示等，即无形服务的 6P 营销组合。

3. 开展营销组合活动

　　物流企业营销部门的主要任务之一是设计营销活动，以便为客户创造、传播国际航空物流服务的价值。有形产品的营销活动包括产品（product）、价格（price）、渠道（place）、促销（promotion），现代营销理论认为无形服务的营销活动须在有形产品的 4P 基础上增加人员（person）和有形展示（physical evidence），称之为 6P。在营销组合中，每个 P 都包含若干特定的变量，国际航空物流服务营销活动 6P 的常见变量和主要价值如表 2-2 所示。营销者需要就如何设计、组合诸多变量作出决策，以便为客户创造、传播有竞争力的价值，乃至对市场产生积极的影响。

营销者可以根据目标市场的需求特征，为一般客户群体设计普通的服务，为重点客户量身定做专门的服务或提供有针对性的综合解决方案，在此基础上制定符合市场水平的、科学合理的价格体系，构建有利于高效获取客户的营销渠道，开展系列促销活动，建立专职开发与维护客户的营销员梯队，通过有形展示获得强有力的营销辅助效应。

表 2-2 国际航空物流服务营销 6P 的常见变量和主要价值

营销组合	常见变量	主要价值
服务 service	国际航线网络覆盖面	交货范围广、可达性强
	运输与出入库速度	省时、交货快捷
	物流安全性与可靠性	损失最小化
	代理进出口报关报检	无须为烦琐的通关手续耗时耗力
	境内外物流中心服务（仓储、配送、包装等）	第三方专业服务降低综合成本与自营风险
	货物交接方式（机场—机场，门—门）	因地制宜、货物交接便利
	货物查询跟踪方式多样化	及时监控物流动态
	空铁/空海/空卡联运能力	享受不慢的速度、支付不高的费用
价格 price	与市场竞争联动的价格体系	提高服务性价比
	基于重量分段的价格折扣	有利于大宗货物的运费控制
	临时与固定客户的区别折扣	有利于长期固定合作的运费控制
	便利的报价与收费方式	结算简便
	预付/到付/第三方付等多样化付款方式	消除垫付和汇率转换的麻烦
	账单准确性与及时性	对账与支付快捷
渠道 place	人员营销	开发与维护中大型客户
	"互联网+"营销渠道；O2O 营销渠道	提高营销成效，节省交易成本
	电话营销	开发与维护中小型客户
	服务中心与门店营销	推广品牌、赢得上门客户
	非直控区域的代理营销	用有限资源获取非直控区域的市场份额
促销 promotion	广告	传播服务与价值，提高品牌知名度
	网络促销	有力促进网上与网下营销
	营业推广（积分制、折扣券、抽奖、赛事、展会等）	有效鼓励、激发客户的购买行为
	公关（新闻发布、赞助、庆典、谈判、危机处理等）	塑造组织形象，建立与公众的良好关系
人员 person	区域营销人员的活动	开发与维护各市场区域的普通客户
	重点客户经理的活动	管理与本土重点客户的关系并扩展合作
	全球客户经理的活动	管理与跨国公司客户的关系并扩展合作
	操作、客户服务和财会部门人员的活动	营销无处不在，各部门配合促进全员营销

续表

营销组合	常见变量	主要价值
有形展示 physical evidence	参观物流中心、空运货站、企业驻地等实体环境	展示雄厚实力、增强客户对服务的信心
	参观专业装卸搬运设备、车辆、飞机等设备设施	引导客户对服务保障产生积极的期望
	赠送车辆飞机模型、荣誉宣传册等有形物传递信息	在客户群体中持续地推广、树立品牌

4. 营销人员开发与维护客户

服务与产品不同,服务是无形的,除了进行有形展示外,对人员营销的依赖性通常比有形产品更强。前面讲到,物流企业最大的风险之一就是未能持续开发新客户、维护老客户,因此对新老客户的系统营销活动至关重要,而营销活动的核心行为是拜访客户。

随着"互联网+"模式在各领域的推广,拜访客户除了面对面拜访方式,还包括网络平台拜访(接触)方式,但不管采取哪种方式,无论是开发新客户的业务还是扩展与老客户的合作,拜访客户的活动一般包括准备阶段、接触阶段、询问阶段、说服阶段、签约阶段、维护与发展阶段。当然,客户的具体特征千差万别,对一些客户的拜访活动可较为简略。

(1)准备阶段。该阶段的主要工作是按照《访问前计划表》做好访问准备,见表2-3。

表2-3 访问前计划表

客户公司名称	客户联系人	联系人职位	联系人联系方式与地址

你的访问目标是什么?

访问类型:开发新客户的业务( );扩展与老客户的合作( )

接触阶段
与客户面谈时,你将如何开场?

询问阶段
你将提出哪些CORK问题?

说服阶段
你将用哪些关键的服务特色、优势和利益(FAB)说服客户?

可能会出现哪些反对异议/障碍?
你将如何应对客户的异议和可能出现的障碍?

签约阶段
你将如何与客户达成协议?

维护与发展阶段
结合该客户的具体特征,你将采取什么策略进行维护与发展?

（2）接触阶段。无论是回访还是初次拜访，其开场方式都应该吸引客户足够的注意力，并把谈话导向你特定的拜访目标。短暂的题外话、寒暄一般是（并不总是）必要的，但必须较快地回到正题，谈话的内容必须和客户的公司相关，而不是关于你或你自己的公司，尽量多听少说。

（3）询问阶段。询问的目标是及时获得并利用能在较短时间内带来价值的信息，在这里是指客户对国际航空物流服务的需求密切相关的信息。营销员在询问阶段的根本任务是通过向客户提出一系列问题，全面收集、分析客户的需求信息。这些问题大致可以归纳为4类：① 处境问题；② 障碍问题；③ 后果问题；④ 关键问题，简称为 CORK 问题（circumstance, obstacle, repercussion, key for solution）。例如，围绕国际航空物流的运输环节，CORK 问题如表 2-4 所示。营销人员可以按照这种先后顺序向客户提出 4 类问题，也可以根据客户的业务情况、自己关注的重点和访问时间的限制有所侧重地提出某一两类问题，只要能准确把握住客户的实际需求即可。

表 2-4 询问阶段的 CORK 问题

项目	处境问题	障碍问题	后果问题	关键问题
目的	了解客户的业务及货物空运方面的信息	了解客户空运货物面临的困难及不满意的方面	了解障碍、困难造成的后果，包括对客户业务的和客户本人的	了解客户所期待的解决方案和改进效果，将其作为自己方案的蓝本，对于获得客户的认同很有利
举例	目前贵公司怎样安排进出口货物的空运？	贵公司的货物空运存在哪些困难？货物空运到哪些国家不太顺利？	对你的业务会产生哪些不好的影响？这种情况会不会使实际的总费用增加？	你希望到×××的空运效率改进到什么程度？如果采取……的方案，你觉得怎么样？
影响	问题的数量要适当，不宜提出过多处境问题，否则客户容易厌烦	通常有效，可让客户把思路集中在他们真正关心的问题上	直接了解到客户面临的影响、后果，有利于在后面有的放矢地提出解决方案	产生正面积极的影响，引导客户自己说出有效的改善方法
建议	如对方是关键人物，尽量少提此类问题，所需信息应在拜访前收集好	拜访前事先了解和列出客户可能存在的障碍，并在拜访中随时验证、修正	提出后果问题后，考虑如何使用本公司的服务为客户解决问题	通过提出这类问题，有利于引导客户认同我方空运服务和解决方案

（4）说服阶段。在这一阶段，营销员有针对性地向客户介绍本公司国际航空物流服务的特色（feature）、优势（advantage）及其带给客户的实际利益（benefit），目的是说服客户同意或尝试合作。

首先确定客户需求和本公司满足客户需求的服务特色和优势，这些特色和优势必须准确和具体，而且可以量化、可以衡量，如空运速度更快的具体时间、上门收货范围更大的具体区域、舱位更充足的新型货机机型、可实时查询货物的详细网址或工具、收费更简便的具体方式等。然后把服务的特色和优势转化为给客户带来的利益，目的是不仅使客户认识到我方服务不错，更重要的是能让客户的公司受益，也能提高客户自己的工作成绩（既满足业务的需求，也满足个人的需求），如节省运输时间，降低物流成本，增强物流安全性，处理业务更方便、更省心等。

需强调的是，不要刻意贬低竞争对手，因为那样做反而会损害企业形象，是不受欢迎的；应该首先把重点放在 FAB 方面，从正面增加客户的好感，产生更好的心理效果；然后间接地与竞争对手（不指名为佳）作比较，在无形中证明本公司提供的服务更优于对手。

报价是本阶段另一项重要的工作。只有说服客户接受了服务的价格，才有可能说服客户同意签约合作。结合国际航空物流行业的实践情况，报价通常须遵循以下三大原则。

① 知己。知己是知道自己的价值，即明确本公司的服务带给客户的切实利益，进行最有利的价值定位。报价前紧密结合客户的需求，突出我方服务的 FAB，尤其是带给客户的每一点利益，将价格谈判的重点放在价值上，而不是价格上，因为有高价值才能有高价格。

② 知彼。一般来说，决定报价的因素有 5 个：客户（货量和价格期望）、对手（服务与价位）、行情（市价走势）、供应商（采购成本）、本公司内部（利润目标）；后两种因素通常由公司高层和专职人员关注和把握，营销人员需直接关注的是前三种因素。知彼的"彼"首先是谈判对手——客户，然后是竞争对手。一方面，准确收集客户的货量、目的地等信息，分析判断客户的谈判风格和期望价格，对报价和折扣的把握才能更加有的放矢；另一方面，关于竞争对手的价格和服务竞争力的信息无疑是越多越有利，在此基础上，结合当前市场的价位行情进行分析，报价才会更合理、更科学。

③ 知策略。价格谈判需讲究专业套路和章法，制定合理的报价目标；如果让步，须有让步的计划并按计划行事。下列要点可供参考：

➢ 合理的、较高的价格目标对客户认同本公司的服务有正面的影响；

➢ 低目标会将谈判局限在低层次，目标定得越低，成交的价格也越低；

➢ 价格总是可以降低，但再想提高就非常困难，因此初次报价不能过低；

➢ 让步的速度和态度会向对手传递正面或负面信息，一般来说缓慢及不情愿的让步比快速及过分热情的让步更加有利；

➢ 让步不要局限于价格，服务的各种可变因素也是丰富的交换筹码，尤其要大力发掘那些对本公司代价较小但对客户较有价值的可变因素，如适当扩大接货或交货的地理范围、推迟截止接货的时间、定期提供物流服务报告、免费加固货物包装、稍微延长付款期限等，这些筹码可以有力地缓解降价压力，增强双赢的效果。

总而言之，报价可谓技术活，切不可草率和轻视，营销人员需在实践中不断总结经验与教训，持续地提高报价能力。

（5）签约阶段。选择签约的时机非常重要。营销员可能急于求成也可能因为没把握时机而未能达成协议。识别一些典型的"购买信号"是必要的，它们可能是肢体动作，如拿起协议书仔细地看条款、对着报价表点头等；也可能是口头语言，如"怎么样向你们下订单""怎样填写货物托运书"等。如果收到这样的购买信号，营销员可以更进一步，回答上述问题后，及时向客户提出达成协议、签约的主张。

向客户促成签约的常用技能有 7 种，即促成签约 7S，各技能可灵活组合变化：

① 假定：要对客户的肯定回答和购买信号保持积极的态度，假定客户已经明确了购买的意向，把谈话导向成交，如"你希望我们什么时候开始合作""你会什么时候试用我们的服务"。

② 选择：在时间、支付方式、发货等方面提供两个（或以上）正面的选项。如"你希望在星期一还是星期二发货""这一次空运的运费是预付还是到付"。

③ 总结：简单地总结一下刚才讨论和陈述的要点，聚焦在与客户的业务需求、个人愿望、关键问题有关的利益；可以通过与竞争对手的比较（不要刻意贬低对手），强调本公司服务优

势所在，即其他公司不可比拟的优势有哪些。

④ 实例：选取若干个有影响力的客户实例，介绍和他们已经合作的情况，描绘本公司在实例中的FAB，有利于树立客户的信心，同时表明也可以为该客户提供同样或类似的FAB。案例必须是真实的，提供相关文件、图片、客户赞赏或推荐的书面材料等可以明显地提高可信度，如果以当地名气较大的客户为例，效果更佳。

⑤ 让步：借让步引导客户尽快做出决定。这种让步要么是时间上的限制（如马上订购可以略降价格），或者是该客户的重要性值得为之提供特别待遇（如在条款上有所变动而无须花费额外费用）。让步必须是到最后不得已而为之，如果太早就让步了，或者是看似每个客户都能得到，它的效果就会大打折扣。

⑥ 告诫：说明不达成协议的损失来提醒客户，如"如果过两周再签协议则错过了这条航线的价格优惠期"，"马上进入旺季，如果合同在下个月才签订和生效的话，我们无法申请调低燃油附加费的费率"。

⑦ 隔离：对于客户在签约前提出进一步要求的情况，可和客户确认还有没有其他因素妨碍签约，如"要是我们能满足你的这条要求，那你决定使用我们的服务了吗"，"如果我们解决你在这方面的问题，我们可以达成协议吗"。采用隔离技巧，可防止陷入客户要求的无底洞。

（6）维护与发展阶段。"开源节流"是客户管理的基本准则。一方面要赢取新客户，不断开发业务和利润的源泉，为"开源"。另一方面所有新客户经历一段合作时间后都会成为老客户，而维护发展老客户更是任重道远，这里有两个层次：第一是维护层次，做好既有客户的关系管理，通过与各部门协作为客户提供优质服务，培育客户的满意度和忠诚度，严防客户流失到竞争对手，为"节流"；第二是发展层次，也叫"深耕"层次，有计划、有策略地扩展与老客户的业务合作，从航线、货物种类、服务方式、服务创新等方方面面延伸合作领域，尤其对于重点客户，当合作模式与本企业的长期发展战略契合时，双方需努力形成战略联盟关系。

5. 营销人员要求

（1）素质要求。主要包括专业知识、业务技能、通用能力3方面。

一是专业知识，常言道："知识就是力量"，毫无疑问，专业知识是营销员的力量源泉，包括市场营销和客户管理知识、国际航空物流与相关物流知识、业务流程各环节知识（尤其是主要环节的截货时间、主要环节中每环所需时间、航线分布、航班信息、订舱配载要求、进出口报关手续、单证要求等）、货物特性与运输要求、客户所属行业的基本知识等。二是业务技能，营销员需在这方面具备扎实的功底，包括新客户开发技能、老客户维护与发展技能、因客户及对手而异灵活制定营销策略的技能、专业英语应用技能等。三是通用能力，它包括沟通能力、人际交往能力、团队合作能力、应对各种压力的心理调适能力等。

（2）活动要求。在营销活动中既要有"勇"也要有"谋"，活动的"量"和"质"相结合。也就是说，一方面要有足够的活动量，努力地收集客户信息、勤奋地预约与拜访客户，刻苦地开拓市场与货源；另一方面要讲究营销策略，紧密结合本公司的FAB、客户需求和竞争对手状况，灵活调整营销策略，有的放矢地开发和维护客户。注重以上一方面和兼顾两方面的区别，或者说一手抓和两手抓的区别，是事倍功半和事半功倍的效果区别。

初步从事国际航空物流营销工作的人员可从以下几个基本点着手。

① 勤奋刻苦的作风、积极进取的态度与持之以恒的毅力，是成功的营销员必不可少的。

② 从宏观到微观，深入了解所负责市场区域的综合状况。通过各种调研活动、各部门员

工配合收集信息、多种媒体资源等渠道千方百计、想方设法地获取信息和资料，包括本市场区域的经济发展和产业布局、对本公司服务有需求的产业及企业类型、对本公司服务有当前需求或潜在需求的企业名单、经过筛选的目标客户名单、目标客户详细信息档案（物流服务决策者和使用者、联系方式、货类、货量、航线目的地、运费额、付款方式等），此外还必须与时俱进，密切关注产业升级及企业转型对国际航空物流服务需求产生的各种影响。

③ 制订每月营销目标（新客户数量、货物票数、重量、营业收入等）与营销计划，再据此制订每周与每日客户拜访计划；制订客户拜访计划时，根据收集的信息选择正确的拜访人，结合本公司 FAB 与客户需求，认真填好《拜访前计划表》，妥善制定拜访过程的洽谈策略。

④ 认真实施与灵活调整营销计划，每周乃至每天及时检查计划的实施情况，积极调整、改进行动，按 PDCA（plan-do-check-action）循环方法持之以恒地开展营销活动。

⑤ 反复实践客户拜访的 6 个阶段的营销技能，总结成功经验、吸取失败教训并加以灵活应用，不断提高营销成效。

⑥ 时刻谨记"知己知彼，百战不殆"的道理，密切关注竞争对手的发展变化，特别是对手争抢客户、进攻我方市场的动态；如果一时没有足够的能力收集对手信息或监视对手，务必在短期内提高这方面的能力，途径包括与团队成员交流研讨、寻求专业工具等相关资源、争取操作或客服部门的配合获得信息等，必要时可向公司争取更充分的支持，如组织专门力量调查竞争对手、外包竞争对手的调研工作等。

2.2.2 物流操作

物流操作是指从托运人发货到收货人签收，对国际航空物流过程的货物、单证和信息进行操作和控制管理的全过程。物流操作流程一般包括以下环节：受托接货、入库处理、订舱配载、填制运单、入站交接、出口报关、签单起运、（经过空中运输）到达通知、进口报关、出站交接、入库处理、派送货物。

以上操作流程和步骤顺序供读者参考。在实践中，不存在完全统一的国际航空物流操作流程标准，也不存在严格固定的步骤顺序，即使是国内最大的几个机场所在地之间，操作流程也仅仅是大致相同。在实际工作中为了高效统筹、节省时间，有些环节的活动常常可以在同一时段开展，并非一定要分先后，如订舱配载和填制运单、入站后交接货物和向海关申报、报检（如需）和报关前的各环节等，都可实现同步操作。甚至在同一所在地，由于物流企业所合作的各家航空公司规定不同，某些环节的操作要求也可能不同，如总运单是否可以授权物流企业填制（不含签单）、货物进入货运站之前是否可由物流企业自行装箱打板、物流企业在货运站先交接出口货物还是先报关、物流企业与航空公司结算运费必须次结还是可以月结。

下面对国际航空物流操作的一般流程及各环节操作细则进行介绍。

1. 受托接货

营销员与客户磋商达成合作协议后，客户通过电话、互联网、专门沟通工具等向物流企业客服部门下单，通知其上门接货；客服部须要求客户提供详细的接货地址、联系人、电话、接货时间等相关信息，然后通过信息系统将订单信息传输给操作部的运输调度人员；调度员根据当前人车运行状态，及时安排人员与车辆前往客户指定地点上门接货，并将详细的接货信息发送给接货员。

也存在客户主动要求自行送货的情况。客服部收到客户的委托信息后，需向客户提供具体的送货地址、联系人、电话、时间等相关信息，以便客户及时送货到物流企业操作中心的仓库。实践中此种方式较为少见，总体上以物流企业在始发地上门接货、目的地上门送货为主（门到门方式）。

接货员上门办理接货手续时，须做好以下几项工作。

（1）督导客户正确填写"国际空运货物托运书"（shipper's letter of instruction，SLI）。托运书列有填制航空运单所需的主要内容，是物流企业填制运单的依据，客户作为托运人须对托运书的内容尤其是货物名称与价值等信息的真实性负责，因此托运书实际上是一份重要的法律性文件。接货员需督导客户正确填写托运书并签字盖章，物流企业根据托运书上的要求办理国际空运的各项后续手续。"国际空运货物托运书"如表 2-5 所示。

表 2-5 国际空运货物托运书

货运单号码 AIR WAYBILL NUMBER	784—86421355		
始发站 Airport of Departure	GUANGZHOU / CAN	目的站 Airport of Destination	MELBOURNE / MEL
托运人姓名、地址 Shipper's Name and Address	托运人账号 Shipper's Account Number	本人保证所托运货物的内容已经完全正确地命名。对于所托运货物中包含的危险品，根据适用的《危险品规则》中的规定，完全符合航空运输条件。 I certify that the contents of this consignment are properly identified by name. Insofar as any part of the consignment contains dangerous goods, such part is in proper condition for carriage by air according to the applicable Dangerous Goods Regulations.	
GUANGZHOU SUNSHINE TRADING LTD. No. 123 BINJIANG RD, HAIZHU DISTRICT, GUANGZHOU 510260, CHINA CONTACT: DINGE XUE TEL:+8620 8643 1234			
收货人姓名、地址 Consignee's Name and Address	收货人账号 Consignee's Account Number		
MELBOURNE GREEN LTD. LEVEL 45, CENTRAL TOWER, 360 ELIZABETH ST, MELBOURNE VIC 3000 AUSTRALIA CONTACT: MAX PLANCK TEL: +613-8822 2288		是否属于危险品 Dangerous Goods or Not　□是 Yes　☑否 No	
		是否包含液体 Liquid Goods or Not　□是 Yes　☑否 No	
		是否包含锂电池 Lithium Battery or Not　□是 Yes　☑否 No	
		随附文件 Documents attached to AWB	
航班/日期 Flight/Date	航班/日期 Flight/Date		
CZ321/17MAR2025			
件数 No. of Pieces	毛重(KG) Gross Weight (KG)	货物品名 Description of goods	包装尺寸或体积 Dimensions or volume
20	423.0	MEDICAL DEVICES	DIMS:50×50×50(CM)×20
航空运费和声明价值附加费 WT/VAL CHARGES ☑预付 Prepaid　□到付 Collect	其他费用 OTHER CHARGES ☑预付 Prepaid　□到付 Collect	供运输用声明价值 Declared Value for Carriage CNY500000	供海关用声明价值 Declared Value for Customs CNY500000
储运注意事项和备注 Handling Information and Remarks KEEP UPSIDE		付款方式 Form of Payment	T/T
运价=31.50 (CNY/kg) FSC 燃油附加费：费率 20% AWC 运单费：CNY50.00/AWB VAL 声明价值附加费：费率 0.75% SDR22=CNY213		托运人或其代理人签字或盖章 Signature of shipper or his Agent 托运人有效身份证件及号码 ID Card number 日期 Date	薛定谔（签章） 44010219851130XXXX 12MAR2025
安全检查 Security Check		计重人签字 Weighed by:	承运人签字 Signature of Issuing Carrier or his Agent
注：粗线栏由承运人填写 The bold column filled carrier only.			

> 小资料

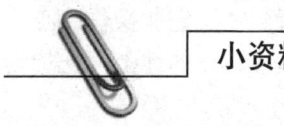

托运书应由托运人填写

根据《蒙特利尔公约》第七条第（1）款和第（4）款规定，航空运单应由托运人填写，也可由承运人或其代理人代为填写。但在实践中，由于运单填制工作的专业性较强，一般由承运人或其代理人代为填制。然而托运书却不应被代填，因为它是填制运单的依据，应由托运人自己填写，且托运人须在上面签字盖章。

由于托运书是物流企业填制航空运单的依据，通常一式多联（至少含托运人1联、物流企业1联或另设订舱联），上面列有填制运单所需的主要内容，因此托运书的格式和栏目设计与运单相似，关于各个栏目的含义和填写规范，在项目3专门作全面细致的介绍，在此不赘述。

（2）审查货物。物流企业必须对操作、客服、营销等业务部门开展有关禁运品和限运品的培训，尤其是操作部员工。有关禁运限运品的具体规定也通常被作为重点内容列入物流企业的国际航空物流服务手册（或称服务指南）。接货员必须严格按照服务手册的规定，初步审查货物的合法性和安全性，拒收禁运品（包括被禁运的一部分危险品），正确处理限运品。如果有疑问，应及时联系本公司相关人员咨询清楚再接货。

（3）索要单证。接货员应向客户索要全套报关单证，并初审单证的完整性。所需单证根据贸易方式的要求而不同，基本单证包括报关单、报关委托书、贸易合同、发票、装箱单，其他常见单证有许可证、原产地证、进料/来料加工核销本、返修协议、到付保函（适用运费到付方式）等。

假设货物必须商检，如果客户自行安排了报检，则此时接货员应向客户索要商检机构签发的单证以便海关验放；如果客户委托物流企业代理报检且物流企业可提供代报服务，则接货员应向客户索要代理报检委托书和报检所需的各种单证；接货员回到操作中心后须立即和报检人员交接，马上启动代理报检工作。

2. 入库处理

物流企业一般在国际机场附近建有储存与理货的物流中心仓库，包括境内与境外仓库，本环节的入库为境内仓库，后面环节的入库为境外仓库。按照货物入库后在库时间长短与活动的差异，"入库"分为"入库储存"或"入库暂存"两种情况，二者存其一，通常不会并存；前者计收储存等相关费用，后者不计收。

1）入库储存

一部分货物进入境内物流中心仓库以后作较长时间的停留，短则几周、长则几个月甚至更久，仓储等综合物流活动应运而生，在此情况下货物入库批量通常较大。在此期间，物流企业受客户委托并根据具体需求，以物流中心为核心，向客户提供货物储存（含库存控制）、搬运装卸、包装、流通加工、配送、信息处理等综合功能的物流服务（部分或全部）。此后，一旦接收到客户出口空运货物的订单指令，物流中心按照操作流程马上启动后续各环节工作，按订单要求安排货物出库并完成国际空运等一系列任务。随着社会分工专业化的快速发展，越来越多的货主不再自营货物储存、配送等物流业务，而是外包给物流企业去管理，既可以提高物流效率，又可以节约综合成本。

同理，在境外物流中心，一部分货物完成入库分拆后马上被派送给收货人，另一部分货物会在仓库停留较长时间，物流中心为客户提供综合物流服务，此后接收到客户的订单指令，物流中心才向收货人配送货物。

2）入库暂存

另一部分货物进入境内物流中心仓库以后作短暂停留，短则几个小时、长则几天，一旦完成理货、制单、订舱等工作，马上出库运往机场货运站，完成后续各环节工作。

3）理货

不管是入库储存还是入库暂存，物流中心都要在货物出库前进行理货，然后安排客户领取入库单（如果是入库暂存也可用分运单代替）。理货工作一般包括复查货物与单证、检查货物包装、称量重量和体积、查标记贴标签等活动。

（1）复查货物与单证。

① 由操作员复查货物的合法性和安全性，对于违规货物应移交客服部联系客户办理退货或其他手续。

② 复查单证完整性、准确性与单单之间的一致性。除了检查所需单证是否齐全、正确，认真核查以上单证之间的一致性也非常重要，如核查各种单证中货物的名称、价值、数量等信息是否一致，如果出现差异须联系客户询问并更正。

③ 复查单货一致性。理货时应仔细对照实际货物，检查单证的货物名称、价值、数量等信息与实物是否一致，如有误差，必须与客户核实并及时纠正。

以上第②、③项的工作，由于专业性较强，通常需联合报关方面的审单人员共同完成。

（2）检查货物包装。

理货时应检查货物的外包装是否符合运输要求。对包装的基本要求有：

① 包装坚固、完好、轻便；

② 不得用木屑、草末等材料进行包装；

③ 包装上详细写明收货人和托运人的姓名、地址；

④ 包装出现轻微破损的情况下，须在航空运单的"Handling Information"栏目中详细注明；

⑤ 液体类货物的瓶装、灌装或桶装的容器内至少有 5%～10%的空隙，封盖严密，还须外加装有内衬物和吸湿材料的木箱包装，并在木箱上加贴易碎物品标签；

⑥ 易碎物品每件毛重不超过 25 kg，确保包装上贴有易碎物品标签；

⑦ 精密仪器和电子设备须采用多层包装，内衬物要有一定弹性，包装上贴易碎物品标签和不可倒置标签；

⑧ 混运货物须分别包装，但不得包含下列货物：贵重货物、动物、骨灰、外交信袋、行李等。

（3）称量重量和体积。

在实践中由于算法不同、操作误差等多种原因，客户声明的重量和体积经常与实际情况有偏差，操作员既要将受托货物过磅、仔细称重（复查毛重），也要认真丈量货物外包装尺寸（用以确定体积、体积重量和计费重量），这是接下来向航空公司准确订舱、向客户正确计收运费的依据。计算货物毛重、体积重量和计费重量的过程具有严格的操作规范，详见项目3。

小资料

自动化称量系统

一些大型物流企业在操作中心流水线上安装了自动化称量平台系统，只需将货物接入或搬运上流水线，经过该平台的称量和三维扫描，系统即可自动获取每票货物的毛重和体积重量的数据，破解了人工称量缓慢和误差多的难题，大大提高了货物称量效率和准确性。

如果托运人是临时客户（未签约、合作不固定的客户），由于已经确认计费重量，此时通常由操作部直接向客户收取运费，包括可预计、将在后续环节产生的其他费用；临时客户的费用通常只能按公开价目计收，即使货量较大也只能享受较低的折扣，除非短期内转换成签约客户。如果是固定客户（已签约的常规客户），则在整个物流操作过程结束后，由财会部门按照营销人员在合同中与客户约定的协议运价和付费周期进行结算，无须操作部门负责。

需指出的是，正确计算运费对于物流企业维持正常的营业秩序非常重要，除了正确称量货物，该项工作更涉及较为复杂的运价体系，本书在项目3作了全面细致的介绍。

（4）查标记贴标签。

应由托运人注明的货物外包装标记包括托运人和收货人的公司名称、联系人、地址、电话、唛头、合同号等；如果有操作或储运注意事项，如小心轻放（Handle with Care）、保持向上（Keep Upside）、不要暴晒（Don't Expose to Sunlight）、防潮（Keep Dry）等，须检查托运人是否粘贴对应的操作标签，如图2-4所示。

图2-4 操作标签

根据标签的作用，通常分为识别标签、特种货物标签、操作标签等。① 识别标签。包括物流企业（当事人型）标签和航空公司标签，如图2-5所示。为避免识别混乱，一般不能在货物外包装上同时贴两种标签，贴谁的标签取决于谁是货主的承运人。物流企业标签是当事人型物流企业印制的识别标签，标签内容包括分运单号、目的地/机场代码、始发地/机场代码、件数序号/总件数、总重量等信息。航空公司标签是航空公司印制的识别标签，代理人型物流企业向航空公司单独托运的货物贴此标签，标签的格式和内容与物流企业标签基本一致。

② 特种货物标签，指用以说明特种货物性质的各类标签，分为活动物标签、危险品标签和鲜货易腐物品标签等，此类标签示意图见项目5。③ 操作标签。指用以说明货物操作或储运注意事项的各类标签，一般应由托运人粘贴或印制在外包装上，这里的理货环节只是查漏补缺，即如果发生了操作标签遗漏、脱落或模糊不清等现象，才由操作员补齐。

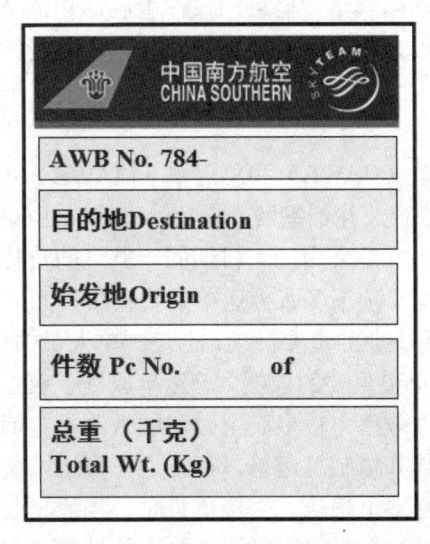

图 2-5 航空公司标签（左）和物流企业标签（右）

3. 订舱配载

从该环节开始，物流企业的角色转换成了航空公司的托运人，前者向后者订舱，订舱单既可能使用国际空运货物托运书的订舱联，也可能使用专用订舱单，但两者格式及内容相似。不管物流企业属于代理人型还是当事人型，订舱都需要注意几点。① 货物种类：如果是特种货物，须在订舱单中向航空公司特别说明，具体操作规范详见项目5。② 客户的运输时间要求：如果需加急，也须在订舱单中特别说明，并与航空公司专门沟通航班的安排。③ 航空公司的航班计划：可参考始发地机场或航空公司定期出版的《航班时刻表》。④ 淡旺季：遇旺季舱位紧张，一般须将订舱的时间前移，还须留意运价成本的上涨。

代理人型物流企业订舱相对简单。但是当事人型物流企业通常采取集运或包运方式向航空公司托运货物，不管采取哪一种方式，都须应用到一系列的操作技术，集运、包运操作水平的高低对业务具有决定性的影响，影响面涉及服务质量、运作效率、营业收入、成本和盈利等。由于集运操作和包运操作是当事人型物流企业的核心活动，本书将在项目4进行系统、详尽的介绍，此处按集运和包运两种方式分别介绍订舱配载的操作要求。

（1）集运方式下订舱配载。如果物流企业采取集运方式，须按航空公司规定的时间要求提前订舱，申报同一航班同一批次货物的总量。此时，物流企业需填写订舱单并尽快提交给航空公司。订舱单内容包括目的地机场、货物总重、总体积、起运日期/时间、货物种类、运输特别要求等；如果某航线航班数量较多，可注明首选和备选航班。物流企业提交订舱单之后应及时与航空公司书面确认或通过信息系统确认舱位。航空公司安排舱位的优先顺序通常是：有固定配额的货物—邮件和快件—运价较高的货物—已订舱的零散货物—未订舱的货物。一旦首选航空公司未能配舱，物流企业必须马上采取应对措施，包括转配备选航班、联系其他航空公司等。

（2）包运方式下订舱配载。如果物流企业采取包运方式，预先向航空公司承包、提取了约定数量的集装器和承诺交运的货量，这就等于已经向航空公司提前预订了这些集装器将占用的飞机舱位，也就无须再向航空公司专门订舱，只需向航空公司发出集装器实际使用预报。通常，操作人员早在理货时已从航空公司货运部门将集装器领回操作中心，物流企业在这一环节的重点工作是制订集装方案，自行装箱打板，直接向航空公司移交已集装货物，详见项目4。

4. 填制运单

（1）两种运单及关系。航空运单分成分运单（HAWB）和总运单（MAWB）两种。分运单由当事人型物流企业印制签发（代理人型物流企业并不签发分运单）；总运单由航空公司印制签发，不管物流企业采用集运还是包运方式，凡是采用同一日期同一航班的货物，使用同一份总运单；凡是同一份总运单的货物，由总运单项下多张分运单的货物集拼而成。

（2）填制运单。分运单的填制和签发是物流企业的重要活动，也是制单人员的核心任务。此时客户签章的托运书（SLI）则成为填制分运单最重要的依据。总运单原则上应由航空公司填制，但是在实践中，为了节省填制时间、提高效率，很多航空公司的做法是定期向物流企业批量登记发放空白总运单，并授权物流企业代其填制总运单，待双方在货运站交接货物和单证并由海关放行后，航空公司再对总运单进行签单确认。交接单货时，物流企业还须提供一份集运舱单（详见项目4）或包运舱单，以详细说明它所代填的总运单具体包含了哪些分运单项下的货物。

通常仅在货主直接向航空公司托运货物的情况下，总运单才由航空公司亲自填制。

每票货物的分运单号码是通过预排号印制或信息系统自动分配的方式确定的，使用此号码可以有效识别每票货物的"身份"，以便在后续工作中清晰准确地沟通、指代每票货物。

分、总运单的格式基本一致。由于航空运单是国际航空物流业务中最重要的单证，而且各栏目的填制具有严格的操作规范，因此在项目3专门作全面细致的介绍。

5. 入站交接

国际航空货运站，通常分为航空公司公用货站和大型航空公司专用货站，一般直接接受机场海关的监管，相当于海关监管库，这是与国内空运货运站最重要的区别。入站交接指物流企业将货物运至机场，进入受监管的货运站，与航空公司交接货物及单证。物流企业为了提高效率，当货物入站时，通常交接与（向海关）申报同步进行。也有一些机场的货运站不受海关监管，在这种情况下就必须先将货物运到海关监管库，报关完成后再转移到货运站与航空公司交接。

代理人型物流企业采取先交接、后装箱打板的方式；当事人型物流企业有两种方式。

（1）集运方式下入站交接。一般是先交接、后装箱打板。物流企业将货物运到航空公司货运站（受监管），进行安全检查、复查货物的重量体积和单证，航空公司在交接单（常以集运舱单代替）上面签章确认，将相关联退回给物流企业，然后由航空公司负责装箱打板，再将货物转移到监管区域，等待海关查验放行。一般在交接货物的同时，向海关申报的工作正在进行或已经完成。

（2）包运方式下入站交接。通常是先装箱打板、后交接。主要环节有：① 航空公司吨控部门根据包运合同向物流企业发放集装器领取凭证，物流企业向航空公司箱板管理部门办理领取手续，将约定数量的集装器提回自己的操作中心，自行完成货物装箱打板。② 完成集装后，物流企业将货物运到机场货运站（受监管）与航空公司进行交接。③ 货运站进行安检、核查货物和单证后，在交接单（常以包运舱单代替）上面签章确认，将相关联退回物流企业，再将货物转移到监管区域，等待海关查验放行。一般在交接货物的同时，向海关申报的工作正在进行或已经完成。

6. 出口报关

客户委托物流企业或指定其他报关行向机场海关办理出口报关手续，交验规定的全套单证，接受海关人员对所申报货物的查验，依法缴纳海关关税等税款；海关批准放行货物时，在相关单证上加盖海关放行章，此后货运站方可办理货物装机事宜。就报关程序而言，申报方的工作步骤有申报、配合查验、缴纳税费、装运货物，海关的工作步骤分为收单、验货、估价、放行四个步骤。关于详细的出口报关程序，报关实务等课程有系统全面的专门介绍，在此不再赘述。

凡列入实施检验检疫的进出境商品目录表的出口商品和其他法律、法规规定须经检验的出口商品，或合同规定必须经由检验检疫机构检验出证的商品，在完成备货后，最迟应于报关或装运前 7 天（目前的规定）向检验机构申请检验。对于个别检验检疫周期较长的货物，应留有足够的检验时间。海关凭出入境检验检疫机构签发的出境货物通关单和检验证书验放。出口商品检验的范围包括品质检验、安全卫生、数量鉴定、重量鉴定等。商检的程序主要包括报检资格认定、申请报检、检验、签证与放行等环节。

7. 签单起运

（1）航空公司签单确认。海关放行货物后、装机起运前，物流企业还需将总运单交给航空公司签单确认，确认的范围主要有审核运价使用是否正确、经海关查验的货物是否适合空运，尤其是危险品等特种货物是否已提供相关证明、办妥相关手续；大多数航空公司规定，只有签单确认后才能允许货物装机、起运。

（2）装机起运。航空公司签单后，根据载重数据和配载平衡原则进行排舱，由航空公司装卸部门或机场地面代理负责装机。装机完毕后，货物开始起运。

（3）航班预报与跟踪。货物起运后，航班已得以实际执行，始发地物流企业须尽快向目的地物流企业发出起运航班报告，并通过内部沟通工具或 EDI 把总运单及其项下的舱单、分运单等传输给目的地物流企业。同时，物流企业应密切跟踪航班起运动态，一旦发生航班取消、延误、飞机溢载、故障、机型更变、装板不符等意外事件，物流企业可第一时间掌握具体情况，及时采取应对措施或启动应急预案，确保货物尽快重新起运，从而保持较为稳定的服务水平。

（4）返退有关单证给客户。报关完成后，物流企业将报关单出口退税联、海关返退的其他单证、物流企业代办的商检证书等及时返退给客户，以便对方尽早办理出口收汇核销、出口退税等手续。

至于费用结算，在实践中如果托运人是临时客户，则在入库理货环节中确定计费重量之后就进行费用结算；如果托运人是固定合作客户，则在整个服务过程结束后，由财会部门按合同约定的结算周期进行费用结算，无须操作部门负责。

8. 到货通知

航空公司按预定计划执飞航班，货物经空中运输，到达目的地机场。通常货物到达前，目的地物流企业已经接收到航班预报、总/分运单及舱单等相关资料，做好接货准备。

货物运抵目的地机场后，通常卸到机场公共货运站或大型航空公司专用货运站，接受进口海关的监管；货运站根据总运单上的收货人（即目的地物流企业）联系信息发出到货通知，由物流企业接手后续工作。货运站不受海关监管的，货物先卸到海关监管场所，报关结束后再由物流企业统一提取货物。

物流企业应第一时间向各分运单上的收货人发出到货通知，索要齐全的报关单证，以便物流企业及时完成进口报关。到货通知一般应包括以下内容：

> 总运单号、分运单号；
> 品名、件数、重量、体积、托运人、发货地等；
> 随货到达的已有单证、尚待收货人提供的报关单证；
> 物流企业地址、电话、联系人等详细信息；
> 如果运费到付则需列明收费项目及金额；
> 海关对于超期报关收取滞报金以及超期未报关的处理通知（如果有）；
> 其他相关内容。

9. 进口报关

有时候收货人指定其他报关企业为其报关，或者分运单注明了需物流企业另请通知的报关企业，在这两种情况下物流企业都应配合，向报关企业提供有关信息和随货单证。

需要实施商检的货物须经检验合格并领得证书后，才能办理进口报关。进口报关程序与出口类似，工作步骤有申报、配合查验、缴纳税费、提取货物等。

关于详细的进口报关程序，报关实务等课程有系统全面的专门介绍，在此不再赘述。

10. 出站交接

进口报关完成后，物流企业与货运站交接货物，除了因单证不齐等原因被滞留的货物，一般情况下仍以整箱或整板方式将货物运回物流企业操作中心再进行分拆。但对于大宗货物，通常在货运站先分拆，然后直接送货到收货人指定地点。个别收货人可能主动要求自行提货，物流企业直接在货运站向收货人交货，这就等于提前完成送货，所以虽是收货人自提货物，但仍须让对方在送货单上签收。

11. 入库处理

集装器被运到境外物流中心后，物流企业以分运单为单位，对货物进行分拆处理。一部分货物入库储存，在库停留较长时间，物流企业为客户提供综合物流服务；此后一旦接收到客户的订单指令，物流中心再根据订单要求分拣、包装、出库并送货至收货人。另一部分货物入库暂存、在确定送货路线与时间后马上送货给收货人。

值得一提的是，越来越多的物流企业在境内外两地与航空公司开展包板包箱合作，他们在物流中心完成货物分拆后，直接利用拆空的板箱集装回程航线的空运货物，而无须将空的板箱送回航空公司后再提取所需集装器，有效节省了时间和人力，提高了集装器的利用率。

12. 派送货物

派送操作员须在送货前与收货人联系确认送货时间与地点。

运费到付方式下，如果收货人是固定客户，可先送货再按照结算周期收费，但是送货前必须获得对方承诺付款的书面确认；如果收货人只是临时客户，送货前须联系财会部门，待出账单收费后再送货，否则易陷入钱货两空的境地。

收货人签收货物后，派送员应将签收单尽快交回操作中心或客服部门，以便录入签收信息及留存底单。一些物流企业给派送员配备了无线联网手持终端，一旦客户完成签收，派送员马上将签收信息录入手持终端并实时上传到信息系统，发货人可第一时间查询到货物签收人名和签收时间。

2.2.3 客户服务

1. 接受客户咨询（服务前）

通常新客户在发货前会致电物流企业的客服部门，咨询服务、价格、操作要求等信息。当然，老客户遇到陌生情况，如货物发往新目的地、货物性质较特殊、贸易方式改变、单证要求有变化等，也会在发货前联系客户服务员（或营销人员）咨询。因此，客户服务员需具备专业全面的业务知识和沟通能力。此外，本行业越来越多的企业实行质量管理，通过客户服务通话录音和客户评分系统，加强公司服务质量的评价、控制与提升。

2. 查询跟踪货物（服务中）

当货物还在运输途中，客户可通过物流企业的网站查询工具跟踪货物动态，但所获得的信息较为笼统粗略，只能满足简易查询的需求。当客户对信息有疑问或想详细了解货物当前动态时，就必须通过客服部的人工服务进行咨询。对重点客户，物流企业通常安排客服专员提供主动式服务，即主动查询、跟踪货物的运输动态，然后以电话、短信或书面等方式定时通知客户，使对方享受到及时、顺心的服务。

3. 回访了解服务意见（服务后）

在派送员送货后，客户服务员通过电话或邮件回访客户，全面了解和记录客户对服务质量的反馈，及时向上反映客户提出的服务意见。这项工作除了有利于主动改进服务质量之外，对于及时挽回那些满意度低、不投诉但不再继续合作的客户（无声流失的客户）可起到重要作用。

4. 理赔与关系修复（必要时）

当发生服务事故、客户提出索赔时，一方面，及时受理并制定合理的理赔方案至关重要，处理不当将面临客户流失的危险，因此企业通常高度重视索理赔问题，设置了类似客户关心专员或理赔代表的岗位，安排经验丰富的资深人员负责。另一方面，仅靠理赔是不够的，尤其对重点客户，还须通过专门的沟通渠道修复客户关系，当服务事故较为严重时，客服与营销两个部门的代表乃至高级管理人员进行联合拜访就成为维护与挽回重点客户必不可少的环节。

2.2.4 费用结算

财会部门的对外工作主要包括从信息系统获取业务数据、生成结算账单、与客户结算费用与制成分析报表等。

物流操作的派送货物环节提到运费到付的处理方法，从财会部门的角度来说，如果收货人是固定客户，派送员可先送货，但是送货前须获得客户承诺付款的书面确认书，并转交给财会部；财会部在账单日向收货人发出账单结算到付费用。如果收货人是临时客户，派送员须在送货前联系财会部，后者向收货人开出账单（含电子账单），完成费用结算后再由派送员送货。

思考与练习

（一）单选题

1. 下列英文术语中准确地表示物流企业主流类型"当事人"的是（　　）。
   A. principal　　　　B. agent　　　　C. person　　　　D. people
2. （　　）通常是国际航空物流业务流程的火车头。
   A. 营销部　　　　B. 操作部　　　　C. 客服部　　　　D. 财会部
3. 就围绕单票货物提供的货运服务而言，各业务部门的活动在业务流程中存在一个大致的先后顺序：（　　）。
   A. 营销揽货—物流操作—客户服务—费用结算
   B. 物流操作—客户服务—费用结算—营销揽货
   C. 客户服务—费用结算—营销揽货—物流操作
   D. 费用结算—营销揽货—物流操作—客户服务
4. 现代营销理论认为无形服务的营销活动比有形产品的 4P 更广泛，即 6P 活动，以下不属于 6P 的是（　　）。
   A. 渠道（place）　　　　　　　　B. 有形展示（physical evidence）
   C. 促销（promotion）　　　　　　D. 付款方式（payment mode）
5. （　　）的主要工作是按照《拜访前计划表》做好拜访计划。
   A. 准备阶段　　　B. 接触阶段　　　C. 询问阶段　　　D. 签约阶段
6. 在（　　）营销人员通常须向客户提出 CORK 问题。
   A. 准备阶段　　　B. 接触阶段　　　C. 询问阶段　　　D. 签约阶段
7. 在物流操作活动的"受托接货"环节中，接货员上门办理接货手续时须做好的几项工作不包括（　　）。
   A. 督导客户正确填写 SLI　　　　B. 审查货物
   C. 填制运单　　　　　　　　　　D. 索要单证
8. 关于包运方式下的订舱配载操作，描述不正确的是（　　）。
   A. 物流企业无须再向航空公司专门订舱
   B. 物流企业无须向航空公司发出集装器实际使用预报
   C. 物流企业只需向航空公司发出集装器实际使用预报
   D. 物流企业的重点工作是制定集装方案，自行装箱打板，直接向航空公司移交已集装货物
9. 关于物流操作活动的"入站交接"环节，描述正确的是（　　）。
   A. 集运方式下一般是先装箱打板、后交接
   B. 包运方式下通常是先交接、后装箱打板
   C. 集运方式下一般是先交接、后装箱打板
   D. 包运方式下通常是装箱打板与交接同时进行
10. 关于物流操作活动中"签单起运"环节，描述不正确的是（　　）。

A. 海关放行货物后、装机起运前，物流企业还需将总运单交给航空公司签单确认

B. 航空公司签单确定后，根据载重数据和配载平衡原则进行排舱

C. 物流企业须密切跟踪航班起运动态，一旦发生航班取消等意外事件，物流企业应及时采取应对措施或启动应急预案，确保货物尽快重新起运

D. 货物起运前，始发地物流企业须尽快向目的地物流企业发出起运航班报告

（二）多选题

1. 国际航空物流业务流程的参与主体主要有（　　）。
   A. 托运人　　　　　　　　　　B. 物流企业
   C. 航空公司、报关行、国际机场　D. 关境机构

2. 关于物流企业在国际航空物流业务流程中地位的描述，正确的有（　　）。
   A. 物流企业是国际航空物流业务流程中的核心主体
   B. 物流企业是国际航空物流整个运作链条中的组织者和协调者
   C. 物流企业通过开拓客户投入了规模化货源，成为业务流程的驱动者、发动机
   D. 物流企业通过与各方建立战略合作伙伴关系，有效整合、优化了各参与主体的分散资源，产出专业服务和预期效益

3. 境内物流中心"入库处理"环节的活动包括（　　）。
   A. 入库储存　　B. 入库暂存　　C. 理货　　D. 入站交接

4. （　　）都有可能成为国际航空物流业务的驱动者。
   A. 营销部　　B. 操作部　　C. 客服部　　D. 行政部

5. 现代营销理论认为无形服务的营销活动需在有形产品的 4P 基础上增加（　　），称之为 6P。
   A. 人员（person）　　　　　　　B. 渠道（place）
   C. 有形展示（physical evidence）D. 促销（promotion）

6. 国际航空物流服务营销组合活动中，"服务"的常见变量包括（　　）。
   A. 航线网络覆盖面、运输速度、货物交接方式
   B. 运输安全性与可靠性、货物查询的便利性与跟踪的实时性
   C. 货物仓储与配送
   D. 空铁/空海/空卡联运能力

7. 国际航空物流服务的营销组合活动中，"渠道"的常见变量包括（　　）。
   A. 人员营销、电话营销　　　　　B. 服务中心与门店营销
   C. 非直控区域的代理营销　　　　D. "互联网+"营销，O2O 营销

8. 物流操作活动的"入库理货"环节一般包括（　　）等工作。
   A. 复查货物与单证　　　　　　　B. 检查包装
   C. 称量重量和体积　　　　　　　D. 查标记贴标签

9. 关于"入库理货"环节的"复查货物与单证"工作，描述正确的有（　　）。
   A. 复查货物的合法性和安全性
   B. 复查单证完整性和准确性
   C. 只需复查单货一致性，无须复查单单一致性
   D. 既需复查单货一致性，也需复查单单一致性

10. 国际航空物流业务的客户服务活动一般包括（   ）。
    A. 接受客户咨询（服务前）
    B. 查询跟踪货物（服务中）
    C. 回访了解客户对服务的反馈（服务后）
    D. 理赔与关系修复（如果需要）

（三）判断题

1. 在"入库处理"环节中，如果是入库暂存，境内物流中心向客户提供货物储存等综合物流功能与增值服务。（   ）
2. 物流企业是国际航空物流业务流程中的核心企业，是整个运作链条中的组织者和协调者。（   ）
3. 物流企业的业务部门一般包括人力资源部、行政部或总经理办公室等部门。（   ）
4. 营销部门是唯一的国际航空物流业务驱动者。（   ）
5. 在国际航空物流服务的营销组合活动中，安排客户参观空运货站、服务中心、企业驻地等实体环境的活动属于"有形展示"的常见变量。（   ）
6. 一般来说，无论是开发新客户的业务还是扩展与老客户的合作，拜访客户都包括销售准备阶段、接触阶段、资讯阶段、说服阶段、签约阶段、维护与发展。（   ）
7. 如果收货人是固定客户，派送员须在送货前联系财会部，后者向收货人开出账单，完成费用结算后再送货。（   ）
8. 国际空运货物托运人须对托运书的内容尤其是货物名称与价值等信息的真实性负责，因此托运书实际上是一份重要的法律性文件。（   ）
9. 分运单号码是通过预排号印制或信息系统自动分配的方式确定的。（   ）
10. 总运单原则上应由航空公司填制，但在实践中为了节省填制时间、提高效率，很多航空公司的做法是授权物流企业代其填制总运单。（   ）

（四）名词解释

1. 6P
2. CORK
3. FAB
4. 7S

（五）简答题

1. 描述物流企业在国际航空物流业务流程中的核心地位。
2. 复述"入库处理"环节中境内外物流中心的功能。
3. 谈谈你对营销重要性的认识。
4. 国际航空物流业务营销人员的素质要求和活动要求有哪些？
5. 复述物流操作流程的 12 个环节以及每个环节包括的主要步骤。
6. 为什么说 SLI 是一份重要的法律性文件？

（六）实操题——案例分析

业务流程的运作特征和合作的重要性

小王毕业后进了一家国际航空物流公司操作部，成为订舱配载组的一员。该部门还有货物与单证操作组、报关组，按照物流操作流程，三个小组的工作环环相扣、相互配合，关系应该说是十分密切。但三组的关系却很微妙，当业务操作顺利的时候各组之间相安无事，但一旦遇到需对某票货物的操作错误负责或者需承担风险的时候，不同小组的同事就相互推卸，给小王的感觉就是，有了好成绩各组都在努力表明自己所做的工作，但如果出了什么事故大家也在努力推脱。时间一长，即使是一些小事或是误会，也动不动相互指责，小组之间逐渐形成了不信任、不配合、不和谐的气氛。本来三个小组能够协作解决好的问题，往往在谁对最后结果负责的纠缠中，增加了问题的复杂性，也拖延了解决问题的时间，反而增加了各种操作失误，使公司的服务质量下降。

本案例反映了业务流程的运作特性，表明了流程上下游的和谐合作至关重要。上述各小组的工作处于同一个流程链条上，但未讲求整体效率，甚至争功诿过，导致流程运作不顺畅，如果不及时改进将使问题恶性循环，势必严重影响物流企业的服务质量。

请根据案例内容分析下列问题：

1. 可能有哪些原因导致各小组之间存在这种合作状况？
2. 流程运作不顺畅导致操作出错率上升，为改进服务质量，如何加强改进各小组之间的合作？

项目 3

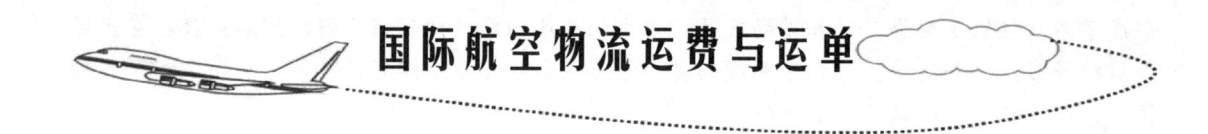

国际航空物流运费与运单

🌱 能力目标

能熟练应用各种运价（GCR、SCR、CCR）及其使用规则并正确计算运费；能规范填制国际航空运单的相关栏目。

🌱 知识目标

熟悉 IATA 运价体系及遵循的原则；掌握计费重量的规则、经济分界点的应用方法；掌握各种运价的使用规则、国际航空运单填制要点。

🌱 思政目标

培养维护国际秩序、遵循国际规则与惯例、致力于跨境合作共赢的职业精神与素养。

🌱 引导资料

IATA 航空货物运价手册

二十大报告强调，中国坚持经济全球化正确方向，推进双边、区域和多边合作，坚持合作共赢。多年来，在共同遵守 IATA 体系规则的基础上，我国在国际航空物流领域与各国携手并进、深度协作，为全球货物贸易发展提供了重要支撑，在经济全球化进程中发挥出关键作用。

1975 年之前，世界各地诸多航空公司各自制定出版自己的运价手册，但是在运价水平、运价规则上普遍存在较大差异，收费秩序较为混乱。为了在全球范围内统一运价规则、优化运价结构、协调运价水平、重构收费秩序，IATA 制定了运价规则与运价体系，以 TACT（The Air Cargo Tariff，航空货物运价手册）的形式公布，国际航空界具有里程碑意义的运价指导手册由此诞生。TACT 由规则与运价体系构成，分为三卷，第一卷是 Rules（规则），第二卷是 Worldwide Rates（世界运价分册），第三卷是 North America Rates（北美运价分册）。TACT 每年出版三期。目前，我国已有众多航空公司、航空运输企业加入 IATA，并在实践中共同维护与遵循 TACT 规则与运价体系，充分体现了我国航空业积极参与经济全球化、坚持合作共赢、推进航空领域的多边合作。

通过本项目内容的学习,一方面,掌握 TACT 规则与运价体系下的国际航空物流运价知识与运费计算、运单填写等技能;另一方面,培养维护国际秩序、遵循国际规则与惯例、致力于跨境合作共赢的职业精神与素养。

任务 3.1 运价与计费重量认知

国际航空物流运费,指将货物从一国始发地机场航空运输至另一国目的地机场所应收取的费用。国际航空物流运费主要受两个因素影响,即货物适用的运价与货物的计费重量。首先,因航空运输货物的种类繁多、运输的起讫地点所在航空区域不同,每种货物所适用的运价亦不同。其次,因飞机业载能力受最大起飞重量和货舱容积的限制,货物的计费重量需要同时考虑货物毛重和货物体积。此外,数量折扣原则和运距因素也影响货物运费的计算。

3.1.1 运价概述

国际航空物流运价(rate),指承运人对每一重量单位货物(千克 kg 或磅 lb)所收取的自一国始发地机场至另一国目的地机场的航空运输费用。

国际航空物流运价一般以始发地的本国货币公布,一些国家以美元代替其本国货币公布或视美元为当地货币的,以美元公布运价。

国际航空物流运价须规定有效期,航空运单所使用的运价应为填制运单之日的有效运价,即在航空物流运价有效期内适用的运价。

运价是调节国际航空物流市场的重要经济杠杆。如果运价过高,可能造成空运市场供应增加,运力过剩,需求减少,从而使现有运输设备得不到充分利用,导致资源浪费。如果运价过低,需求过量,造成运力紧张,也同样不利于资源的合理配置和有效利用,造成种种不合理运输,制约国民经济的发展。所以,制定科学合理的运价体系意义重大。

3.1.2 IATA 运价

1. IATA 运价体系

为了在全球范围内有效协调运价水平、统一运价规则,IATA 制定了完整的运价体系,以 TACT 的形式公布,因此 IATA 运价又称为 TACT 运价。IATA 运价体系见表 3-1。

表 3-1 IATA 运价体系

IATA 运价体系	普通货物运价	General Cargo Rate,简称 GCR
	指定商品运价	Specific Commodity Rate,简称 SCR
	等级货物运价	Commodity Classification Rate,简称 CCR

IATA 运价是国际航协通过运价手册向全世界公布的,主要目的是协调各国的航空物流运价,但从实际操作来看,各国从竞争角度考虑,较少航空公司完全遵照 IATA 运价执行,大多数航空公司以它为主要基础推行折扣运价,但不能说 IATA 运价没有实际应用价值。首先,

它把世界上各主要城市之间的航空运价通过手册公布出来，每个航空公司都能找到参照运价，航空公司在制定本公司运价时参照了 IATA 运价标准。其次，IATA 对特种货物运价进行了合理分类，航空公司在运输这种货物时通常直接适用 IATA 运价。最后，IATA 运价是全世界范围内的标准运价，使国际航空货物运输价格有了统一基准，规范了这个庞大的市场。

2. IATA 运价遵循的原则

（1）运价与重量段对应原则。在每一个重量段内对应设置一个运价，如表 3-2 所示。

表 3-2 北京到法兰克福运价表

BEIJING	CN	PEK
FRANKFURT	DE	FRA
	KGS	CNY
M		320.00
N		45.57
Q	45	37.75
	100	35.84
	300	33.93
	500	33.42
	1 000	30.71

以 Q 运价（数量折扣运价）为例，不同的运价水平对应不同的重量段（45 kg，100 kg，300 kg，500 kg，1 000 kg），45 kg 运价表示重量在 45 kg 以上（≥45 kg）的运价，为 CNY45.22/kg，也就是说 CNY45.22/kg 适用的重量范围是 45 kg 以上，在此范围内使用同一个运价。

（2）数量折扣原则。随着货物重量的增加，运价越来越低，这实际上是应用定价的数量折扣原则，激励托运人交付更多货物，提高飞机舱位的配载率。表 3-2 表明，45 kg 以上运价是 CNY45.22，100 kg 以上运价是 CNY43.23，300 kg 的运价是 CNY41.22，500 kg、1 000 kg 以上则更低一些，重量越大运价越优惠。

（3）运价与运距对应原则。这是定价的基本因素之一，一般来讲运距越长运价越高，因为运距越长则运输资源的消耗越大。然而运价与运距不是绝对成正比的，小部分运距较短的航线由于航班少、舱位资源紧缺，其运价往往比运距较长但航班多及舱位资源充足的航线更高。

（4）运价与货物种类对应原则。IATA 根据一定的标准将运价分为普通货物运价、指定商品运价、等级货物运价等几类。普通货物运价的使用规则最为简单；指定商品运价指 IATA 按照特定的标准划出十组指定商品并进行编码，对各组给予不同程度的运价优惠；等级货物运价指 IATA 按照特定的标准划定等级货物的范围，按照一定的运价使用规则，在普通货物运价的基础上附加或附减一定的百分比，例如，对活动物、贵重物品等货物采取运价附加的方式，对书报杂志、作为货物运输的行李等采取运价附减的方式。

3.1.3 计费重量

运费是根据每票货物所适用的运价和计费重量计算得出的。每票货物是指使用同一份航空运单的货物。由于运价是指运输起讫地点之间的航空运价，因此运费指将货物从一国始发地机场空运至另一国目的地机场的费用,在此不包括空中运输以外的其他费用(如地面运输、报关报检、仓储等相关服务费用)。

> **小资料**

计费重量的最小重量单位

IATA 规定,计费重量以 0.5 kg 为最小重量单位,重量尾数不足 0.5 kg 的按 0.5 kg 计算;超过 0.5 kg 不足 1 kg 的,按 1 kg 计算;恰好等于 0.5 kg 的,则按 0.5 kg 计算。如 108.4 kg 按 108.5 kg 计算,108.6 kg 按 109.0 kg 计算,108.5 kg 按 108.5 kg 计算。

计费重量(chargeable weight,CW)指用以计算货物运费的重量,既和货物的毛重有关,也和货物的体积重量有关。

1. 毛重(gross weight,GW)

包括货物包装在内的货物重量,称为货物的毛重。在实践中,受飞机货运业载重量的限制,高密度货物的计费重量通常就是货物的毛重。

2. 体积重量(volume weight,VW)

(1)定义。按照 IATA 规则,将货物的体积按一定的比例折合而成的重量,称为体积重量。在实践中,受飞机货运业载容积的限制,低密度货物(即轻泡货物)的计费重量通常就是货物的体积。

(2)计算规则。先计算货物的体积再折算体积重量;不论货物形状是否为规则的长方体或正方体,以 cm 为单位,取最长、最宽、最高的数值,三边的小数部分按四舍五入取整数;体积重量的折算标准为每 6 000 cm^3 折合 1 kg。因此体积重量的计算公式为:

$$体积重量(kg)=货物体积(cm^3)/6\,000\,(cm^3/kg)$$

3. 计费重量

按照 IATA 规则,以货物毛重与体积重量两者之中较高者为计费重量(取高)。

当使用同一份分运单、收运两件以上适用同一种运价的货物时,计费重量为货物总毛重与总体积重量的较高者。

同理,当使用同一份总运单,集运两份以上分运单项下适用同一种运价的货物时,计费重量为货物的总毛重与总体积重量的较高者。

> **小资料**

运价与运费的货币进整

国际航空物流运价及运费的货币进整,因货币的种类而异。TACT 将各国货币进整单位的规则公布在 TACT Rules 中,详细规则可参考 TACT Rules 中的"Currency Table"。以 0.01、0.1、1、10 等为进位单位的货币,进位方法就是常说的四舍五入法。TACT 对我国货币(CNY)

的进位规定为：运价及运费的进位单位为 0.01，保留两位小数点，进位方法为四舍五入。货币进整的方法规范了国际航空物流运价及运费金额的表示方式。

任务 3.2　普通货物运价与运费计算

3.2.1　概述

1. 普通货物运价的概念

普通货物运价指除指定商品和等级货物以外，适用于普通货物的国际航空运价，是应用最为广泛的一种运价，英文为 general cargo rate（简称 GCR）。该运价一般公布在 TACT Rates Section 4。

2. 普通货物运价重量段

普通货物运价根据货物重量等级分为若干个重量段运价，以航空公司公布的 GCR 为例，如表 3-3 所示。

表 3-3　航空公司 GCR 公布价

BEIJING		CN	PEK
LONDON		GB	LHR
		KGS	CNY
	M		320.00
	N		63.19
	Q	45	45.22
		100	43.23
		300	41.22
		500	33.42
		1 000	30.71

（1）在表 3-3 中，M（minimum）表示 GCR 的最低运费，以计费重量和适用运价计算所得的普通货物运费不得低于 M，即 CNY320。

（2）N（normal）表示 GCR 的标准运价，通常适用于 45 kg 以下（-45）的普通货物；一些 GCR 不存在-45 和+45 的运价，在 M 之后直接就是-100 的运价，此时标准运价 N 适用于 100 kg 以下的普通货物。

（3）Q（quantity）表示 GCR 的数量运价，适用于 45 kg 以上（含 45 kg）不同重量段的普通货物，45 kg、100 kg、300 kg、500 kg、1 000 kg 分别表示不同的重量段，对应不同的运价。有些 GCR 没有公布 1 000 kg 的重量段运价，或者 45 kg 与 300 kg 重量段之间没有 100 kg 重量段，这通常与航空公司的航线及价格策略、运力供求关系等因素密切相关。

国际航空公司承运的货物大多数来自国际航空物流企业（以下简称为"物流企业"）。航空公司公布的 GCR 设置多层重量段、运价随重量段的递增而逐步降低，目的是向物流企业争取更多货源、鼓励其更积极地开发业务，从而更充分地利用飞机运力、保证货舱有更高的利用率。通常，在实践中航空公司会在 GCR 公布价的基础上向各个物流企业提供不同程度的优惠折扣。

注意：从法律地位上讲，代理人型的物流企业无权向货主收取运费、自己制定运价，它只能赚取代理服务费或佣金，因此这里指的是当事人型物流企业制定公布自己的运价并据此计收运费，它是在航空公司 GCR 的基础上定价的。

物流企业采取与航空公司相同或相似的递增重量段结构，运价随重量段的递增而逐步降低，目的同样是提高客户托运货物的积极性、获得更大货量。物流企业公布的 GCR 如表 3–4 所示。

表 3–4 物流企业公布的 GCR

Destination	\multicolumn{7}{c}{General Cargo Rate (Origin: PEK, CNY/kg)}
	M	N	45 kg	100 kg	300 kg	500 kg	1 000 kg
LHR	320.00	63.00	45.00	43.00	41.00	33.50	31.50
FRA	320.00	45.50	38.00	36.00	34.00	33.00	31.00
NRT	230.00	37.50	28.00	26.50	24.00	22.50	21.00
FUK	230.00	33.50	25.00	24.50	23.00	21.50	20.00

小资料

航空公司与物流企业的运价进位单位

虽然航空公司和物流企业公布的运价小数点通常都保留两位，但因成本核算制度、定价策略等方面的区别，两者的进位单位有所不同。航空公司运价的进位单位为 0.01，如 CNY18.43/kg；多数物流企业运价的进位单位为 0.50，小数点为 "00" 或 "50"，如 CNY22.50/kg、CNY21.00/kg，在实践中物流企业这种简便归整的运价数目受到了广大客户的欢迎。

3.2.2 经济分界点

经济分界点（economical point，EP）是经济地使用普通货物运价的重量常数，在实践中得到了普遍应用，具有重要意义。下面结合实例介绍。

A、B 两个货主委托某物流企业从广州各空运一票普通货物至法兰克福，货物 A 计费重量为 980 kg，货物 B 计费重量为 1 000 kg；物流企业公布的 GCR 如表 3–4 所示，则适用运价（applicable rate，AR）分别为 CNY33.00/kg 和 CNY31.00/kg。

计算物流企业应收取的运费如下：

货物 A 运费=33.00×980=32 340.00（CNY）

货物 B 运费=31.00×1 000=31 000.00（CNY）

虽然货物 A 比货物 B 轻了 20 kg，但运费反而多了 1 340（CNY），显而易见，原因在于货物 A 的适用运价高于货物 B 的适用运价。

假设货物 A 计费重量为 900 kg，算得运费为 29 700（CNY），这时却又低于货物 B 的运费。可见存在一个计费重量的分界点，当计费重量大于（或等于）分界点，以较高分段重量（1 000 kg）和适用运价（CNY31.00/kg）算得的运费更经济；当计费重量小于分界点，以原重量（如 900 kg）和适用运价（CNY33.00/kg）算得的运费更经济。这个分界点即计费重量的经济分界点。经济分界点 EP 的公式如下：

$$EP = \frac{较高分段重量 \times 适用运价}{较低分段运价}$$

为了确保经济分界点 EP 与计费重量对比大小的准确性，EP 须保留两位小数点（四舍五入）。应用上述公式求上例的经济分界点如下：

$$EP = （1\ 000 \times 31.00）/ 33.00 = 939.39（kg）$$

当货物 A 的计费重量>939.39 kg 时，适用较高分段重量 1 000.0 kg 更节省运费。

假如 1 000 kg 运价不变，500 kg 运价为 CNY32.00/kg，则 EP 为 968.75 kg。

小资料

在实践中应用 EP 的方法

方法 1：增重法。当 CW>EP，将 CW 增加至较高分段重量。可以增加货物本身的数量，也可以增加货物的内外包装（如为内包装添加有效的填充物、为外包装添加合适的托盘等）。这种方法实际上是支付更少的运费却托运了更多的货量，或提高了货物运输的安全性和可靠性。

方法 2：报重法。当 CW>EP，将 CW 申报至较高分段重量。当物流企业向航空公司交货采取这种方式时，应用 EP 是否可行还要取决于航空公司的制度。各航空公司的规定有所不同，常见的情况有两种：一种情况是对比复查重量与申报重量，取较高者，则报重法有效；另一种是以复查重量为准，则报重法无效。按行业惯例，当以较高分段重量和适用运价计算的运费较低时（即 CW>EP），可以较高分段重量作为计费重量。

3.2.3 运费计算

1. 运费计算常用术语解析

GW：Gross Weight，毛重。

VW：Volume Weight，体积重量。

CW：Chargeable Weight，计费重量。

WC：Weight Charge，重量运费。它强调以货物重量 Weight 为直接变量算得的空运费用，目的是区别于不以 Weight 为直接变量的空运杂费，如燃油附加费、航空运单费、声明价值附加费等。

GCR WC：特指使用 GCR 计算得出的重量运费。

SCR WC：特指使用 SCR 计算得出的重量运费。

CCR WC：特指使用 CCR 计算得出的重量运费。

FWC：Final WC，最终（重量）运费。有时需根据运费从低原则、对比两种以上运价计算得出 WC，然后取低者作为最终运费；例如：经计算，GCR WC 为 CNY7 531.20，SCR WC 为 CNY7 542.30，则 FWC=CNY7 531.20。

NOP：Number of Pieces，货物件数。

DIMS：Dimensions，货物的尺寸，单位为 cm（厘米）。

Volume：体积。

Routing：航线。

Commodity：商品、货品。

Carrier：承运人。

LC：Logistics Company：物流企业，这里指国际航空物流企业。

Airline：航空公司、航司。

AR：Applicable Rate，适用运价。

2. 计算

[例 3–1]

Carrier：LC

Routing：from Beijing (PEK) / China to Fukuoka (FUK) / Japan

Commodity：Garments

NOP：1 pc

GW：28.0 kg

DIMS：62cm×58cm×42cm

计算该票货物的航空运费，并填写运单的运价计算栏。

GCR 公布价同表 3–4。

[解]

GW = 28.0（kg）

VW =（62×58×42）/ 6 000 = 25.2 进到 25.5（kg）

由于 GW＞VW

所以 CW = GW = 28.0（kg）

AR = GCR N = 20.00（CNY/kg）

WC = 28.0×33.50 = 938.00（CNY）

运单相关栏目填写如下。

No of Pieces RCP	Gross Weight	kg lb	Rate Class	Chargeable Weight	Rate Charge	Total	Nature and Quantity of Goods (incl. Dimensions or Volume)
			Commodity Item No.				
1	28.0	K	N	28.0	33.50	938.00	GARMENTS DIMS:62×58×42(CM) ×1 0.15CBM
1	28.0					938.00	

[例3-2]

Carrier：Airline

Routing：from Beijing (PEK) / China to London (LHR) / United Kingdom

Commodity：Toys

NOP：10 pcs

GW：21.0 kg / pc

DIMS：61 cm×52 cm×55 cm / pc

计算该票货物的航空运费，并填写运单的运价计算栏。

GCR 公布价同表 3-3。

[解]

GW = 21.0×10=210.0（kg）

VW =（61×52×55）× 10 / 6 000 = 290.8 进到 291.0（kg）

由于 VW＞GW

所以 CW = VW = 291.0（kg）

（因 291.0 kg 接近较高分段重量 300.0 kg，所以计算 EP 再进行比较）

EP =（300.0×41.22）/ 43.23 = 286.05（kg）

由于 CW＞EP

所以 AR = GCR Q300 = 41.22（CNY/kg）

WC = 300.0×41.22 = 12 366.00（CNY）

运单相关栏目填写如下。

No of Pieces RCP	Gross Weight	kg lb	Rate Class	Commodity Item No.	Chargeable Weight	Rate Charge	Total	Nature and Quantity of Goods（incl. Dimensions or Volume）
10	210.0	K		Q	300.0	41.22	12 366.00	TOYS DIMS:61×52×55(CM)×10 1.74CBM
10	210.0						12 366.00	

[例3-3]

Carrier：LC

Routing：from Beijing (PEK) / China to Frankfurt (FRA) / Germany

Commodity：Instrument Parts

NOP: 1 pc

GW: 4.5 kg

DIMS: 21 cm×32 cm×43 cm 计算该票货物的航空运费填制分运单的相关栏目。

GCR 公布价同表 3-4。

[解]

GW = 6.0（kg）

VW =（21×32×43）/ 6 000 = 4.8 进到 5.0（kg）

由于 GW＞VW

所以 CW = GW = 6.0（kg）

WC = 6.0×45.50 = 273.00（CNY）
由于 M = 320.00（CNY）
所以 WC＜M
WC = M = 320.00（CNY）
分运单 HAWB 相关栏目填制如下。

No of Pieces RCP	Gross Weight	kg lb	Rate Class / Commodity Item No.	Chargeable Weight	Rate Charge	Total	Nature and Quantity of Goods（incl. Dimensions or Volume）
1	4.5	K	Q	5.0	320.00	320.00	INSTRUMENT PARTS DIMS:21×32×43(CM) ×1 0.03CBM
1	4.5					320.00	

任务 3.3　指定商品运价与运费计算

3.3.1　概述

1. 指定商品运价的概念

指定商品运价，指适用于指定商品的、自指定始发地机场至指定目的地机场的国际航空运价，英文为 specific commodity rate，简称 SCR。

2. 指定商品运价的特点

一般情况下，指定商品运价低于对应的普通货物运价，是一种优惠性质的运价，对货物的起讫地点、货物品名、最低重量等方面有特别规定。

如表 3-5 所示，例如，北京至东京的指定商品运价（北京、东京各有两个以上国际机场），适用于起讫地点为北京首都机场（IATA 代码为 PEK）至东京成田机场（IATA 代码为 NRT）的指定航线；运价适用于编号为 0008 的指定商品（新鲜的水果、蔬菜），最低重量为 300 kg；运价适用于编号为 0300 的指定商品（可食用的鱼、海鲜、海产品），最低重量为 500 kg（编号为 1093、2195 的指定商品，此处不再赘述）。

表 3-5　指定商品运价（PEK-NRT）

BEIJING	CN	PEK
TOKYO	JP	NRT
	KGS	CNY
	M	230.00
	N	37.51
	Q	45	28.13
	0008	300	18.80
	0300	500	20.61
	1093	100	18.43
	2195	500	18.80

指定商品运价产生的原因主要有两方面：一方面，在某些特定航线上，一些货源较为稳定的货主频繁或定期地托运指定品名的商品，货主要求承运人提供一个较低的优惠运价；另一方面，航空公司为了更充分地利用飞机运力，争取更充足的货源，保证舱位有更高的配载率，主动向市场推出更有针对性和竞争力的优惠运价。

3. 指定商品运价的使用步骤

（1）查阅并找出与航线起讫点符合的指定商品运价；

（2）查找货物的指定商品编号，在指定商品运价中找到相同的编号；

（3）查阅 TACT Rates 2.4，选择适用的运价，然后计算运费。

例如，从北京空运新鲜水果至东京（PEK→NRT），使用步骤如下：

第一步，查阅并找出 PEK→NRT 的指定商品运价；

第二步，查到新鲜水果的指定商品编号为 0008，并在指定商品运价中（如表 3-5 所示）找到相同的编号；

第三步，查阅 TACT Rates 2.4，选择 0008 适用的运价，然后计算运费。

3.3.2 指定商品分组与编码

1. IATA 指定商品编码

IATA 根据货物的属性以及特点，将指定商品进行分类，共 10 个大组，每大组分 10 个小组（见 TACT Rates 2.3），并用 4 位阿拉伯数字对每组进行编号，也就是指定商品品名编号。10 个大组及品名编号概要如下。

0001～0999 Edible animal and vegetable products

可食用的动植物产品

1000～1999 Live animals and inedible animals and vegetable products

活动物及非食用的动植物产品

2000～2999 Textiles，fibre and manufactures

纺织品、纤维及其制品

3000～3999 Metals and manufactures，excluding machinery，vehicles and electrical equipment

金属及其制品，不包括机器、汽车和电器设备

4000～4999 Machinery，vehicles and electrical equipment

机器、汽车和电器设备

5000～5999 Non-metallic minerals and manufactures

非金属材料及其制品

6000～6999 Chemicals and related products

化工材料及其相关产品

7000～7999 Paper，reed，rubber and wood manufactures

纸张、芦苇、橡胶和木材制品

8000～8999 Scientific，professional and precision instrument，apparatus and supplies

科学仪器、专业仪器、精密仪器、器械及配件

9000～9999 Miscellaneous

其他

2. 从我国始发的常用指定商品编号

以下是从我国始发的、部分常用的指定商品编号。

0007 FRUIT，VEGETABLES 水果，蔬菜

0008 FRUIT，VEGETABLES（FRESH）新鲜的水果，蔬菜

0300 FISH（EDIBLE），SEAFOOD 鱼（可食用的），海鲜、海产品

1093 WORMS 沙蚕

2195 A：YARN，THREAD，FIBRES, CLOTH（NOT FURTHER PROCESSED OR MANUFACTURED）/ EXCLUSIVELY IN BALES，BOLTS，PIECES 未进一步加工或制造的成包、成卷、成块纱、线、纤维、布

2195 B：WEARING APPAREL，TEXTILE MANUFACTURES 服装、纺织品

2199 A：YARN，THREAD，FIBRES, TEXTILES 纱、线、纤维、纺织原料

2199 B：TEXTILE MANUFACTURES 纺织品

2199 C：WEARING APPAREL 服装

2865 CARPETS 地毯

4327 OFFICE MACHINES (INCLUDING SUPPLIES) 办公机器（包括备件）

4483 AIR CONDITIONERS 空调

3.3.3 运费计算与运单填制

1. 运费的计算原则

指定商品运价与运费的计算原则主要有以下 4 条：

（1）优先使用 SCR 与运费从低相结合的原则；

（2）优先使用确指品名与运费从低相结合的原则；

（3）遵循品名说明指南的原则；

（4）零件、附件与备件区别对待原则。

2. 运费的计算与运单填写

1）原则一：优先使用 SCR 与运费从低相结合的原则

[例 3-4]

Routing：from Beijing (PEK) / China to Tokyo (NRT) / Japan

Commodity：Fresh Apples

NOP: 10 pcs

GW: 32.6 kg / pc

DIMS：102cm×44cm×25cm / pc

SCR 公布价同表 3-5。

[解]

GW=32.6×10=326.0（kg）

VW =（102×44×25）× 10 / 6 000 = 187.0（kg）

由于 GW＞VW

所以 CW = GW = 326.0（kg）

AR = SCR0008 = 18.80（CNY/kg）

WC = 326.0 × 18.80 = 6 128.80（CNY）

运单相关栏目填写如下。

No of Pieces RCP	Gross Weight	kg lb	Rate Class / Commodity Item No.	Chargeable Weight	Rate Charge	Total	Nature and Quantity of Goods (incl. Dimensions or Volume)
10	326.0	K	C	326.0	18.80	6 128.80	FRESH APPLES DIMS: 102×44×25 (CM)×10 1.12 CBM
10	326.0		0008			6 128.80	

注：（1）在运价类别—Rate Class 栏目须填写指定商品运价的代码 C。

（2）在商品项目编号—Commodity Item No.栏目须填写指定商品的编码（0008）。

[例 3-4 变形①]

例 3-4 中，假设货物件数为 6，其他数据与信息均不变，则有：

GW=32.6×6=195.6 进到 196.0（kg）

VW = (102×44×25) × 6 / 6 000 = 112.2 进到 112.5（kg）

由于 GW＞VW，所以 CW = GW = 196.0（kg）

CW＜300 kg，需计算 GCR 运费和 SCR 运费，比较后取低者。

GCR WC = 196.0×28.13 = 5 513.48（CNY）

SCR WC = 300.0×18.80 = 5 640.00（CNY）

由于 GCR WC＜SCR WC，所以 FWC = 5 513.48（CNY）

运单相关栏目填写如下。

No of Pieces RCP	Gross Weight	kg lb	Rate Class / Commodity Item No.	Chargeable Weight	Rate Charge	Total	Nature and Quantity of Goods (incl. Dimensions or Volume)
10	196.0	K	Q	196.0	28.13	5 513.48	FRESH APPLES DIMS: 102×44×25 (CM)×6 0.67 CBM
10	195.0					5 485.35	

注：（1）在运价类别—Rate Class 栏目须填写实际适用的 GCR 数量运价的代码 Q。

（2）在计费重量—Chargeable Weight 栏目须填写适用 GCR 运价的计费重量。

[例 3-4 变形②]

例 3-4 中，假设货物件数为 8，其他数据与信息均不变，则有：

GW=32.6×8=260.8 进到 261.0（kg）

VW =（102×44×25）× 8 / 6 000 = 149.6 进到 150.0（kg）

由于 GW＞VW，所以 CW = GW = 261.0（kg）

CW＜300 kg，需计算 GCR 运费和 SCR 运费，比较后取低者。

GCR WC = 261.0×28.13 = 7 341.93（CNY）

SCR WC = 300.0×18.80 = 5 640.00（CNY）

由于 SCR WC＜GCR WC，所以 FWC = 5 640.00（CNY）

运单相关栏目填写如下。

No of Pieces RCP	Gross Weight	kg lb	Rate Class		Chargeable Weight	Rate Charge	Total	Nature and Quantity of Goods (incl. Dimensions or Volume)
			Commodity Item No.					
8	261.0	K	C	0008	300.0	18.80	5 640.00	FRESH APPLES DIMS:102×44×25(CM)×8 0.90 CBM
8	261.0						5 640.00	

2）原则二：优先使用确指品名与运费从低相结合的原则

[例 3-5]

Routing：from Pudong (PVG) / China to Vancouver (YVR) / Canada

Commodity：Carpets

NOP: 5 pcs

GW：111.0 kg / pc

DIMS：160cm×60cm×50cm / pc

SCR 如表 3-6 所示。

表 3-6 指定商品运价（PVG-YVR）

PUDONG VANCOUVER	CN CA	PVG YVR
	KGS	CNY
	M	420.00
	N	51.85
	Q 45	38.70
	100	36.13
	300	33.54
	500	30.97
	0300 500	28.35
	1093 100	25.36
	2195 500	25.86
	2199 250	31.26
	2199 500	28.02
	2865 500	29.50
	4327 100	29.28
	4327 500	28.26

[解]

GW=111.0×5=555.0（kg）

VW =（160×60×50）× 5 / 6 000 = 400.0（kg）

由于 GW＞VW，所以 CW = GW = 555.0（kg）

编号 2199 商品属于泛指品名，编号 2865 商品属于确指品名，则优先使用 SCR2865；

AR = SCR2865 = 29.50（CNY/kg）

WC = 555.0 × 29.50 = 16 372.50（CNY）

运单相关栏目填写如下。

No of Pieces RCP	Gross Weight	kg lb	Rate Class		Chargeable Weight	Rate Charge	Total	Nature and Quantity of Goods (incl. Dimensions or Volume)
				Commodity Item No.				
5	555.0	K	C	2865	555.0	29.50	16 372.50	CARPETS DIMS: 160×60×50(CM)×5 2.40 CBM
5	555.0						16 372.50	

[例 3-5 变形]

例 3-5 中，假设货物件数为 2，其他数据与信息均不变，则有：

GW=111.0×2=222.0（kg）

VW =（160×60×50）× 2 / 6 000 = 160.0（kg）

由于 GW＞VW，所以 CW = GW = 222.0（kg）

SCR2199/250 =31.26（CNY/kg），SCR2865/500 =29.50（CNY/kg）

虽然 SCR2199/250 属于泛指品名运价，但因 SCR2199/250＞SCR2865/500，可使用较高运价 SCR2199/250 计算运费，再计算 SCR2865 运费和 GCR 运费，比较后取低者。

SCR2199 WC = 250.0×31.26 = 7 815.00（CNY）

SCR2865 WC = 500.0×29.50 = 14 750.00（CNY）

GCR WC = 222.0×36.13 = 8 020.86（CNY）

由于 SCR2199 WC＜GCR WC＜SCR2865 WC，所以 FWC = 7 815.00（CNY）

运单相关栏目填写如下。

No of Pieces RCP	Gross Weight	kg lb	Rate Class		Chargeable Weight	Rate Charge	Total	Nature and Quantity of Goods (incl. Dimensions or Volume)
				Commodity Item No.				
2	222.0	K	C	2199	250.0	31.26	7 815.00	CARPETS DIMS: 160×60×50(CM)×2 0.96 CBM
2	222.0						7 815.00	

3）原则三：遵循品名说明指南的原则

[例 3-6]

Routing：Routing：from Beijing (PEK) / China to Fukuoka (FUK) / Japan

Commodity：Footwear

NOP: 20 pcs

GW：7.5 kg / pc

DIMS：50 cm×40 cm×30 cm / pc

SCR 如表 3-7 所示。

表 3-7　指定商品运价（PEK-FUK）

BEIJING	CN	PEK
FUKUOKA	JP	FUK
	KGS	CNY
	M	230.00
	N	33.38
	Q　　　　　45	25.04
	0008　　　300	18.80
	0300　　　500	20.61
	1093　　　100	18.43
	2199　　　100	16.49
	2199　　　500	15.35

说明：因难以明确判断 Footwear 是否适用编号为 2199 的 WEARING APPAREAL（服装）运价，可查阅 TACT Rates 2.2 品名说明指南后再确定，如表 3-8 所示（仅节选与 Footwear 相关的第 24 项）；该航线 PEK→FUK 在 3 区之内（Within Area 3），表中标注"×"表示允许使用 2199 对应的运价。

表 3-8　指定商品编号品名说明指南（仅节选相关项第 24 项）

By means of the sign "×" in the pertaining column, it is indicated between or within the IATA Areas the guidelines on use of descriptions are binding. 在右表中标注"×"处，表示在此 IATA 区域之间或之内适用此说明	Guidelines binding			
	Within Area 1	Within Area 2	Within Area 3	Between all other Areas
24. WEARING APPAREAL as used in Item 2198/2199/2200 includes footwear. 品名编号为 2198/2199/2200 中的服装可以包括鞋类			×	×	×

[解]

GW=7.5×20=150.0（kg）

VW =（50×40×30）× 20 / 6 000 = 200.0（kg）

由于 VW＞GW，所以 CW = VW = 200.0（kg）

由于 PEK→FUK：Within Area 3

所以 AR = SCR2199/100= 16.49（CNY/kg）

SCR WC = 200.0×16.49 = 3 298.00（CNY）

运单相关栏目填写如下。

No of Pieces RCP	Gross Weight	kg lb	Rate Class		Chargeable Weight	Rate Charge	Total	Nature and Quantity of Goods (incl. Dimensions or Volume)
				Commodity Item No.				
20	150.0	K	C	2199	200.0	16.49	3 298.00	FOOTWEAR DIMS: 50×40×30(CM)×20 1.20 CBM
20	150.0						3 298.00	

4）原则四：零件、附件与备件区别对待原则

[例 3-7]

Routing：from Pudong (PVG) / China to Vancouver (YVR) / Canada

Commodity：Copycat Parts

NOP: 1 pc

GW：80.0 kg / pc

DIMS：85 cm×75 cm×65 cm / pc

SCR 如表 3-6 所示。

说明：当指定商品为机器零件（parts）、备件（supplies）、附件（accessories）时，须根据 TACT Rates 2.1 的规定确定能否使用相对应的 SCR。

零件（parts）指机器主体正常使用过程中必不可少的物品或其组成部分；备件（supplies）指供机器主体使用的消耗品，但不同于零件；附件（accessories）指机器主体正常使用过程中必不可少的物品或其组成部分，但与主体一起使用。

通常零件可以使用相对应的 SCR，除非在品名说明中特别指明不包括零件；通常备件、附件不可以使用相对应的 SCR，除非在品名说明中特别指明包括备件、附件。

例如，4483——AIR CONDITIONERS 如果空运空调的零件，可以使用 4483 SCR，因为品名说明中未特别指明不包括零件；但是空调的备件、附件不可以使用 4483 SCR，因为品名说明中未特别指明包括备件、附件。

4327——OFFICE MACHINES（INCLUDING SUPPLIES）如果空运办公机器的零件，可以使用 4327 SCR，因为品名说明中未特别指明不包括零件；办公机器的备件也可使用 4327 SCR，因为品名说明中特别指明包括备件（including supplies）；但是，品名说明中未特别指明包括附件，因此附件不可使用 4327 SCR。

[解]

GW=80.0（kg）

VW =（85×75×65）/ 6 000 = 69.5（kg）

由于 GW＞VW，所以 CW = GW = 80.0（kg）

AR = SCR4327/100 = 29.28（CNY/kg）

SCR WC = 100.0×29.28 = 2 928.00（CNY）

GCR WC = 80.0×38.70 = 3 096.00（CNY）

由于 SCR WC＜GCR WC，所以 FWC = 2 928.00（CNY）

运单相关栏目填写如下。

No of Pieces RCP	Gross Weight	kg lb	Rate Class / Commodity Item No.	Chargeable Weight	Rate Charge	Total	Nature and Quantity of Goods（incl. Dimensions or Volume）
1	80.0	K	C 4327	100.0	2 928.00	2 928.00	COPYCAT PARTS DIMS: 85×75×65(CM)×1 0.41 CBM
1	80.0					2 928.00	

任务 3.4　等级货物运价与运费计算

3.4.1　概述

1. 等级货物运价的概念

等级货物运价，指在 IATA 规定的业务区内或业务区之间空运特别规定的等级货物的运价，英文为 commodity classification rate，简称 CCR。

> **小资料**
>
> **IATA 对等级货物的规定**
>
> 等级货物包括活动物、贵重货物、书报杂志类货物、作为货物运输的行李等。前两种等级货物的运价在普通货物运价的基础上附加一定的百分比或不附加也不附减，后两种等级货物的运价在普通货物运价的基础上附减一定的百分比。

2. 等级货物运价的使用规则

（1）等级货物运价以普通货物运价为基础，按照特定的规则附加、不附加不附减、附减，这一规则公布在 TACT Rules 部分，因此等级货物运价必须将适用的普通货物运价和规则表结合使用。

（2）当规则表中显示"百分比 of Normal GCR"时，如"150% of Normal GCR"，表示在 GCR 的 N 运价基础上乘以该百分比。

（3）当规则表中显示"Normal GCR"时，表示使用 GCR 的标准运价，即 N 运价。

（4）当规则表中显示"Applicable GCR"时，表示适用的运价与 GCR 运价相同。

（5）填制运单时，使用附加或不附加不附减的等级货物运价（surcharged commodity classification rate，SCCR）时，在运价类别（Rate Class）栏目填写代码 S；使用附减的等级货物运价（reduced commodity classification rate，RCCR）时，在运价类别栏目填写代码 R。

3. IATA 航空区域划分

> **小资料**
>
> **国际航空运输业务区**
>
> 国际航空运输协会将全球划分为 Area 1、Area 2、Area 3 三个航空运输业务区，以便开展各地区航空承运人之间的业务联系与合作。简单来说，IATA 1 区主要包括美洲（南、北美洲及邻近岛屿）等区域，IATA 2 区主要包括欧非中东（欧洲、非洲、中东及邻近岛屿）等区域，IATA 3 区主要包括亚太（2 区之外的全部亚洲、大洋洲及太平洋岛屿）等区域。IATA Area 1、2、3 区下面又各自划分若干个次一级的分区（sub-area）。

3.4.2 活体动物运价与运费计算

活体动物（Live Animals）等级货物运价参看 TACT Rules 3.7.2 的内容。

1. 活体动物运价规则表

活体动物运价的规则表如表 3-9 所示。

表 3-9　活体动物运价规则表

	IATA AREA					
	Within Area 1	Within Area 2	Within Area 3	Between Area 1&2	Between Area 2&3	Between Area 3&1
All LIVE ANIMALS Except: Baby poultry less than 72 hours old	175% of Normal GCR	175% of Normal GCR	150% of Normal GCR *Except:1 below*	175% of Normal GCR	150% of Normal GCR *Except:1 below*	150% of Normal GCR *Except:1 below*
BABY POULTRY less than 72 hours old	Normal GCR	Normal GCR	Normal GCR *Except:1 below*	Normal GCR	Normal GCR *Except:1 below*	Normal GCR *Except:1 below*
Exception: 1. Within and from the South West Pacific sub-area: 200% of applicable GCR.						

注：

（1）Within and from the South West Pacific sub-area：在西南太平洋次区（主要包括澳大利亚、新西兰等国）之内或从该区始发，200% of the applicable GCR。

（2）活体动物的最低运费，按适用的最低运费的 200%收取。

（3）计算活体动物的计费重量时，应包含活体动物的容器及食物等。

2. 计算运费与填制运单相关栏目

[例 3-8]

Routing：from Beijing（PEK）/ China to Tokyo（NRT）/ Japan

Commodity：Live Dog

NOP：1 pc

GW：20.3 kg

DIMS：90 cm×50 cm×68 cm

Certificates of health and shipper's certification for live animals attached（活体动物检疫证书及托运证明书附后）活体动物运价规则同表 3-9，运价如表 3-10 所示。

表 3-10　GCR 运价表（PEK-NRT）

BEIJING TOKYO		CN JP	PEK NRT
	M	KGS	CNY 230.00
	N		37.51
	Q	45	28.13
		100	26.51
		300	24.23
		500	22.52
		1 000	21.06

[解]

GW = 20.5（kg）

VW =（90×50×68）/ 6 000 = 51.0（kg）

由于　VW＞GW

所以　CW = VW = 51.0（kg）

由于　PEK→NRT: Within Area 3

所以　AR = 150% of Normal GCR = 150%×37.51= 56.27（CNY/kg）

WC = 51.0×56.27 = 2 869.77（CNY）

运单相关栏目填写如下。

No of Pieces RCP	Gross Weight	kg lb	Rate Class		Chargeable Weight	Rate Charge	Total	Nature and Quantity of Goods （incl. Dimensions or Volume）
				Commodity Item No.				
1	20.5	K	S	N150	51.0	56.27	2 869.77	DOG DIMS:90×50×68（CM）×1 0.31 CBM
1	20.5						2 869.77	AVI

Handling Information
1. AVI.
2. CERTIFICATES OF HEALTH AND SHIPPER'S CERTIFICATION FOR LIVE ANIMALS ATTACHED.

注：

（1）在运价类别（Rate Class）栏目填入 S，表示适用附加的等级货物运价。

（2）在商品项目编号（Commodity Item No.）栏目填 N150，表示使用了 150% of Normal GCR。

（3）在运价/运费（Rate/Charge）栏目填 56.27，表明已经在 Normal GCR（37.51）的基础上附加了 50%。

（4）在货物品名与数量（Nature and Quantity of Goods）栏目填写活体动物代码 AVI。

（5）在操作注意事项（Handling Information）栏目填写 AVI 和 certificates of health and shipper's certification for live animals attached（活体动物检疫证书及托运证明书附后）。

[例3-9]

Routing: from Beijing (PEK) / China to Tokyo (NRT) / Japan

Commodity: Day Old Chicks (一日龄鸡)

NOP: 30 pcs

GW: 2.4 kg / pcs

DIMS: 50 cm×18 cm×20 cm / pc

Certificates of health and shipper's certification for live animals attached (活体动物检疫证书及托运证明书附后) 活体动物运价规则同表3-9，运价同表3-10。

[解]

GW = 30.0×2.4 = 72.0 (kg)

VW = (50×18×20)×30 / 6 000 = 90.0 (kg)

由于 VW＞GW

所以 CW = VW = 90.0 (kg)

由于 PEK→NRT：Within Area 3

所以 AR = 100% of Normal GCR = 37.51 (CNY/kg)

WC = 90.0×37.51 = 3375.90 (CNY)

运单相关栏目填写如下。

Handling Information 1. AVI. 2. CERTIFICATES OF HEALTH AND SHIPPER'S CERTIFICATION FOR LIVE ANIMALS ATTACHED.							
No of Pieces RCP	Gross Weight	kg lb	Rate Class / Commodity Item No.		Chargeable Weight	Rate Charge	Total	Nature and Quantity of Goods (incl. Dimensions or Volume)
30	72.0	K	S	N100	90.0	37.51	3 375.90	DAY OLD CHICKS DIMS: 50×18×20 (CM) ×30 0.54 CBM AVI
30	72.0						3 375.90	

[例3-10]

Routing: from Tianjin (TSN) / China to London (LHR) / United Kingdom

Commodity: Cat

NOP: 1 pc

GW: 3.0 kg

DIMS: 40 cm×30 cm×30 cm

Certificates of health and shipper's certification for live animals attached (活体动物检疫证书及托运证明书附后) 活体动物运价规则同表3-9，运价如表3-11所示。

表 3-11　GCR 运价表（TSN-LHR）

TIANJIN		CN	TSN	
LONDON		GB	LHR	
		KGS	CNY	
	SQ	M		370.00
	SQ	N		72.99
	SQ	Q	45	52.23
	SQ		300	47.61
	SQ		500	38.60
	SQ		1 000	35.48

[解]

GW = 3.0（kg）

VW =（40×30×30）/ 6 000 = 6.0（kg）

由于 VW＞GW

所以 CW = VW = 6.0（kg）

由于 TSN→LHR：between Area 3 & 2

所以 AR = 150% of Normal GCR = 150%×72.99 = 109.49（CNY/kg）

WC = 6.0×109.50 = 656.94（CNY）

Min. Charge = 200% of Min. GCR = 200%×370.00 = 740.00（CNY）

由于 WC＜Min. Charge

所以 运费 = Min. Charge = 740.00（CNY）

运单相关栏目填写如下。

Handling Information
1. AVI.
2. CERTIFICATES OF HEALTH AND SHIPPER'S CERTIFICATION FOR LIVE ANIMALS ATTACHED.

No of Pieces RCP	Gross Weight	kg lb	Rate Class / Commodity Item No.	Chargeable Weight	Rate Charge	Total	Nature and Quantity of Goods（incl. Dimensions or Volume）
1	3.0	K	S　M200	6.0		740.00	CAT DIMS:40×30×30（CM）×1 0.04 CBM AVI
1	3.0					740.00	

注：

（1）在运价类别（Rate Class）栏目填入 S，表示适用附加的等级货物运价。

（2）在商品项目编号（Commodity Item No.）栏目填入 M200，表示适用 Min. GCR（370.00）的 200%运价。

（3）在运价/运费（Rate/Charge）栏目不填运价，而是直接填总运费金额（740.00）。

3.4.3 贵重物品运价与运费计算

> **小资料**
>
> ### 贵重物品的定义
>
> 凡交运的一批货物中，含有一种或多种下列物品，称为贵重物品（Valuable Cargo）。
> - 声明价值为毛重每千克（kg）≥1 000 美元或等值货币的物品；在英国为毛重每千克（kg）≥450 英镑的物品。
> - 金锭，包括提炼和未提炼过的金银合金锭、金币和各种形状的黄金制品；白金或白金类稀贵金属以及各种形状的合金制品。
> - 黄金、白金及其制品（不包括镀金饰品）。
> - 货币、旅行支票、股票、证券、信用卡、邮票及银行卡。
> - 钻石、宝石、珍珠（包括人工养殖珍珠）；由钻石、宝石和珍珠组成的珠宝。
> - 黄金、白金、白银制成的珠宝饰品和手表。

1. 贵重物品运价规则表

贵重物品运价规则如表 3-12 所示。

表 3-12 贵重物品运价规则表

Area	Rate
All IATA Areas	200% of Normal GCR
Exceptions: （1）From France: 250% of Normal GCR （2）Russia to all areas （except Canada, USA）: 300% of Normal GCR	

注：贵重物品最低运费，按适用最低运费的 200%收取，但不得低于 50 美元或等值货币；从法国始发的贵重物品最低运费，按适用最低运费的 400%收取，但不得低于 50 美元或等值货币。

2. 计算运费与填制运单

［例 3-11］
Routing：from Paris（CDG）/ France to Chengdu（CTU）/ China
Commodity：Opals
NOP: 1 pc
GW：4.5 kg
DIMS：30 cm×30 cm×30 cm
运价规则同表 3-12，运价如表 3-13 所示。

表 3-13 GCR 运价表（CDG-CTU）

		PARIS CHENGDU	FR CN	CDG CTU
			KGS	EUR
	M			75.00
	N			18.78
	Q		100	9.11
			300	6.89

[解]

GW = 4.5（kg）

VW =（30×30×25）/ 6 000 = 3.75→4.0（kg）

由于 GW＞VW

所以 CW = GW = 4.5（kg）

AR = 250% of Normal GCR = 250%×18.78 = 46.95（EUR/kg）

WC = 4.5×46.95 = 211.28（EUR）

Min. Charge = 400% of Min. GCR = 400%×75.00 = 300.00（EUR）

由于 WC＜Min. Charge

所以 FWC= Min. Charge = 300.00（EUR）

运单相关栏目填写如下。

Handling Information VAL								
No of Pieces RCP	Gross Weight	kg lb	Rate Class		Chargeable Weight	Rate Charge	Total	Nature and Quantity of Goods（incl. Dimensions or Volume）
			Commodity Item No.					
1	4.5	K	S	M400	4.0	300.00	300.00	OPALS DIMS:30×30×25（CM）×1 0.02 CBM VAL
1	4.5						300.00	

注：

（1）在货物品名与数量（Nature and Quantity of Goods）栏目、操作注意事项（Handling Information）栏目填写贵重物品代码 VAL。

（2）特别说明：在货币（Currency）栏目填写 EUR。

3.4.4 书报杂志类货物运价与运费计算

书报杂志类货物包括书、报纸、杂志、期刊、目录、盲人打字机和盲人读物（Books, Newspaper, Magazines, Periodicals, Catalogues, Braille type equipment and talking books for the blind）。

1. 书报杂志类货物运价规则表

书报杂志运价规则如 3-14 所示。

表 3-14 书报杂志运价的规则表

Areas	Rate
Within IATA Area 1	67% of Normal GCR
Within Europe	67% of Normal GCR
Between IATA Area 1 and 2	67% of Normal GCR
All other Areas	50% of Normal GCR
Exception: From and within Germany by LH cargo service: Applicable GCR	

注：

（1）书报杂志类货物的最低运费不能低于 GCR 最低运费 M。

（2）书报杂志类货物的 CCR 运费可以和 GCR 运费比较，然后取低者。

（3）LH cargo service 为德国汉莎航空货运服务。

2. 计算运费与填制运单

[例 3-12]

Routing：from Tianjin（TSN）/ China to London（LHR）/ United Kingdom

Commodity：Football Magazines（Books）

NOP: 55 pcs

GW：20.1 kg / pc

DIMS：50 cm×50 cm×40 cm / pc

运价规则同表 3-14。运价同表 3-11。

[解]

GW = 20.1×55 = 1 105.5（kg）

VW =（50×50×40）×55 / 6 000 = 916.7 进到 917.0（kg）

由于 GW＞VW

所以 CW = GW = 1 105.5（kg）

AR = 50% of Normal GCR = 50%×72.99 = 36.50（CNY/kg）

CCR WC = 1 105.5×36.50 = 40 350.75（CNY）

GCR WC = 1105.5×35.48 = 39 223.14 （CNY）

由于 GCR WC < CCR WC

所以 FWC = 39 223.14（CNY）

运单相关栏目填写如下。

No of Pieces RCP	Gross Weight	kg lb	Rate Class		Chargeable Weight	Rate Charge	Total	Nature and Quantity of Goods（incl. Dimensions or Volume）
			Commodity Item No.					
55	917.0	K	Q		1 105.5	35.48	39 223.14	BOOKS DIMS:50×50×40（CM）×55 5.50 CBM
55	917.0						39 223.14	

假设上述运价表中 Normal GCR 为 CNY68.00/kg，其他保持不变，
则 AR = 50% of Normal GCR = 50%×68.00 = 34.00（CNY/kg）
CCR WC = 1 105.5×34.00 = 37 587.00（CNY），GCR WC 为 39 223.14（CNY）不变，
由于 CCR WC＜GCR WC
所以 FWC = 37 587.00（CNY）
运单相关栏目填写如下。

No of Pieces RCP	Gross Weight	kg lb	Rate Class Commodity Item No.	Chargeable Weight	Rate Charge	Total	Nature and Quantity of Goods（incl. Dimensions or Volume）
55	917.0	K	R　　N50	1 105.5	34.00	37 587.00	BOOKS DIMS: 50×50×40（CM）×55 5.50 CBM
55	917.0					37 587.00	

3.4.5 作为货物运输的行李运价与运费计算

1. 适用范围与条件

作为货物运输的行李（baggage shipped as cargo，也称为无人押运行李）是指旅客本人的衣物及旅客的其他个人物品，包括便携式乐器、便携式体育用品、便携式打印机，但不包括机器或零配件、照相机、货币、证券、票证、文件、珠宝、手表、毛皮、香烟、酒类、商品的销售样品等。

旅客必须持有电子机票或定期机票，并在乘机前办妥手续，作为货物运输的行李只能在旅客机票中所列明的机场之间运输。在运单"Accounting Information"栏内注明旅客机票（TKT）号码、航线、航班号与日期。

2. 运价规则表

作为货物运输的行李运价规则表如表 3-15 所示。

表 3-15　作为货物运输的行李运价规则表

Area	Rate
From all IATA Areas	Applicable GCR
Exceptions: 1. From Malaysia：50% of Normal GCR 2. From New Zealand to all other countries：50% of Normal GCR 3. From the rest of South West Pacific：50% of Normal GCR 4. From Croatia：75% of Normal GCR	

注：按 GCR 的 Q 运价计算的运费，可以和按上述规定计算的运费进行比较，然后取低者；作为货物运输的行李的最低运费为 GCR 最低运费（M）。

3. 计算运费与填制运单相关栏目

［例 3-13］

Routing: from Kuala Lumpur（KUL）/ Malaysia to Beijing（PEK）/ China
Commodity: Baggage Shipped as Cargo

NOP: 1 pc；GW: 20.0 kg；DIMS: 70 cm×47 cm×35 cm

旅客机票（TKT）号码为 999-19943 71023，航线/航班号码与日期为 KUL/PEK CA709/15JAN。运价规则同表 3-15。运价如表 3-16 所示。

表 3-16　GCR 运价表（KUL-PEK）

KUALA LUMPUR		MY	KUL
BEIJING		CN	PEK
		KGS	MYR
CA	M		75.00
CA	N		13.66
CA	Q	45	10.25

[解]

GW = 20.0（kg）

VW =（70×47×35）/ 6 000 = 19.2 进到 19.5（kg）

由于 GW＞VW

所以 CW = GW = 20.0（kg）

AR = 50% of Normal GCR = 50%×13.66 = 6.83（MYR/kg）

WC = 20.0×6.83 = 136.60（MYR）

运单相关栏目填写如下。

Accounting Information
TKT：999-19943 71023
KUL/PEK CA709/15JAN

No of Pieces RCP	Gross Weight	kg lb	Rate Class		Chargeable Weight	Rate Charge	Total	Nature and Quantity of Goods（incl. Dimensions or Volume）
				Commodity Item No.				
1	20.0	K	R	N50	20.0	6.83	136.60	BAGGAGE SHIPPED AS CARGO
1	20.0						136.60	DIMS:70×47×35（CM） ×1　0.12 CBM

任务 3.5　国际航空运单基础认知

3.5.1　概述

航空运单，英文为 Air Waybill，是托运人为在承运人的航班上运输货物与承运人订立运输合同的初步证据，由托运人或者以托运人的名义填写，由承运人签发。

签发运单的承运人包括"有机承运人"和"无机承运人"，在实践中前者指航空公司的物流部门或专营物流的航空公司（Airline），后者指当事人型国际航空物流企业（以下简称为物流企业）。因此按照签发方的不同，国际航空运单可分为航空公司签发的总运单（Master Air Waybill，MAWB）和当事人型物流企业签发的分运单（House Air Waybill，HAWB）。

> **小资料**
>
> **航空运单的特性**
>
> 航空运单是由航空物流承运人签发的最重要单据，是承托双方运输合同的证明，运单内容和条款对双方均具有约束力。但是航空运单与海运提单有很大不同，具有以下两方面特性。
> ① 非物权凭证。海运提单是物权凭证，但航空运单不同，它不是货物所有权的凭证，因此在实践中，货物运抵目的地后，运单上的收货人凭到货通知、身份证明和相关单证办理报关和提货手续，承运人并不要求收货人凭正本运单提货，与海运业务的凭单放货操作有显著区别。
> ② 不可转让。由于大多数空运货物的时效要求高、交货期很短，如果航空运单从托运人手上经过层层背书转让给提货人，在提货人拿到运单之前货物通常早已经运抵、滞留在目的地，这在很大程度上排除了通过转让航空运单以转让物权的现实性和必要性。航空运单一般印有"Not Negotiable"（不可转让）的字样，其性质类似于记名（Straight）海运提单，即在收货人一栏直接填写指定的收货人名称及地址，不能像指示海运提单那样填写"凭指示"或"凭……的指示"（TO ORDER 或 TO THE ORDER OF…）。因此，航空运单一般不适用于国际贸易业务的跟单信用证支付方式。

3.5.2 航空运单的作用

航空运单是托运人和承运人之间最重要的物流单证，其作用归纳如下。

1. 运输合同的证明

航空运单是航空货物运输合同成立的证明，它证明了托运人与承运人之间运输合同的依法存在。如果在签发航空运单之前，承托双方另有约定，且该约定又不同于运单条款规定的内容，则以该约定为准。实践中，在承运人签发航空运单之前，很多情况下承托双方并不另行约定，如果托运人在接受航空运单时未提出任何异议，此时可将运单条款推定为合同条款的内容，航空运单就从运输合同成立的证明转化为运输合同本身。

2. 货物收据

航空运单也是货物收据，在托运人发运货物后，承运人将运单的托运人联交给托运人，作为已经接收货物的证明。除非另外注明，它是承运人收到货物并表明货物外表状况良好的证明。

3. 费用结算凭证

航空运单分别记载着托运人、收货人应承担的费用，通常详细列明费用的种类（重量运费、申明价值附加费、燃油附加费、运单费及其他费用）和金额，因此航空运单是核收结算各种费用的重要凭证，承运人通常将航空运单的承运人联作为记账凭证。

4. 业务依据

航空运单记载了有关货物发送、转运、报关、交付、储存的操作要求和注意事项等信息，相关参与方须根据这些要求对货物做出运输、操作、处理等方面的相应安排。因此，航空运单是顺利开展国际航空物流业务的重要依据。

5. 保险凭证

如果承运人根据托运人的要求提供（或代办）保险服务，则须填写航空运单上与保险相关的各个栏目，此时航空运单成为货物保险的凭证。

6. 通关文件

航空运单通常是货物进出口通关的必备单证之一。

3.5.3 航空运单的构成

总运单与分运单的格式基本一致，但是联数有所不同，一般来说前者比后者复杂一些。

以国货航（中国国际货运航空股份有限公司）运单为例。国货航运单一式十二联，由三联正本、九联副本构成，三联正本的背面都有契约条款。其中，正本3为托运人联，作为托运人将货物交承运人，支付货物运费的凭证，同时也是承运人和托运人签署运输合同的证据，背面印有承运人的契约条款。航空公司运单的联数和用途如表3-17所示。

表3-17 国际航空运单的联数和用途

序号	各联名称	各联用途
第一联	Original 3 正本 3	托运人联
第二联	Copy 9 副本 9	代理人联
第三联	Original 1 正本 1	制单承运人联
第四联	Original 2 正本 2	收货人联
第五联	Copy 4 副本 4	最后承运人联
第六联	Copy 5 副本 5	目的地机场联
第七联	Copy 6 副本 6	第三承运人联
第八联	Copy 7 副本 7	第二承运人联
第九联	Copy 8 副本 8	第一承运人联
第十联	Extra copy 额外副本	备用
第十一联	Extra copy 额外副本	备用
第十二联	Extra copy 额外副本	备用

3.5.4 航空运单代填

在国际航空物流业务中，大多数货物是通过物流企业收运的，只有特种货物和少数物品才由航空公司直接收运。由于填写航空运单必须具备专业知识，同时为了提高填单效率、扩大客户服务范围，在实践中的一般做法是，托运人以托运书（SLI）的形式授权物流企业代填航空运单，托运书写明了托运人接受正本航空运单背面的运输条件和契约条款，托运书所填有关货物与收发货人等各项内容，则成为物流企业代填航空运单的最重要凭证和法律依据，因此物流企业必须严格督导托运人正确、完整地填写托运书并在上面签字盖章。

任务 3.6 国际航空运单填制

小资料

中 性 运 单

在实践中，虽然国际航空运单通常分成总运单和分运单两类，但是两种运单的格式和填写规范基本一致。这是因为两种运单都借鉴了 IATA 所推荐的标准格式，区别并不大，所以标准格式的运单也称为中性运单，中性运单上未印制承运人标识。下面主要介绍中性运单的填写规范，暂不分开介绍总、分运单。

3.6.1 填制的基本要求

1. 一致性

"单货一致、单单一致"是国际航空物流单证操作的基本准则，航空运单上的信息除了必须与货物实际情况一致，还必须与其他单证（发票、装箱单、舱单、报关单等）的各项内容保持高度一致性，尤其是货物品名、数量、重量、价值、运价等信息。

2. 规范性

采用打字机、计算机或专用设备以英文大写字母填写运单；各栏目内容须正确、清晰、齐全；各栏目内容的排版须工整、美观、实用；宽栏目（主要有托运人栏、收货人栏、操作信息栏、财务信息栏等）所填内容一般采取"水平靠左、垂直靠上"的对齐方式；其他窄栏目一般采取"水平居中、垂直靠上"的对齐方式。

3. 严肃性

填写的内容不得随意涂改；确实需更改时，更改内容须清晰工整，并且在更改内容旁加盖更改章，注明更改方名称和更改日期，运单其他各联一同更改。

3.6.2 各栏目填写规范

航空运单样本及各栏目编号如表 3-18 所示。

表 3-18　航空运单样本及各栏目编号

ORIGINAL 3（FOR SHIPPER）

1A—	1B			1A—	1B
Shipper's Name and Address	Shipper's Account Number	Not Negotiable　　　Issued by			
	3	Air Waybill　　　　　1C			
2		Copies 1, 2 and 3 of this Air Waybill are originals and have the same validity. 1D			
Consignee's Name and Address	Consignee's Account Number	It is agreed that the goods described herein are accepted for carriage in apparent good order and condition（except as noted）and **subject to the conditions of contract on the reverse hereof. All goods may be carried by and other means including road or any other carrier unless specific contrary instructions are given hereon by the shipper. The shipper's attention is drawn to the notice concerning carrier's limitation of liability. Shipper may increase such limitation of liability by declaring a higher value for carriage and paying a supplemental charge if required.**			
	5				
4		1E			

Issuing Carrier's Agent Name and City	Accounting Information
6	10

Agent's IATA Code	Account No.	
7	8	

Airport of Departure and Requested Routing
9

Routing and Destination						Currency	CHGS Code	WT/VAL		Other		Declared Value for Carriage	Declared Value for Customs
To	By First Carrier	to	by	to	by			PPD	COLL	PPD	COLL		
11A	11B	11C	11D	11E	11F	12	13	14A	14B	15A	15B	16	17

Airport of Destination	Flight / Date	Amount of Insurance	INSURANCE　– If Carrier offers insurance, and such insurance is requested in accordance with the conditions thereof, indicate amount to be insured in figures in box marked "Amount of Insurance."
18	19	20	

Handling Information
21

续表

(For USA only) These commodities licensed by U.S. for ultimate destination .... Diversion contrary to U.S. law is prohibited							
No of Pieces RCP	Gross Weight	kg lb	Rate Class		Chargeable Weight	Rate / Charge	Total	Nature and Quantity of Goods (incl. Dimensions or Volume)
^^^	^^^	^^^	^^^	Commodity Item No.	^^^	^^^	^^^	^^^
^^^	^^^	^^^	^^^	^^^	22F	22G	22H	22I
22A	22B	22C	22D	22E	^^^	^^^	^^^	^^^
22J	22K	^^^	^^^	^^^	^^^	^^^	22L	^^^
Prepaid Weight Charge Collect			Other Charges				
24A		24B	^^^				
Valuation Charge			^^^				
25A		25B	23				
Tax			^^^				
26A		26B	^^^				
Total other Charges Due Agent			Shipper certifies that the particulars on the face hereof are correct and that in so far as any part of the consignment contains dangerous goods, such part is properly described by name and is in proper condition for carriage by air according to the applicable Dangerous Goods Regulations.				
27A		27B	^^^				
Total other Charges Due Carrier			^^^				
28A		28B	31				
29A		29B	Signature of Shipper or his Agent				
Total Prepaid		Total Collect	^^^				
30A		30B	32A	32B		32C	
Currency Conversion Rates		CC Charges in Dest. Currency	^^^	^^^		^^^	
33A		33B	Executed on (date)	at (place)		Signature of Issuing Carrier or its Agent	
For Carrier's Use only at Destination 33	Charges at Destination	Total Collect Charges	1A —			1B	
^^^	33C	33D	^^^			^^^	

下面详细介绍各栏目的填写规范。

1. 运单号码（Air Waybill Number）和相关信息

总运单号码通常为"3+8"结构，如 999—12345675，前 3 位为承运人的票证代码（IATA 代码），填在【1A】栏；后 8 位为航空运单序列号，填在【1B】栏。

注意：同一承运人发行的同一运单号重复使用的最低时限为 12 个日历月。

【1A】栏：承运人的票证代码，例如 784 代表南航、781 代表东航、999 代表国航和国货

航，各承运人票证代码可在 TACT Rules 1.4 查到。

【1B】栏：航空运单的序列号，共 8 位，前 7 位为顺序号、第 8 位为检查号。

检查号为前 7 位数字除以 7 的余数。例如 999—12345675，顺序号是 1234567，除以 7，余数为 5。

【1C】栏：制单承运人的名称和所在地。除了中性运单，此栏印有承运人的标识、名称和所在地。

【1D】运单正本联的说明。此栏无须填写，说明运单第一、二、三联为正本，并具有同等法律效力。

【1E】契约条款参考（Reference to conditions of contract）。此部分译文如下：

"此运单上所描述的货物已按运单正本背面的契约条款和承运人的运输条款做好了运输准备。除非托运人有特定说明，否则所有的货物可以用其他任何运输方式运输，包括公路或其他承运人。托运人同意此货物经过承运人认为合适的经停站来运输。托运人应注意关于承运人的责任限额，假如需要的话，托运人可通过为运输声明一个较高的价值并支付声明价值附加费来增加承运人的责任限额。"

2. 托运人名称与地址（Shipper's Name and Address）

填写托运人名称（若托运人为个人则填姓名）、详细地址、国家、联系人，一种或多种联系方式，如固定电话、移动电话等号码。总运单上的托运人通常是始发地的物流企业，分运单上的托运人通常是实际发货人。

3. 托运人账号（Shipper's Account Number）

该账号一般是承运人通过业务管理系统分配给始发地固定客户（托运人）的账户号码，用于定期结算托运人应预付的运费，也用于运费到付方式下收货人拒付时、承运人通过此账户向托运人收回运费。

4. 收货人名称与地址（Consignee's Name and Address）

填写收货人名称（若托运人为个人则填姓名）、详细地址、国家、联系人，一种或多种联系方式，如固定电话、移动电话等号码，邮政编码和电话号码要准确清楚。

填写此栏须注意以下几点。

（1）与海运提单常用的不记名指示方式不同，航空运单采用记名方式，不得填写"TO ORDER"或"TO THE ORDER OF…"字样，因为航空运单并非物权凭证，不可转让。

（2）总运单上的收货人通常是目的地的物流企业，分运单上的收货人通常是实际收货人。

（3）收货人原则上只有一个，若在目的地有被通知人，即"Also Notify/另请通知人"（如指定的代理人等），可填在第 21 项的操作信息栏（Handling Information），不可填在此栏。

5. 收货人账号（Consignee's Account Number）

该账号一般是承运人通过业务管理系统分配给目的地固定客户（收货人）的账户号码，用于运费到付方式下承运人与收货人结算运费。

6. 承运人的制单代理人名称和城市（Issuing Carrier's Agent Name and City）

承运人有制单代理人的，在此栏填写代理人的名称和所在城市。

7. 代理人的 IATA 代码（Agent's IATA Code）

填写代理人的 IATA 代码；航空公司要求代理人提供 IATA 代码的，须在此栏填写。

8. 账号（Account No.）

代理人账号，除非承运人要求填写，一般无须填写。

9. 始发地机场（第一承运人地址）和路线要求（Airport of Departure and Requested Routing）

（1）原则上填写始发地机场的全称（一般无须填写第一承运人地址），但实践中常见直接填 IATA 三字代码的做法，尤其当始发地有两个以上机场时，填 IATA 代码更准确和简便。

（2）填写托运人所要求的路线，在实践中一般服从承运人安排的航班路线。

10. 结算信息（Accounting Information）

此栏仅填写费用结算有关信息，通常包括以下几个方面。

（1）作为货物运输的行李产生运费时，填写旅客机票号码、航线、航班号码与日期，如例 3-13 所示。

（2）支付方式，如 CASH（现金）等，信用卡支付的，填信用卡号码，但运费和其他费用采用的预付或到付方式填在第 13、14 栏，此处无须填写。

（3）若货物无法交付收货人须退回始发地，在新运单此栏中填写原运单号码。

（4）托运人代理人要求填写的有关代号。

11. 路线和目的地（Routing and Destination）

（1）如果采用非直达路线的航班，则有一个以上中转机场，在【11A】栏、【11C】栏、【11E】栏分别填写第一个、第二个、第三个中转机场的 IATA 三字代码；在【11B】栏、【11D】栏、【11F】栏分别填写第一程、第二程、第三程承运人的 IATA 二字代码；注意，应尽量选择同一承运人或代码共享的航班。

（2）如果采用直达路线的航班，以上各栏一般无须填写，直接在第 18 栏填写目的地机场的名称或 IATA 代码。

12. 币别（Currency）

填写始发地国家的货币代码，如 CNY、USD、EUR 等，表示运费、声明价值、保险金额、附加费和其他费用所采用的货币。

除了规定按目的地国家货币结算的收费栏【33B—33D】，运单上其他费用金额一律采用此栏填写的货币，且填写金额时保留两位小数，金额为整数的，小数点后保留两个 0。

13. 费用代码（CHGS Code）

此栏一般无须填写，仅供承运人传送电子运单信息时使用，包括 CC（全部运费到付）、NC（免费）、PP（全部运费现金预付）等多种代码。

14. 重量运费和声明价值附加费的付款方式（WT/VAL）

WT（Weight Charge）指根据货物计费重量与适用运价收取的运费，即 WC。

VAL（Valuation Charge）指托运人在第 16 栏向承运人声明供运输用的货物价值时，按规定费率向承运人支付的声明价值附加费。

【14A】栏：PPD 表示预付（prepaid），当付款方式为预付时在此栏填 "×" 符号。

【14B】栏：COLL 表示到付（collect），当付款方式为到付时在此栏填 "×" 符号。

WT 和 VAL 两种费用必须全部同时预付或者全部同时到付，且第 24、25 栏内的支付方式必须和第 14 栏保持一致。

15. 其他费用的付款方式（Other）

当始发地的其他费用付款方式为预付时在【15A】栏填"×"，到付时在【15B】栏填"×"。第 27、28 栏内的其他费用的支付方式必须和第 15 栏保持一致。

16. 供运输用声明价值（Declared Value for Carriage）

托运人向承运人声明货物价值的，在此栏填写供运输用声明价值，无须填写币别。

托运人未向承运人声明货物价值的，此栏填写"NVD"(No Value Declared)。

17. 供海关用声明价值（Declared Value for Customs）

填写托运人向海关申报的货物价值（与商业发票上货物价值一致）。货物确实没有商业价值的，此栏须填写"NCV"（No Commercial Value or No Customs Value）。

18. 目的地机场（Airport of Destination）

原则上填写目的地机场的全称，但实践中常见直接填 IATA 三字代码的做法，尤其当目的地有两个以上机场时，填 IATA 代码更准确和简便。

19. 航班及日期（Flight/Date）

填写航班及执行航班的日期。航班的填写格式为"航空公司 IATA 二字代码+航班号码"，航班日期的规范格式一般是"DD+MMM+YYYY"，如 2025 年 4 月 23 日中国南方航空公司的 303 航班，此栏填写"CZ303 / 23APR2025"。

20. 保险金额（Amount of Insurance）

制单承运人提供此项服务的，在此栏填写货物保险金额。

托运人不需此项服务或制单承运人不提供此项服务时，在此栏填写"×××"符号。

21. 操作信息（Handling Information，也译为"操作注意事项"）

填写货物在运输和仓储过程中的操作注意事项，常见内容如下。

（1）对货物的操作要求或特殊处理规定，如 CARGO AIRCRAFT ONLY（仅限货机运输）、KEEP UPSIDE（保持向上）、HANDLE WITH CARE（小心轻放）、DON'T EXPOSE TO SUNLIGHT（防止暴晒）、KEEP DRY（保持干燥）等。有特殊操作代码的，可填在此栏，如 CAO（cargo aircraft only 仅限货机运输）、FRO（frozen goods 冷冻货物）等。

（2）运输危险品时，填写"DANGEROUS GOODS AS PER ATTACHED SHIPPER'S DECLARATION"（危险品详见随附托运人申报单），或"DANGEROUS GOODS AS PER ATTACHED DGD"，其中 DGD 指 Dangerous Goods Declaration，即托运人危险品申报单；若危险品仅限货机运输，还要填写"CARGO AIRCRAFT ONLY"或"CAO"。

（3）运输活体动物和生鲜易腐货物时，应按要求填写操作注意事项或特殊操作代码。

（4）除收货人外，在目的地有其他被通知人的，也就是通常所说的"另请通知人"（Also Notify），此栏填写被通知人的名称、地址、联系人及其联系方式等信息。

（5）其他按要求应填写的操作注意事项或特殊操作代码。

22. 货物综合信息

一票货物如果含有适用两种以上运价类别的货物应分行填写，适用每一类运价的货物单独占用一行，如果含有危险品应填在第一行。

【22A】栏：件数/运价组合点（No. of Pieces RCP）。件数指货物外包装的数量，如果含有适用两种以上运价类别的货物，应分行填写，并将总件数填入【22J】栏。RCP（Rate Combination Point）指货物适用分段相加运价时，须将运价组合点城市的 IATA 代码填在件数下面，但在

实践中这种情况较少见。

【22B】栏：毛重（Gross Weight）。此栏填写货物的毛重，如果含有适用两种以上运价类别的货物，应分行填写，并将总毛重填入【22K】栏。以 kg 为单位时，毛重保留一位小数点，按 IATA 规定重量不足 0.5 kg 按 0.5 kg 计算，超过 0.5 kg 按 1.0 kg 计算，恰好为 0.5 kg 的按 0.5 kg 本身计算，也就是说小数点后非 0 即 5。

【22C】栏：重量单位（kg/lb）。以 kg 为单位填 K，以磅为单位填 L，在实践中以前者居多。

【22D】栏：运价类别（Rate Class）。填写适用的运价或运费类别代码，常见代码如表 3-19 所示。

表 3-19 运价类别代码表

运价代码	运价英文名称	运价中文名称
M	Minimum Charge	最低运费
N	Normal Rate	普通货物运价的标准运价
Q	Quantity Rate	普通货物运价的数量运价
C	Specific Commodity Rate	指定商品运价
S	Surcharged Class Rate	附加或不附加也不附减的等级货物运价
R	Reduced Class Rate	附减的等级货物运价
U	Unit Load Device Basic Charge Or Rate	集装器集装货物基础运费或运价

【22E】栏：商品项目编号（Commodity Item No.）。

（1）使用指定商品运价时，此栏填写指定商品编码，如某货物适用指定商品运价，指定商品编码是 0008，则在此栏填写"0008"。

（2）使用等级货物运价时，此栏填写运价类别的代码与附加或附减百分比，如使用的附加等级货物运价是标准运价的 150%，则在此栏填写"N150"；使用的附减等级货物运价是标准运价的 50%，则在此栏填写"N50"；如果使用不附加也不附减等级货物运价，则在此栏填写"N100"；如果使用的等级货物最低运费是普通货物最低运费的 200%，则在此栏填写"M200"。

（3）使用普通货物运价时，此栏无须填写。

【22F】栏：计费重量（Chargeable Weight）。填写与适用的运价对应的货物计费重量。

【22G】栏：运价/运费（Rate/Charge）。

（1）适用普通货物运价的最低运费 M 时，直接填写最低运费。

（2）适用普通货物运价的 N 运价、Q 运价或适用指定商品运价时，填写对应的运价。

（3）适用附加或附减等级货物运价时，填写标准运价附加或附减之后的实际运价；适用不附加也不附减等级货物运价时，直接填写标准运价。

【22H】栏：合计运费、总运费（Total）。填写计费重量与适用运价算出的运费金额，适用最低运费的填最低运费；如果含有两种以上运价类别，应分行填写，并将总运费金额填在【22L】栏。

【22I】栏：货物品名及数量（包括尺寸或体积）/ Nature and Quantity of Goods（incl.

Dimensions or Volume）。

（1）货物品名。必须具体、详细，不得填写表示货物类别的统称，如不能填电器、日用品、仪器、设备等名称；也不能用鲜活易腐货物、活体动物、贵重物品等泛指名称作为货物品名，而应写明具体的、特定的品名。

若货物为危险品，必须严格按 IATA《危险品规则》规定填写；作为货物运输的行李，应填写内容和数量或附上详细清单，还应填写"BAGGAGE SHIPPED AS CARGO"。

在实践中，物流企业向承运人交付集运货物、填写总运单时，本栏通常将品名简写为"CONSOLIDATION AS PER ATTACHED MANIFEST"（集运货物详见随附舱单）。

如果是托运人直接使用集装器或托盘集装的货物，当实际装载件数和 22A 栏目中的件数不一致时，应将实际装载的件数在 22I 栏写清楚并注明"SLAC"（Shipper's Load and Count，由托运人装载并计数），并填写集装器识别代码，如图 3-1 所示。

No of Pieces RCP	Gross Weight	kg lb	Rate Class / Commodity Item No.	Chargeable Weight	Rate Charge	Total	Nature and Quantity of Goods （incl. Dimensions or Volume）
1	1 200.0	K	U	1 200.0	25.00	30 000.00	LADIES GARMENTS 80 SLAC AKE72026CZ
1	1 200.0					30 000.00	

图 3-1　托运人集装货物运单填写节选（忽略附加运价）

（2）货物数量。通常指商品成交的单位数量，如某公司出口皮鞋 500 双，每双鞋装入一个纸盒，每 10 个纸盒装入一个纸箱中，共装了 50 个纸箱，则 500 双是买卖双方成交的数量，"双"为表示成交数量的单位，此栏填写"500 PAIRS"。【22A】栏的"件数"指货物外包装的数量，即纸箱的数量，则件数为 50。在实践中，一般不要求填写商品成交数量，只填货物件数即可。

（3）货物尺寸或体积。指货物外包装的尺寸或体积，单位分别为厘米（CM）和立方米（CBM）。尺寸一般按"长×宽×高×件数"格式填写，如长 50 cm、宽 40 cm、高 30 cm 的纸箱 50 个，填入"55×45×35(CM)×50"，如果货物外包装的尺寸有两种以上，则须分行填写。还可以直接填写货物外包装的总体积"4.33CBM"（通常保留两位小数点），集运或包运方式下一般填写货物总体积即可。

【22J】栏、【22K】栏和【22L】栏：总件数、总毛重和总运费。如果仅含一种运价类别的货物，此三栏无须填写。如果含有适用两种以上运价类别的货物，此三栏分别填写所有货物的总件数、总毛重和总运费。

23. 其他费用（Other Charges）

其他收费项目的名称及金额，除运费、声明价值附加费以外，此栏填写燃油附加费、运单费和其他服务费用，如 AWC：50.00（运单费）MYC：423.12（燃油附加费），各种其他费用代码见 TACT Rules 6.2.19。

费用代码后加 C 表示此项费用由承运人收取，代码后加 A 表示此项费用由代理人收取，如 AWA、MYA 表示运单费、燃油附加费由代理人收取。

24. 重量运费（Weight Charge）

【24A】—【30A】栏的费用付款方式均为预付；【24B】—【30B】栏的费用付款方式均

为到付。

【24A】栏：预付的重量运费。将【22H】栏或【22L】栏重量运费的金额填入此栏。

【24B】栏：到付的重量运费。将【22H】栏或【22L】栏重量运费的金额填入此栏。

付款方式必须和【14A】栏、【14B】栏一致。

25. 声明价值附加费（Valuation Charge）

如果托运人向承运人声明了货物价值，此栏填写托运人向承运人支付的声明价值附加费，预付或到付填在【25A】栏或【25B】栏，必须和【14A】、【14B】栏一致。

声明价值附加费的计算公式如下：

$$声明价值附加费 =（货物声明价值-SDR22/kg×毛重）×声明价值附加费费率$$

[例] 托运人向承运人声明货物价值 CNY45000，货物毛重为 100 kg，声明价值附加费费率为 0.75%，SDR22=CNY213，请计算声明价值附加费（保留两位小数）。

[解] 声明价值附加费 =（45 000–213×100）×0.75%=177.75（CNY）

26. 税款（Tax）

填写按规定收取的税款金额，预付填入【26A】栏，到付填入【26B】栏，且必须和 24、25 栏付款方式保持一致，即全部一律预付或全部一律到付。

27. 代理人收取的其他费用总额（Total Other Charges Due Agent）

填写代理人收取的其他费用总额，预付填入【27A】栏，到付填入【27B】栏。

28. 承运人收取的其他费用总额（Total Other Charges Due Carrier）

填写承运人收取的其他费用总额，预付填入【28A】栏，到付填入【28B】栏。

29. 无名称阴影栏目

此栏通常不填，除非承运人有特殊要求。

30. 费用总额

【30A】栏：预付总额（Total Prepaid）。填写全部预付费用的总额。

【30B】栏：到付总额（Total Collect）。填写全部到付费用的总额。

31. 托运人或其代理人签字（Signature of Shipper or his Agent）

如果未预先提供托运人或其代理人的签名（打印、签字或盖章），则应由其在此填上。

若托运人为实际发货人，实践中常用简便的打印方式。

若托运人为物流企业，实践中采用打印、签字或盖章等方式。

32. 承运人完成栏（Carrier's Execution Box）

【32A】栏：运单签发日期[Executed on (date)]。填写常用格式为"DD+MMM+YYYY"。

【32B】栏：运单签发地点[at (place)]。一般包括城市和国家名称。

【32C】栏：签发运单的承运人或其代理人签字（Signature of Issuing Carrier or its Agent）。

33. 仅限承运人在目的地使用（For Carrier's Use only at Destination）

【33A】栏：货币兑换比率，即汇率（Currency Conversion Rate）。填写目的地国家的货币代码和汇率。

【33B】栏：兑换目的地货币后的到付费用（CC Charges in Dest. Currency）。将【30B】栏的到付总额按上述汇率兑换后填入此栏。

【33C】目的地其他费用（Charges at Destination）。填写在目的地产生的其他费用金额。

【33D】到付费用总额（Total Collect Charges）。填写【33B】栏和【33C】栏的合计金额。

思考与练习

（一）单选题

1. 国际空运货物体积重量的折算标准为每（　　）cm³ 折合 1 kg。
   A. 3 000　　　　B. 4 000　　　　C. 5 000　　　　D. 6 000
2. 国际航空物流运价类别代码 M 表示（　　）。
   A. 最低运费　　B. 普通货物运价　　C. 等级货物运价　　D. 指定商品运价
3. 国际航空物流运价类别代码 S 或 R 表示（　　）。
   A. 最低运费　　B. 普通货物运价　　C. 等级货物运价　　D. 指定商品运价
4. 国际航空物流运价类别代码 C 表示（　　）。
   A. 最低运费　　B. 普通货物运价　　C. 等级货物运价　　D. 指定商品运价
5. N 代表标准运价，通常指（　　）kg 以下的普通货物运价。
   A. 45　　　　　B. 50　　　　　C. 55　　　　　D. 60
6. 通常 45 kg 以上重量段的普通货物运价用代码（　　）表示。
   A. S　　　　　B. C　　　　　C. Q　　　　　D. M
7. 国际航空物流指定商品编码中 0001～0999 代表的商品是（　　）。
   A. 可食用的动植物产品　　　　B. 活动物及非食用的动植物产品
   C. 纺织品、纤维及其制品　　　D. 金属及其制品
8. 根据 IATA 的规定，下列货物中不属于等级货物的是（　　）。
   A. 活体动物　　B. 贵重物品　　C. 书报杂志　　D. 新鲜的水果
9. 贵重物品最低运费，按适用最低运费的（　　）收取，但不得低于 50 美元或等值货币（从法国始发的除外）。
   A. 100%　　　　B. 150%　　　　C. 200%　　　　D. 250%
10. 在航空运单中部，前后分别有"供运输用声明价值""供海关用声明价值"两个栏目，以下描述错误的是（　　）。
    A. 如果前面栏填写 NVD，则后面栏不一定填写 NCV
    B. 如果后面栏填写声明价值，则前面栏不一定填写声明价值
    C. 如果前面栏填写 NVD，则后面栏必须填写 NCV
    D. 如果前面栏填写声明价值，则后面栏通常填写同样的声明价值
11. 航空运单的作用不包括（　　）。
    A. 运输合同的证明　　　　B. 货物收据
    C. 物权凭证　　　　　　　D. 费用结算凭证
12. 航空运单上印制的"Not Negotiable"的含义是（　　）。
    A. 航空业务权不可转让　　　　B. 航空运单的条款不可更改
    C. 航空运单上的航程不可改变　　D. 不可通过转让航空运单以转让物权
13. 声明价值附加费指托运人向（　　）声明货物价值支付的附加费。
    A. 机场　　　　B. 承运人　　　　C. 收货人　　　　D. 海关

14. 如果货物适用不附加也不附减等级货物运价，须在航空运单的商品项目编号栏（Commodity Item No.）填写（　　）。
   A. N100　　　　B. N　　　　C. S　　　　D. S100
15. 如果适用指定商品运价，须在航空运单的运价类别栏（Rate Class）填写代码（　　）。
   A. N　　　　B. C　　　　C. S　　　　D. R

（二）多选题
1. 国际航空物流运费主要受两个因素影响，即（　　）。
   A. 货物适用的运价　B. 货物的实际重量　C. 货物的计费重量　D. 货物的体积重量
2. TACT 由规则与运价体系构成，包括若干卷，即（　　）。
   A. Rules（规则）
   B. Worldwide Rates（世界运价分册）
   C. North America Rates（北美运价分册）
   D. South America Rates（南美运价分册）
3. IATA 运价遵循的原则有（　　）。
   A. 运价与重量段对应原则　　　　B. 数量折扣原则
   C. 运价与运距对应原则　　　　D. 运价与货物种类对应原则
4. 国际空运货物的计费重量可能有（　　）。
   A. 净重　　　　B. 毛重　　　　C. 体积重量　　　　D. 较高分段重量
5. 根据 IATA 公布的 TACT，运价包括（　　）。
   A. 普通货物运价　B. 指定商品运价　C. 等级货物运价　D. 比例运价
6. 在实践中应用经济分界点主要有哪些方法？（　　）
   A. 将计费重量增加至较高分段重量　　B. 将计费重量申报至较高分段重量
   C. 将运价增加至较高分段重量的运价　D. 将运价申报至较高分段重量的运价
7. 指定商品运价与运费的计算原则主要有（　　）。
   A. 优先使用 SCR 与运费从低相结合　　B. 优先使用确指品名与运费从低相结合
   C. 遵循品名说明指南　　　　D. 零件、附件与备件区别对待
8. 在国际航空物流中适用 RCCR 运价的货物包括（　　）。
   A. 活体动物　　　　B. 贵重物品
   C. 书报杂志　　　　D. 作为货物运输的行李
9. 在国际航空物流中适用 SCCR 运价的货物包括（　　）。
   A. 运价附加的等级货物　　　　B. 运价不附加也不附减的等级货物
   C. 运价附减的等级货物　　　　D. 所有等级货物
10. 对贵重货物的等级运价描述错误的有（　　）。
    A. 所有区域的运价=150% of GCR
    B. 大部分区域的运价=200% of Normal GCR
    C. 大部分区域的运价=150% of GCR
    D. 所有区域的运价=200% of Normal GCR
11. 关于航空公司和当事人型物流企业的描述，正确的有（　　）。
    A. 前者签发 MAWB，后者签发 HAWB

B. 前者是"有机承运人",后者是"无机承运人"

C. 两者均可签发 MAWB 和 HAWB

D. 通常两者在航空物流业务中是承托关系

12. 我国航空公司采用的航空运单通常包含三联正本,分别给(　　)。

　　A. 托运人　　　B. 承运人　　　C. 收货人　　　D. 代理人

13. 在实践中托运人授权物流企业代填航空运单的原因有(　　)。

　　A. 填写航空运单必须具备专业知识　　B. 提高填单效率

　　C. 扩大客户服务范围　　D. 航空运单不能由托运人填写

14. 填写航空运单的基本要求中,"一致性"包括(　　)。

　　A. 单单一致　　B. 单货一致　　C. 前后一致　　D. 里外一致

15. 可填在航空运单运价类别(Rate Class)栏的代码有(　　)。

　　A. N　　　B. C　　　C. S　　　D. R

（三）判断题

1. TACT 是国际航空界具有里程碑意义的运价指导手册。(　　)

2. IATA 规定国际空运货物的计费重量以 0.5 kg 为最小单位,重量尾数不足 0.5 kg 的,按 0.5 kg 计算；超过 0.5 kg、不足 1 kg 的,按 1 kg 计算。(　　)

3. GCR 的 N 运价与计费重量算得的运费,应与最低运费 M 相比,然后取低者。(　　)

4. 根据 GCR 的特征,随着货物计费重量的增加,运费也一定会增加。(　　)

5. 同一票货物使用 SCR 的运费一定低于使用 GCR 的运费。(　　)

6. RCCR 是在 GCR 标准运价的基础上附减一定的百分比。(　　)

7. 如果 CCR 适用,在航空运单上 CCR 的运价类别代码是 S 或者是 R。(　　)

8. 计算活体动物的计费重量时须包含活动物的容器及食物等。(　　)

9. 通常零件可以使用相对应的 SCR,除非在品名说明中特别指明不包括零件。(　　)

10. 通常备件、附件不可以使用相对应的 SCR,除非在品名说明中特别指明包括备件、附件。(　　)

11. 按照签发方的不同,航空运单分为航空公司签发的总运单(HAWB)和当事人型物流企业签发的分运单(MAWB)。(　　)

12. 与海运提单一样,航空运单的收货人栏可以填写"TO ORDER"字样。(　　)

13. 标准格式航空运单也称为中性航空运单。(　　)

14. 在实践中托运人通常以托运书(SLI)的形式授权物流企业代填航空运单。(　　)

15. 航空运单一般不适用于国际贸易业务的跟单信用证支付方式。(　　)

（四）实操题——运费计算与运单填制

第 1 题：

Carrier：LC

Routing：from Guangzhou（CAN）/China to Paris（CDG）/France

Commodity：Furniture

NOP：10 pcs

GW：37.4 kg/pc

DIMS：90 cm×60 cm×48 cm×10

计算航空运费并填制运单（货物综合栏）。
GCR 公布如下。

	General Cargo Rate (Origin: PEK, CNY/kg)						
Destination	M	N	45 kg	100 kg	300 kg	500 kg	1 000 kg
LHR	320.00	63.00	45.00	43.00	41.00	33.50	31.50
FRA	320.00	45.50	38.00	36.00	34.00	33.00	31.00
NRT	230.00	37.50	28.00	26.50	24.00	22.50	21.00
FUK	230.00	33.50	25.00	24.50	23.00	21.50	20.00

航空运单的相关栏目如下。

No. of Pieces RCP	Gross Weight	kg lb	Rate Class		Chargeable Weight	Rate/ Charge	Total	Nature and Quantity of Goods (incl. Dimensions or Volume)
			Commodity Item No.					

第 2 题：

Routing：from PEK/ CN to NRT/ JP

Commodity：Fresh Peaches

NOP：15 pcs

GW：19.8 kg / pc

DIMS：62 cm×52 cm×40 cm / pc

计算该票货的空运运费。

SCR 公布如下。

BEIJING	CN	PEK
TOKYO	JP	NRT
	KGS	CNY
	M	230.00
	N	37.51
	Q	45	28.13
0008	300	18.80
0300	500	20.61
1093	100	18.43
2195	500	18.80

第 3 题：

Routing：from TSN/ CN to LHR/GB

Commodity：Live Cats

83

NOP：10 pcs
GW：5.0 kg / pc
DIMS：30cm×30cm×40cm / pc
计算该票货的空运运费。
GCR 与运价规则表如下。

	TIANJIN		CN	TSN
	LONDON		GB	LHR
			KGS	CNY
	SQ	M		370.00
	SQ	N		72.99
	SQ	Q	45	52.23
	SQ		300	47.61
	SQ		500	38.60
	SQ		1 000	35.48

IATA AREA (see Rules 1.2.2 Definition of Areas)					
All LIVE ANIMALS Except: Baby poultry less than 72 hours old	Within Area 1	Within Area 2	Within Area 3	Between Area 1&2	Between Area 2&3	Between Area 3&1
	175% of Normal GCR	175% of Normal GCR	150% of Normal GCR Except: (1) below	175% of Normal GCR	150% of Normal GCR Except: (1) below	150% of Normal GCR Except: (1) below

第 4 题：托运人向承运人声明货物价值 CNY50000，货物毛重为 100 kg，声明价值附加费费率为 0.75%，SDR22=CNY213，请计算声明价值附加费。

第 5 题：根据项目 2 的表 2-5 "国际空运货物托运书" 填写航空运单。

项目 4

国际航空集约物流

能力目标

能准确核算集运收入、集运成本与利润；会规范填制集运方式下的分运单与总运单；能陈述箱板集装依据和集装原则；会应用集装箱利用率最大化的方法制定集装方案；能熟练应用国际航空快递运价计算运费；会规范填制国际快递运单。

知识目标

熟悉集运操作流程；了解集运运单的流转过程；熟悉直运与集运的区别、分运单与总运单的异同；掌握"密泡组合"重量差原理；熟悉集装器的常用型号、识别代码的含义；熟悉集装器与飞机货舱的适配；了解国际航空快递临时运价与协议运价及特点，熟悉国际快递运输条款与条件。

思政目标

培养精益求精的工匠精神、专注敬业与严肃认真的职业素养。

引导资料

错失集运良机损失大

小张在一家国际航空物流企业任作业部操作员。3月6日上午，小张受理某客户委托空运一批服装到新加坡，并代理出口报关，毛重526.0 kg，体积重量380.5 kg，客户要求配载不迟于3月8日的航班。在报关人员的积极配合下，3月7日上午报关顺利完成，小张提前配了3月7日傍晚的航班，客户很满意。但是3月7日早上小张还受理了另一个客户的空运委托，也到新加坡，毛重285.5 kg，体积重量401.0 kg，客户已自行完成报关，希望安排第二天的航班，于是小张配了3月8日下午的航班。然而，主管在事后发现了小张的严重失误并批评了他，原因是上述两票货物完全可以进行集运，共同配载3月8日的同一航班，那样可以同时满足两个客户的要求，更重要的是节省了空运成本，因为采取集运方式，可向航空公司少付115.5 kg的运费成本，还可获取货量累加的规模利润。作为集运操作员，小张对业务操作不熟悉，错失了集运良机、造成较大损失。此案例还表明，企业既要满足外部服务要求，也要在条件允许的情况下控制内部服务成本。

通过本项目内容的学习，一方面，掌握国际航空集运、快递等知识与技能；另一方面，培养精益求精的工匠精神、专注敬业与严肃认真的职业素养。

任务 4.1　国际航空集运基础认知

4.1.1　国际航空集运的概念

1. 集运的本质——集约

集运的本质是集约。集约（Intensification）是一个包容但又超越了密集含义的概念，是集中和节约的辩证统一。从经济学的角度简单来说，集约是通过集中投入某些要素，以节约和优化资源配置的形态。航空集约物流，是在一定区域或范围内，把个别的、零碎的、分散而同类型的航空物流货源集中成较大规模的、便于现代化组织运作的形式，有效整合拼货集装、订舱配载、航空运输、通关、航站交接、仓储与配送、单证与信息处理等环节并开展一体化协作，以提高运作效率与效益，避免资源重复配置和浪费，降低运作成本的新体制物流。

2. 国际航空集运

一般来说，运价与计费重量成反比，随着货量增加，物流企业可从航空公司获取更优惠的运价。因此向众多托运人争取大批量货物，然后集中起来向航空公司托运，成为物流企业运营的基本模式。集中托运的规模越大，从航空公司获得的运价越低，物流企业付出的成本越低，价格的竞争力越强。

集运，或称集中托运，指国际航空物流企业（通常为当事人型）将多个托运人的、目的地机场相同的同类型货物集拼成一批，采用同一份总运单、同一个航班，向航空公司集中办理托运，由目的地物流企业集中收货，再根据分运单将货物拆分、交付给多个收货人的业务方式。集运可从整体上提高物流运作效率与效益，降低运作成本。集运是最常见的航空集约物流业务方式之一。

空运业务的集运，类似海运业务的拼箱。经营集运业务的物流企业通常为当事人型（无机承运人），业务地位类似海运业务的无船承运人，不仅负责在始发地机场将货物集中后向航空公司托运、在目的地提取货物并交付给多个收货人，它肩负的是货物全程运输的责任，并且具有承运人和托运人双重身份，对实际托运人而言其身份是承运人，对航空公司而言其身份是托运人。

4.1.2　集运操作流程

集运操作流程如图 4-1 所示。

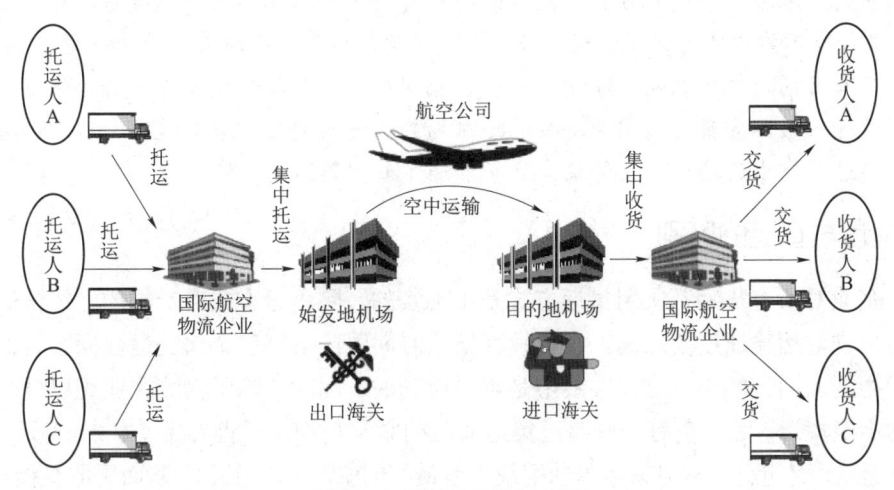

图 4-1　国际航空集运流程

集运操作流程主要包括但不限于以下活动。

1. 出口集运操作流程主要步骤

（1）完成多个托运人货物的集拼、订舱配载操作。

（2）签发分运单给多个托运人，制作总运单与集运舱单。

（3）与机场货运站妥善交接集运货物与文件，配合装箱或装板。

（4）当货物需入库储存时，物流中心提供出口前的仓储和相关物流服务。

（5）办理集运货物出口报关（报检）手续。

（6）向目的地物流企业传输集运文件和起运航班报告，并返退有关单证给托运人。

（7）正确核算集运收入、成本与利润。

2. 进口集运操作流程主要步骤

（1）从始发地物流企业接收集运文件和起运航班报告。

（2）办理集运货物进口报关（报检）手续。

（3）将集运货物从机场货运站提回物流中心；将大宗货物在货运站先分拆然后直接送货到收货人指定地点。

（4）在物流中心分拆集运货物并交货给各收货人。

（5）当货物需入库储存时，物流中心提供交货前的仓储和相关物流服务。

（6）运费到付方式下，按有关规定分别向临时客户、固定客户妥善结算运费。

小资料

集运方式对货物的限制

并不是所有的货物都适合采用集运方式。物流企业把多个托运人的货物集拼在一张总运单项下运输，航空公司则用同样的方式处理它们，一般来说不可能对同一张总运单项下的货物采取不同的处理方式。因此须特殊处理的特种货物（如活体动物、鲜活易腐货物、贵重物品、危险品等）不能以集运方式空运，采取直接托运的方式更合适甚至是唯一的选择。此外，在实践中只有目的地机场相同、收货人地域也相同或相近的货物才适宜集运，收货人地域不同或相距过远一般不宜集运。因为从目的地机场到收货人的交货成本过高，地面运输成本的增幅可能超过了空中运输成本的降幅，从而削弱了航空集运的经济性。

4.1.3 集运与直运的区别

物流企业对所有货物都采用集运方式是不现实的，除集运方式对货物的上述限制外，还由于空运货物对运输速度要求高，在比较严格的时间限制下，完全保证运往同一目的地机场的多批货物赶上同一航班，这在实践中是难以做到的。因此，除了物流企业难以处理的部分特种货物不能集运，还难免有一些错过集运航班的紧急货物，不能久等（如2～3天）拖延到下一个集运航班才起运，这时只能单独配载当前最早的航班（如当天），从而采取直接托运（简称直运，也称为单独托运）的方式。集运与直运的主要区别如下。

1. 集运

（1）多个货主（实际托运人）向物流企业托运，由物流企业集拼货物后再向航空公司集中托运，货主的承运人是物流企业（当事人型），而非航空公司。

（2）货主领取的运单为分运单，由物流企业签发；分运单的托运人栏和收货人栏分别填写实际托运人和实际收货人，而总运单的托运人栏和收货人栏分别填写始发地和目的地的物流企业。

（3）集运的货物大部分为普通货物。

2. 直运

（1）单个货主（实际托运人）向物流企业托运，由物流企业代理订舱等事务后向航空公司单独托运，通常货主的承运人是航空公司，而非物流企业（代理人型）。

（2）货主领取的运单通常为总运单，由航空公司签发或授权物流企业代理签发；总运单的托运人栏和收货人栏分别填写实际托运人和实际收货人。

（3）直接托运的货物通常是错过集运航班的紧急货物，以及物流企业难以处理的部分特种货物。

直运与集运的主要区别如表 4-1 所示。

表 4-1　直运与集运的主要区别

对比项	直运（单独托运）	集运（集中托运）
货主的承运人	航空公司	物流企业
货主领取的运单	总运单	分运单
货物类型	错过集运航班的紧急货物、物流企业难以处理的部分特种货物	大部分为普通货物

4.1.4 集运文件

1. 分运单（HAWB）

物流企业受理托运时，须给托运人一个凭证，这个凭证就是分运单，也是物流企业作为"无机承运人"与托运人之间运输合同的证明、货物收据、费用结算凭证。分运单的托运人栏和收货人栏上分别填写实际托运人和收货人。

分运单一般不超过十联，正本联通常包括托运人联、承运人联、收货人联，另有多份副本联备用，份数和构成比总运单简单一些。

2. 总运单（MAWB）

航空公司接收集运货物时，须给物流企业一个凭证，这个凭证就是总运单，也是航空公司作为"有机承运人"与物流企业之间运输合同的证明、货物收据、费用结算凭证。总运单的托运人栏和收货人栏分别填写始发地物流企业和目的地物流企业。

可见，物流企业具有双重身份，对于实际托运人它是承运人，对于航空公司它成了托运人。

HAWB 与 MAWB 的流转过程如图 4-2 所示。

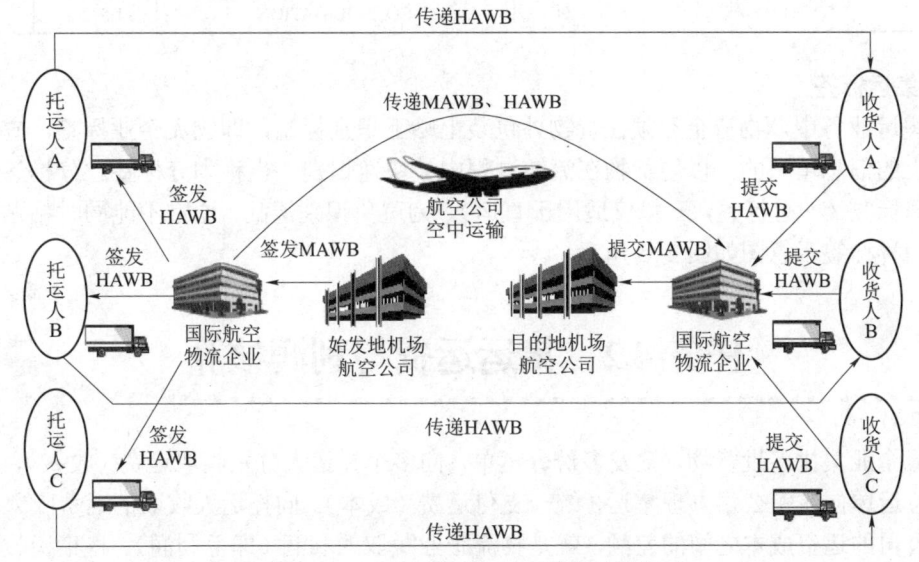

图 4-2 HAWB 与 MAWB 的流转过程

物流企业通常将一票集运货物的全部 HAWB 装在专用文件袋内并附在 MAWB 后面，随货传递给目的地物流企业供提货、报关与拆分交货时使用。随着无纸化和 EDI 应用的发展，不少物流企业传递的运单和有关文件以电子文件代替了传统纸质单据，只要目的地报关手续不要求提供纸质正本单据。此外，集运方式下总运单的"Nature and Quantity"（货名和数量）栏内一般只需填写"CONSOLIDATION AS PER ATTACHED MANIFEST"，表示"集运详见随附舱单"，而无须详细列明每一项货物名称。

3. 集运舱单

由于 MAWB 无须详细列明货名，而是通过随附的集运舱单申报总运单项下每份分运单包含的全部货物，因此集运舱单通常是开展集运业务的必备文件，如表 4-2 所示。

表 4-2 集运舱单

CONSOLIDATION MANIFEST					
CONSOLODATOR	GUANGZHOU SKYSTAR AIR FORWARDING CO.,LTD.				
AIRLINE	AIR CHINA		MAWB NO.	999- 8688 9699	
FLIGHT NO.	CA3212		FLIGHT DATE	28DEC2016	
ORIGIN PORT	CAN		DEST PORT	FRA	
HAWB NO.	DEST CODE	NOP	NATURE OF GOODS	GW(kg)	VW(kg)
88213451	FRA	8	GARMENTS	120.0	156.0
88213452	FRA	6	PARTS FOR SHOES	72.0	82.0
88213453	CGN	2	MEDICAL INSTRUMENTS	188.5	86.0
88213454	FRA	14	TOYS	140.0	198.0
88213455	FRA	20	PLASTIC SHEETS	200.0	155.5
88213456	MUC	8	CERAMICS	168.0	200.0
88213457	FRA	6	GARMENTS	98.0	116.0
88213458	FRA	20	SHOES	325.5	340.0
88213459	FRA	5	DECORATIVE LAMPS	72.0	250.0
88213460	FRA	9	MACHINERY PARTS	188.5	90.5
TOTAL		98	CONSOLIDATION	1 572.5	1 674.0

4. 集运标签

在集运业务中，物流企业须在货物外包装上贴上识别标签，即物流企业标签，它是根据分运单上的信息填写的，以便货物在流转过程中被快速识别，也称为分标签。分标签不同于航空公司标签（即总标签，一般仅适用于直运），为避免识别混乱，通常不能同时粘贴这两种标签。两种标签示意图如图 2-5 所示。

任务 4.2　集运运费与利润核算

物流企业集拼多批货物，签发多份分运单，向多个托运人分别收取运费（收入），然后采用一份总运单向航空公司办理集运，统一支付运费（成本）。向托运人收取的运费收入与支付给航空公司的运费成本之间的差额，就是物流企业赚取的利润（即毛利润）。将集运收入最大化、集运成本最小化，则集运利润可最大化。

国际空运以承运普通货物为主，适合集运的货物也多为普通货物，集运运费收入与集运运费成本的核算一般适用普通货物运价（GCR），因此物流企业与重点客户之间的协议运价、与航空公司之间的协议运价也是以普通货物运价为基础的优惠运价。

4.2.1　集运收入核算

运费收入取决于运价和重量两个变量。

在运价方面，物流企业向市场公布自己的运价，同时与重点客户签订协议并适用协议运价。

在重量方面，物流企业遵循 IATA 的计费重量规则，分别计算货物毛重与体积重量，再取高者作为计费重量。

此外，按照行业惯例物流企业须收取一些合理的附加费，主要有燃油附加费，有的还收取运单费、运费到付手续费等，但在下面的例 4-1 中暂不涉及。

4.2.2 集运成本核算

在运价方面，物流企业与航空公司签订协议并适用协议运价。

在重量方面，遵循 IATA 对集中托运的计费重量规定：分别计算集运货物总毛重与总体积重量，再取高者作为总计费重量。

此外按照行业惯例，航空公司须另外收取燃油附加费，有的还收取运单费等，在下面的例 4-1 中暂不涉及。

4.2.3 集运利润核算

集运利润核算的公式为：集运利润=集运收入-集运成本。

下面通过例 4-1 介绍集运收入、成本与利润的核算。

[例 4-1]

有 4 个托运人同一天委托某物流企业从北京（PEK）各空运一票普通货物至法兰克福（FRA），货物重量和适用运价分别如表 4-3～表 4-5 所示。计算集运总收入（为便于讲解忽略附加费收入）。

表 4-3 货物毛重与体积重量

序号	分运单号 HAWB NO.	货物件数 NOP	货物毛重 GW/kg	体积重量 VW/kg
1	98224321	8	100.0	50.0
2	98224322	10	100.0	250.0
3	98224323	16	280.0	380.0
4	98224324	20	420.0	300.0

表 4-4 物流企业与托运人之间适用运价

WEIGHT BREAK	\multicolumn{7}{c}{GENERAL CARGO RATE, FROM CAN TO FRA}
	M	N	+45	+100	+300	+500	+1 000
CNY/kg	320.00	45.50	38.00	36.00	34.00	33.00	31.00

表 4-5 物流企业与航空公司之间的协议运价

WEIGHT BREAK	\multicolumn{7}{c}{GENERAL CARGO CONTRACT RATE, FROM CAN TO FRA}
	M	N	+45	+100	+300	+500	+1 000
CNY/kg	—	—	35.05	33.60	31.80	30.00	28.20

[解]

（1）总收入。

Total Income=（100+250）×36.00+（380.0+420.0）×34.00=39 800.00（CNY）

（2）总成本。

TGW=100.0+100.0+280.0+420.0=900.00（kg）

TVW=50.0+250.0+380.0+300.0=980.0（kg）

由于 TVW>TGW，所以 TCW=980.0（kg）

EP =（1 000.0×28.20）/30.00=940.0（kg）

由于 TCW>EP 所以 TCW=1 000.0，AR=CNY28.20/kg

Total Cost = 1 000×28.20=28 200.00

（3）总利润。

Total Profit=39 800.00−28 200.00=11 600.00（CNY）

4.2.4　集运利润来源分析

1. 集运利润的三个层次

实践中，物流企业通过开展集运业务可赚取三个层次的利润，层层递进、逐层深入。

（1）第一层利润。一般情况下，物流企业通过集拼多个托运人货物即可赚取到第一层利润——"规模利润"，来自两部分：第一部分是航空公司基于对物流企业货量规模的预期而提供的运价折扣；第二部分是由于货物被集拼后总计费重量明显增加，集运成本适用的运价明显降低，即使不存在"密泡组合"，这种规模效应也同样存在，假设例 4-1 中全是密货或全是泡货，则集运成本的总计费重量为 1 150.0 kg（100.0+250.0+380.0+420.0），这时集运成本的运价已经降到 CNY28.20/kg，明显低于向托运人收取运费时的适用运价 CNY34.0/kg 和 CNY32.0/kg。

（2）第二层利润。在例 4-1 中，由于"密泡组合"的存在，物流企业可赚取到第二层利润——"密泡组合利润"。由于 MAWB 总计费重量为 980.0 kg，远小于 HAWB 计费重量之和 1 150 kg，也就是说物流企业支付成本的重量明显低于物流企业获取收入的重量，这无疑大幅提高了集运利润。

（3）第三层利润。在特殊情况下，物流企业还可以赚取到第三层利润——"EP 利润"，即应用计费重量的经济分界点获取的利润。例 4-1 正是如此，通过计算可知 TCW 980 kg 超过 EP，则适用 1 000 kg 的运价可更节省成本。

2. 集运利润的主要来源：重量差

小资料

"密泡组合"产生重量差

总计费重量对集运成本的核算具有决定性影响。集运成本的总计费重量就是 MAWB 上的计费重量，而集运收入的总计费重量就是所有 HAWB 上的计费重量之和。需要特别注意的是，在很多情况下 MAWB 计费重量并不等于 HAWB 计费重量之和，这是因为集运货物当中既有 GW>VW 的"密货"，也有 GW<VW 的"泡货"。比如在例 4-1 业务中第 1 票和第 4 票是密货，第 2 票和第 3 票是泡货，这种密泡货并存的情况称为"密泡组合"。由于 IATA 规定在集运总毛重与总体积重量之间取高者作为总计费重量，当集运货物存在"密泡组合"的

情况下，必然出现 MAWB 计费重量＜HAWB 计费重量之和，这就为物流企业创造了可观的利润空间，例 4-1 中 MAWB 计费重量为 980 kg，但 HAWB 计费重量之和为 1 150 kg，也就是说物流企业向航空公司支付成本的重量明显小于他向托运人计收运费的重量。

3. "密泡组合"重量差原理

比较分析表明，"密泡组合"因素对集运利润的贡献最大，这是因为在集运总计费重量的规则下，既有密货也有泡货的组合巧妙地"压缩"了总计费重量，在集运收入 TCW 与集运成本 TCW 之间产生了可观的重量差。下面通过例 4-2 阐述"密泡组合"重量差原理。

[例 4-2]

A、B 两个客户同一天委托某物流企业各空运一票普通货物至国外同一目的地，货物 A 为密货，重量：GW=100 kg，VW=50 kg。货物 B 为泡货，重量为 GW=50 kg，VW=125 kg。如图 4-3 所示。

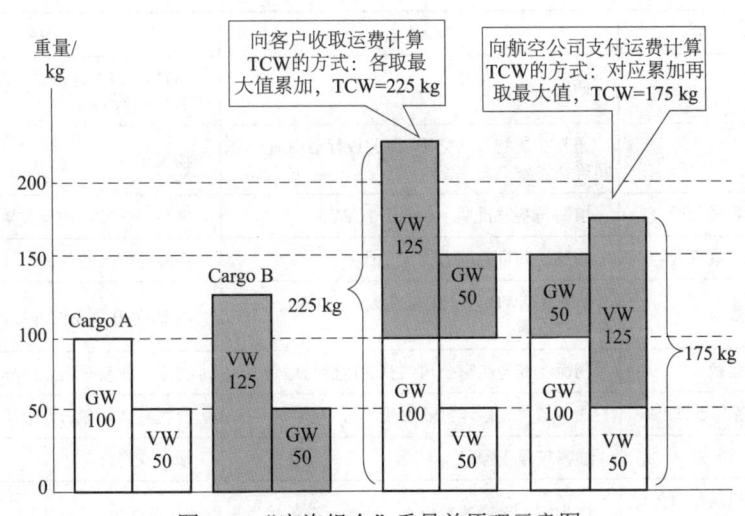

图 4-3 "密泡组合"重量差原理示意图

（1）物流企业向两个客户收取运费时核算计费重量的方式是各取最大值累加：

货物 A：由于 GW＞VW，所以 CW = GW = 100 kg

货物 B：由于 VW＞GW，所以 CW = VW = 125 kg

TOTAL CW = 100 kg + 125 kg = 225 kg

即物流企业总共向客户收取了 225 kg 货物的运费（集运收入）。

（2）物流企业向航空公司支付成本时核算计费重量的方式是对应累加再取最大值：

TOTAL GW = 100 kg + 50 kg = 150 kg

TOTAL VW = 50 kg + 125 kg = 175 kg

由于 TOTAL VW＞TOTAL GW，所以 TOTAL CW = TOTAL VW = 175 kg

即物流企业总共向航空公司支付了 175 kg 货物的运费（集运成本）。

集运收入 CW 与集运成本 CW 之间产生了 50 kg 的重量差，就计费重量而言物流企业"净赚"了 50 kg，其根本原因是两种计费重量的计算方式不同。

任务 4.3　集运运单填制

一方面物流企业作为承运人签发多份分运单，向各托运人收取运费；另一方面作为托运人采用一份总运单，向航空公司支付集运成本，物流企业在双重身份之间的转换决定了分运单与总运单填写规范的不同。

4.3.1　分运单与总运单对比

分运单与总运单对比，不同之处主要包括运单的填写签发、收发货人、运价运费、货物信息等方面。表 4-6 是分运单与总运单的主要异同点。

表 4-6　分运单与总运单的主要异同点

对比项		MAWB	HAWB
主要不同点	填写	通常由物流企业填写	通常以 SLI 为依据、由物流企业以托运人的名义代为填写
	签发	通常在货物入站交接、海关放行后由航空公司确认签发	物流企业
	填写与签发日期	填写与签发日期一般迟于 HAWB	填写与签发日期一般早于 MAWB
	托运人与收货人	始发地和目的地的物流企业	实际托运人与收货人
	货物件数与重量	所有 HAWB 项下的总件数、总毛重、集运总计费重量	本 HAWB 项下的件数、毛重、计费重量
	运价与运费	物流企业与航空公司结算的运价与运费	物流企业与托运人结算的运价与运费
	货物品名、尺寸或体积	通常填"集运详见随附舱单"、总体积	货物具体品名、详细尺寸
	运费支付方式	通常仅限于预付	预付或到付
主要相同点	始发地机场与目的地机场	作为空中运输的起止点，两种运单的始发地机场与目的地机场相同	
	航空公司及航班	承载该批货物的航空公司、航班及执飞日期相同	

4.3.2　分运单填写

航空运单各栏目的填写规范已在项目 3 中详细介绍，在此以例 4-1 中 HAWB98224323 为例，重点介绍分运单第 22 栏（货物综合栏）的填写方法，如表 4-7 所示。

表 4-7　HAWB98224323 第 22 栏的填写

No. of Pieces RCP	Gross Weight	kg lb	Rate Class / Commodity Item No.	Chargeable Weight	Rate Charge	Total	Nature and Quantity of Goods（incl. Dimensions or Volume）
16	280.0	K	Q	380.0	32.00	12 160.00	TOYS DIMS:50×50×57(CM)×16

4.3.3 总运单填写

总运单虽然由航空公司颁布，但是在实践中航空公司通常授权物流企业代为填写，通常在货物入站交接、海关放行后由航空公司确认签发。航空运单各栏目的填写规范已在项目 3 中详细介绍，在此以例 4-1 集运四票货物的 MAWB 为例，重点介绍总运单第 22 栏的填制方法，如表 4-8 所示。

表 4-8　MAWB 第 22 栏的填写

No. of Pieces RCP	Gross Weight	kg lb	Rate Class	Chargeable Weight	Rate Charge	Total	Nature and Quantity of Goods（incl. Dimensions or Volume）
			Commodity Item No.				
54	900.0	K	Q	1 000.0	25.20	25 200.00	CONSOLIDATION AS PER ATTACHED MANIFEST VOL:5.880CBM

注：本批集运货物应用了 EP，因此适用较高分段重量 1 000 kg 及集运成本运价 CNY25.20/kg。

任务 4.4　包箱板运输

4.4.1 包箱板运输的概念

包箱板运输，是指国际航空物流企业（也通常为当事人型）根据货物运量在一定时间内单独占用、承包一定数量的集装箱或集装板的货舱，而航空公司采取专门措施对此予以保证的一种特殊的业务方式。集装箱和集装板是航空集装器的主要类型，包箱板也称为包集装器、包 ULD。

包箱板运输是中大型、特大型物流企业和航空公司之间常见的集运方式，尤其适合在热门、主干航线或业务旺季时开展。相比之下，中小型物流企业货量相对较小且不稳定，包箱板较难成为常规性业务。

包箱板运输可分为硬包和软包。硬包指承包人无论向航空公司是否交付货物，承包人都必须支付合同规定的运费的包箱板方式。软包指承包人在航班执飞前的约定时间内（如 72 小时内）如果没有确定交付货物，则航空公司可以自由销售舱位的包箱板方式，但航空公司通常对软包的总量有所控制。

4.4.2 集装器介绍

小资料

空运集装器的作用

将一定数量的单位货物装入空运集装箱内或集装板上，形成运输和操作单元，主要有以下益处：① 减少货物装卸时间，显著提高搬运效率；② 减少货损货差，提高货物完好率；③ 有利于开展包运业务，提高包运操作效率；④ 有利于组织联合运输；⑤ 在一定程度上可节省货物包装材料及其费用。

1. 集装器的种类

空运集装器英文为 Unit Loading Device，简称 ULD。集装器被视为飞机构造中可装拆的一部分。飞机货舱的地板一般配置了滚轴和叉眼装置，可使集装器平稳地进入货舱并被牢牢地固定在舱内。由于集装器是飞机构造的一部分，因此集装器的规格型号有严格的规定。

集装器按结构通常分为集装箱、集装板、集装棚。

（1）集装箱。包括主舱集装箱、下舱集装箱和联运集装箱。前两种集装箱顾名思义，主要适用于飞机的主舱和下舱，常用型号（部分）主要有 AKE、ALF、RKN、AMA 等，如图 4-4 所示。

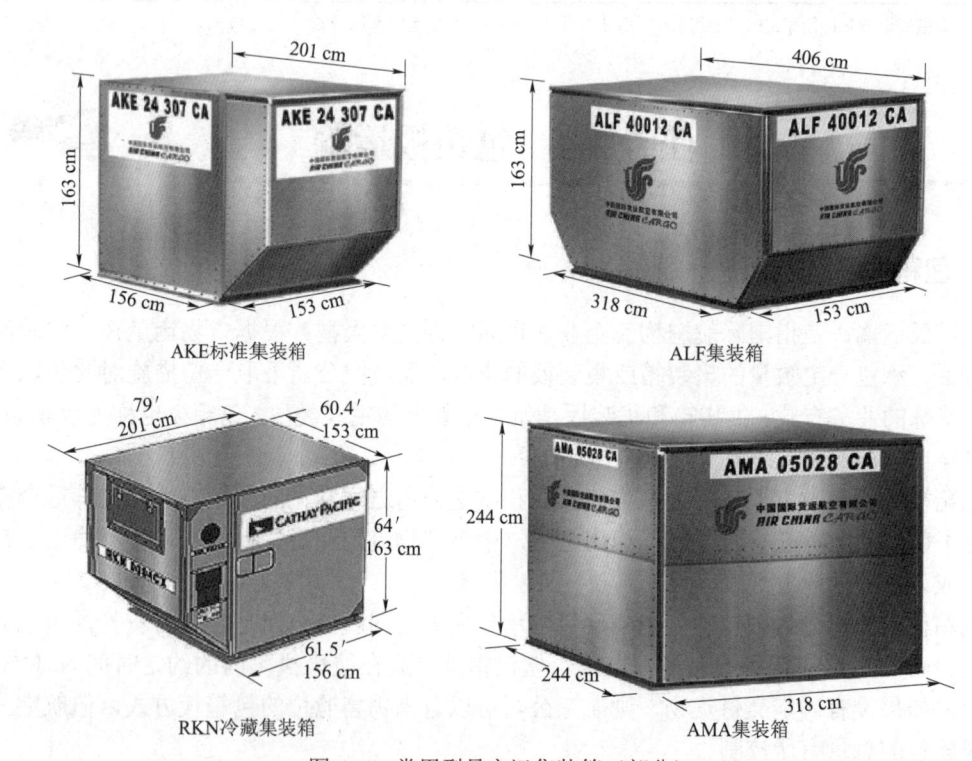

图 4-4 常用型号空运集装箱（部分）

联运集装箱分为 20 英尺型和 40 英尺型，高和宽为 8 英尺，只能装于全货机的主舱，用于陆空、海空联运。此外还有一些特殊用途的集装箱，如冷藏集装箱，常用型号为 RKN；还有空运活体动物和特种货物的专用集装箱，如马厩（Horse Stall）、牛栏（Cattle Stall）等。

（2）集装板。集装板是一种集装空运货物的托盘，具有标准尺寸，四边带有卡锁轨或网带卡锁眼，有中间夹层，通常由硬铝合金制成。此外网套是集装板的重要组成部分，与卡锁装置共同固定集装板上的货物。常用型号（部分）主要有 PAG、PMC、PGA 等，如图 4-5 所示。其中，集装板的高度通常可调整，分为低板（163 cm）、中板（244 cm）和高板（300 cm）。

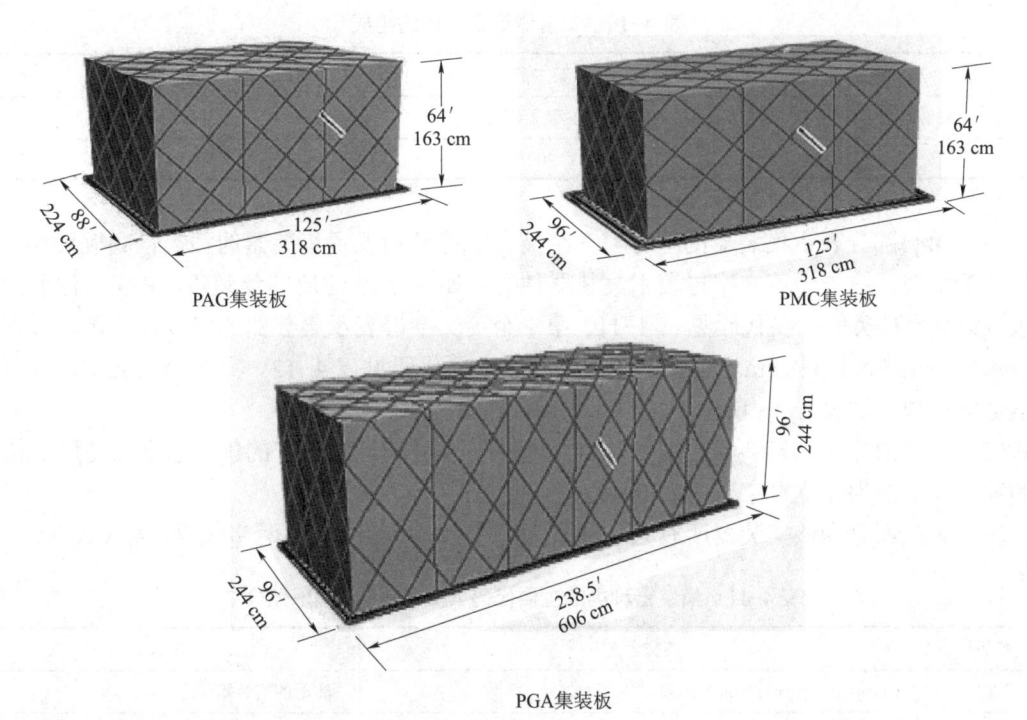

图 4-5 常用型号空运集装板（部分）

部分常用型号集装器的参数如表 4-9 所示。

表 4-9 常用型号集装器（部分）的参数

集装器代码	底板尺寸/cm	高度/cm	自重/kg	最大毛重/kg	最大容积/m³	与飞机的适配性
AKE (LD3)	153×156	163	80	1 588	4.3	宽体机下舱
ALF (LD6)	153×318	163	159	3 175	8.9	宽体机下舱
RKN	153×156	163	257	1 588	3.0	宽体机下舱
AMA	244×318	244	379	6 804	17.5	B747 系列等货机主舱
PAG	224×318	低 163 中 244 高 300	125	6 804	—	宽体机下舱、747 系列等货机主舱与下舱
PMC	244×318		135	6 804	—	宽体机下舱、747 系列等货机主舱与下舱
PGA	244×606		480	13 608	—	B747 系列等货机主舱

2. 集装器的识别代码

根据 IATA 规定，集装器的识别代码由三部分组成，如表 4-10 所示。

表 4-10 集装器识别代码的组成

第一部分			第二部分	第三部分
集装器型号代码			集装器编号	集装器所有人代码
A	L	F	40012	CA

（1）第一部分表示集装器的型号，三个英文字母分别表示集装器的种类、底板尺寸、集装器适配机型。第一个英文字母表示集装器种类，如 A 表示注册的集装箱，P 表示注册的集装板。集装器种类的主要代码见表 4-11。第二个英文字母表示集装器的底板尺寸，如 L 表示底板尺寸为 153 cm×318 cm。集装器底板尺寸的主要代码见表 4-12。第三个英文字母表示集装器适配机型，如表 4-13 所示。

（2）第二部分表示集装器的编号。自 1996 年 10 月起，新生产的集装器全部使用 5 位数字的编号（此前为 4 位数字），如 40012。

（3）第三部分为该集装器所有人（通常为航空公司）的 IATA 两字代码，如 CA。

表 4-11 集装器种类的主要代码（集装器代码第一位）

代码	英文含义	中文含义
A	Certified Aircraft Container	注册的集装箱
B	Certified Main Aircraft Container	注册的主舱集装箱
D	Non-Certified Aircraft Container	非注册的集装箱
E	Non-Certified Main Aircraft Container	非注册的主舱集装箱
F	Non-Certified Aircraft Pallet	非注册的集装板
G	Non-Certified Aircraft Pallet Net	非注册的集装板网套
H	Horse Stall	马厩
J	Thermal Non-structural Igloo	非结构保温集装棚
K	Cattle Stall	牛栏
M	Thermal Non-structural Aircraft Container	非注册的保温集装箱
N	Certified Aircraft Pallet Net	注册的集装板网套
P	Certified Aircraft Pallet	注册的集装板
R	Thermal Certified Aircraft Container	注册的保温集装箱
U	Non-structural Igloo	非结构集装棚
V	Automobile Transport Equipment	汽车运输设备
XYZ	Reserved For Airline Use Only	仅供航空公司留用

表 4-12 集装器底板尺寸的主要代码（集装器代码第二位）

代码	底板尺寸/cm	代码	底板尺寸/cm	代码	底板尺寸/cm
A	224×318	G	244×606	M	244×318
B	224×274	H	244×913	N	156×244
E	224×135	K	153×156	P	120×153
F	244×299	L	153×318	Q	153×244

表 4-13 部分集装器与部分机型的适配（集装器代码第三位）

机型与舱位	A	C	E	F	G	J	N	P
B747-F 主舱	●	●		●	●		●	●
B747-F 下舱		●	●	●	●		●	●
B747 下舱		●	●	●	●		●	●
B767 下舱			●		●	●		
B777 下舱		●	●		●	●	●	
A330 下舱		●	●		●	●	●	
A340 下舱		●	●		●		●	
集装器型号举例	PGA AMA	PMC	AKE	ALF	PAG	HMJ	RKN	AMP

注：符号 ● 表示集装器与该型号飞机舱位适配。

4.4.3 集装器与飞机货舱的适配

1. 货舱与舱门布局

以货机主力机型 B747-400F 为例，货舱分为主货舱和下货舱，前者载重和空间较大，后者载重和空间较小。主货舱有两个舱门，一个是主货舱侧门，位于机身中后部左侧；另一个是主货舱鼻门，位于机头，为掀罩式。下货舱有 3 个舱门：前下货舱门、后下货舱门和散货舱门。主货舱两个舱门均明显大于下货舱 3 个舱门，以便装载大宗货物。图 4-6、图 4-7 分别是 B747-400F 货舱与舱门布局图、B747-400F 主货舱与下货舱图。

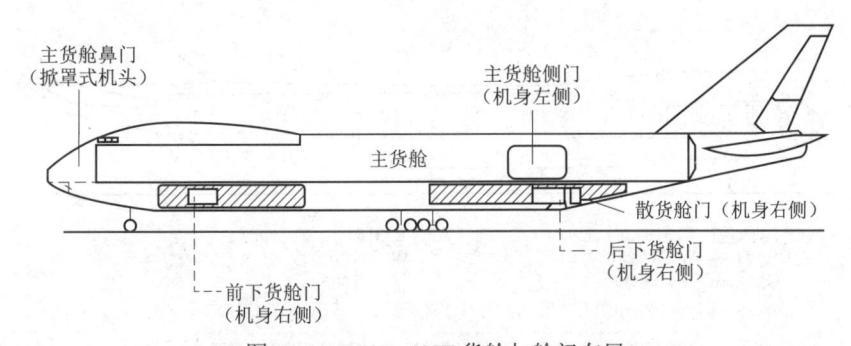

图 4-6 B747-400F 货舱与舱门布局

图 4-7 B747-400F 主货舱与下货舱

2. 集装器与舱位的适配

集装器与舱位适配的基本思路，一是能否入门，二是舱决定板，三是先底后高。

下面以常见货机 B747-400F 主舱（如图 4-8 所示）为例，分析 PMC 和 PAG 两种常用集装板（见图 4-5）与该机型的适配问题。

（1）能否入门。以尺寸较大的 PMC 板和 B747-400F 最大的主舱门为例，该机型主舱门尺寸为 340 cm×305 cm（见表 1-7），PMC 板入舱门最大尺寸为 318，高度可调，因此该机型对 PMC 板可收货入舱。PAG 板同理。

（2）舱决定板。以 A-B 舱为例，根据图 4-8 舱位参数（318 cm×224 cm×244 cm），决定集装板的型号选择；根据 A-B 舱的舱位数，确定集装板的适配数量为 3 个。

（3）先底后高。根据集装板底板的尺寸（318 cm×224 cm），A-B 舱选择 PAG 板（而不是 PMC 板），再根据 A-B 舱的高度（244 cm）确定：A-B 舱适配 3 个 PAG 中板。其他舱位的适配以此类推。

（4）总体适配方案：A-B 舱适配 3 个 PAG 中板；C-D 舱适配 4 个 PMC 中板；E-T 舱适配 22 个 PMC 高板；PL 舱适配 1 个限高 287 cm 的 PMC 板。

注意，C 至 S 舱为双舱（R 舱为右舱，L 舱为左舱），T 舱为尾舱，PL 舱对应主舱门位置，须限高 287 cm。

当然，在实践中必须考虑另一项非常重要的工作——控制飞机的整体载重和平衡，且货机和客机（与旅客座位安排密切相关）的要求存在显著差异，因载重平衡所涉技术较为复杂，在此不做详细介绍。

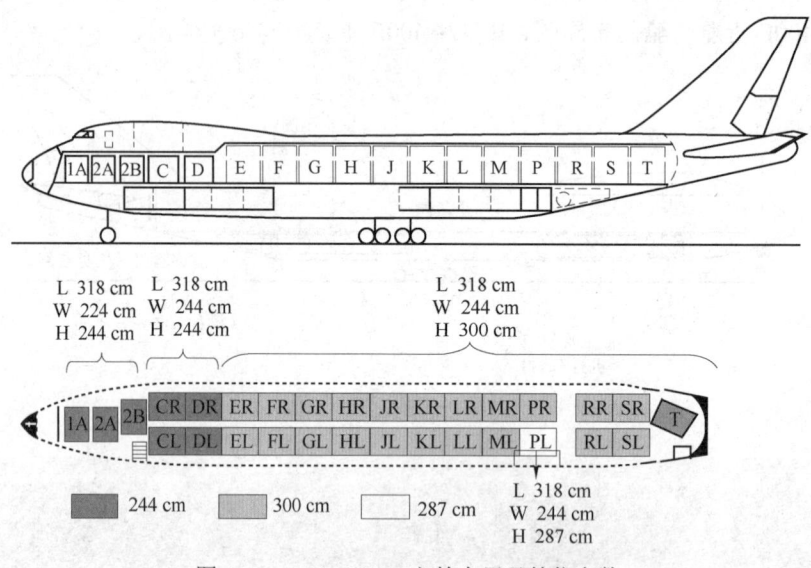

图 4-8 B747-400F 主舱布局及舱位参数

4.4.4 包箱板运输实务

1. 包箱板的业务优势

物流企业开展包箱板业务，独立自主地完成货物集装工作，具有以下几方面的业务优势。

（1）包箱板方式在较大程度上确保了舱位资源。在包运方式下，物流企业可从航空公司预先提取约定数量的集装器，这就等于已经向航空公司提前预订了这些集装器占用的舱位，也就无须再向航空公司专门订舱，只需在约定时间内向航空公司发出集装器实际使用情况预报。同时，固定支付箱板承包费的成本压力，无形中转化为物流企业开发业务的动力。

（2）包箱板方式可充分发挥物流企业的技术优势，通过提高箱板集装的科学性、合理性，优化集运货物的密泡组合，使集装器利用率最大化，从而实现利润最大化。

（3）在包箱板方式下，物流企业在始发地与目的地之间以集装器为运输与操作的单元进行货物交接，流转独立，流程简化，有效避免了不同总运单项下的货物混乱交错的情况，运输的安全性和可靠性得到了充分保障。

2. 包箱板运输合同

包箱板必须签订承包合同，通常一式多份，规定合同内容时应注意以下几点。

（1）除不可抗力因素外，合同双方应当履行包箱板合同规定的各自承担的责任和义务。

（2）承包人保证交运的货物没有夹带危险品、政府禁运品和限运品。

（3）无论何种原因，一方不能如期履行合同时，应及时通知对方。

（4）关于集装器的使用限制，应当事先在合同中规定。

3. 包箱板运费

包箱板方式下，收入性运费的核算与集运方式是一致的，即物流企业向客户计取运费的方式相同，但是成本性运费的核算和集运方式不同，航空公司向物流企业计收包箱板运费的方式要简单得多。集运方式下航空公司按照总计费重量和协议运价计算运费，而包箱板方式下以集装器为计费单位，按照每种集装器的承包运价和数量计算运费，在不超出集装器载重和容积定额的前提下，物流企业必须向航空公司支付合同约定的承包运费，即使承包的集装器载重或容积定额未被用完。可见，优化货物集装方法、使集装器利用率最大化，对物流企业控制箱板数量和包运业务成本是很重要的。

4. 包箱板运单

包箱板方式下，一方面物流企业向多个托运人签发分运单，另一方面航空公司向物流企业签发总运单。对比包箱板方式和集运方式的运单，两种分运单的填写规范是一致的，但是总运单的填写有所不同，主要体现在货物综合栏。

包箱板方式下，可能一个集装器使用一张总运单，也可能几个集装器共用一张总运单，视物流企业使用同一天同一个航班承运的货量而定。对航空公司而言，在同一天同一个航班中，只要在始发地是同一个物流企业托运、在目的地是同一个物流企业（或其代理）收货的箱板，就是同一票货，使用一张总运单即可。

同理，物流企业承包的箱板数量就是总运单上的件数，而不是箱板所装货物的具体件数，因为包箱板业务是以集装器为运输单元进行交接的。此外，货物综合栏只需填写总毛重（飞机载重平衡所需数据）、总运费、货名与数量。

总的来说，包箱板总运单的填写需注意以下几点。

（1）只填写一个托运人（始发地物流企业）和一个收货人（目的地物流企业或其代理）。

（2）操作信息（Handling Information）栏一般需注明包箱板信息，包括数量和集装器，如"CHARTERING 5 AKE CONTAINERS""CHARTERING 3 PAG PALLETS"。

（3）货物件数（No. of Pieces）栏填写物流企业交运的集装器总数量。

（4）毛重（Gross Weight）栏填写包箱板货物的总毛重（不含箱板重量）。

（5）总运费（Total）栏填写包箱板的总运费，以箱板承包单价和数量相乘。

（6）货名与数量（Nature and Quantity of Goods）栏内一般只需填写"CHARTERING ULD AS PER ATTACHED MANIFEST"，表示"包集装器详见随附舱单"（包运舱单与集运舱单基本一致，见表4-2），而无须详细列明每一项货物名称，也无须填写总体积（计算包箱板运费时无须用到）。

5. 包箱板操作注意事项

（1）物流企业自装自拆集装器。在始发地物流企业自行装箱装板，在目的地物流企业自行拆箱拆板。因此，物流企业需对货物的件数和外包装状况负责，航空公司对运输过程中发生的货损货失不承担责任，除非能证明损失是由于航空公司自身原因造成的。

（2）每个集装器上仅拴挂或粘贴一张航空公司识别标签，标签上的运单号码为总运单号码。物流企业识别标签则粘贴于货物外包装，一般情况下集装器无须再拴挂或粘贴物流企业识别标签。

（3）尽可能将全部货物集装在包运的箱板里，如果配载同次航班的货量超出预期导致承包的箱板不够用，应第一时间向航空公司急调、补充集装器。如果剩余货物明显不足以装满一个集装器，可按集运方式将货物运至货运站交航空公司装箱装板，但在这种情况下也需尽早提前向航空公司发送订舱单。

（4）以行业实践情况看，包箱板业务一般只限于直达航班。

4.4.5 包箱板集装操作

1. 集装的依据

对集装器进行货物集装前，需全面分析所有待装货物的状况，根据重量、体积、包装材料、密泡程度等特征，货物运输要求等情况，紧密结合待用集装器的规格和参数，设计货物集装方案，如图4-9所示。

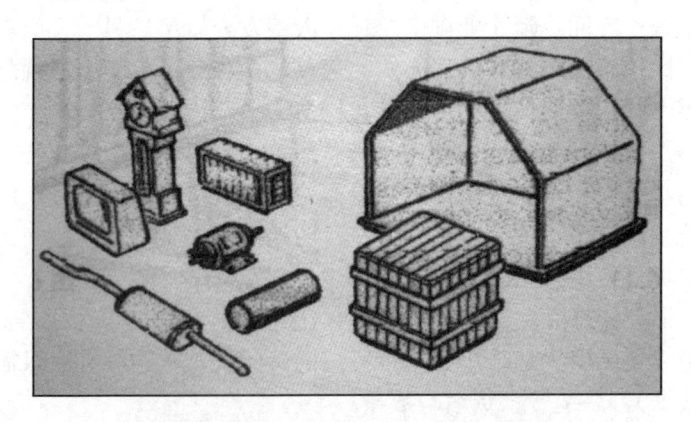

图4-9 设计货物集装方案示意图

2. 集装的一般原则

（1）体积和重量较大的货物通常应装集装板，体积和重量较小的货物装集装箱。

（2）将体积或重量较大的货物放在下面，并尽量向集装器中央集中码放，将小件和轻货在其周围码放。

（3）大不压小，重不压轻，木箱或铁箱不压纸箱。

集装原则如图4-10所示。

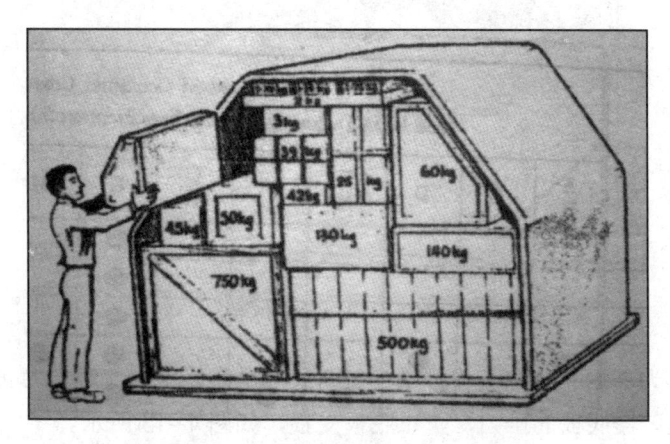

图4-10 按集装原则码放货物示意图

（4）应将集装箱内货物紧凑码放，在不过度挤压、不损坏货物的前提下，间隙越小越好。如图4-11所示。

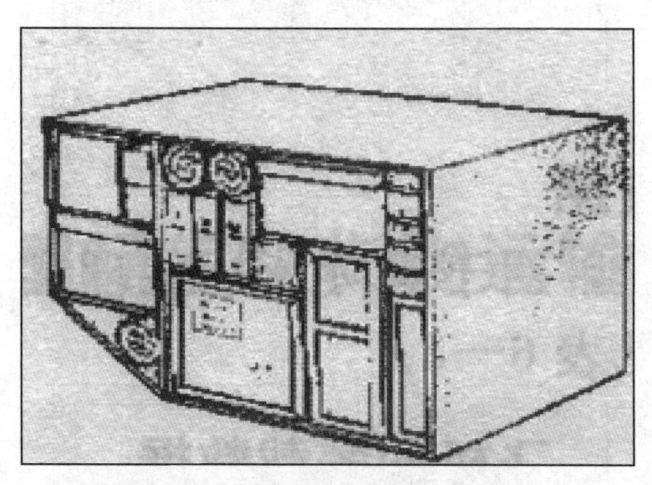

图4-11 在集装箱内紧凑码放货物示意图

（5）从方便与目的地物流企业拆分交货的角度来说，应将同一票货（同一分运单）集装在同一集装器上，避免分装在不同的集装器里。但是在整批货物中密货和泡货并存的情况下，宜采用组合式集装法，将同一票货分装在不同的集装器里，有利于降低箱板占用数量、节约包运成本。

3. 集装注意事项

（1）形状特异可能危害飞机安全的货物，应将其稳妥固定，可用填充物将集装器塞满，或使用绳带捆绑固定货物，以防货物损坏集装器甚至损坏飞机。

（2）当集装箱所装货物为单件、体积未达到箱容积的三分之二但重量达150 kg以上时，需对货物进行捆绑固定，可采用标准绳具将货物固定在集装箱卡锁轨里，如图4-12所示。

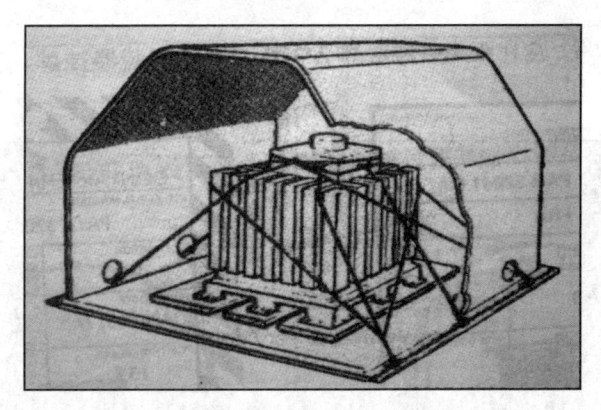

图 4-12　将货物捆绑固定在箱内示意图

（3）对于底部为金属、底部面积较小且重量较大的货物，必须使用垫板减小压强，以分散、减小货物对集装器底板的压力，防止底板受损，如图 4-13 所示。

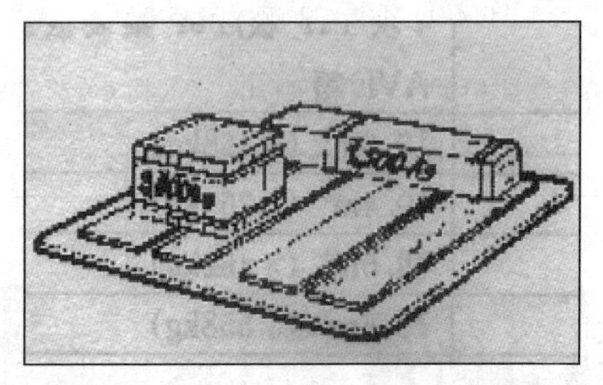

图 4-13　使用垫板减小货物对底板压力示意图

（4）装在集装板上的货物要紧凑，上下层货物之间要相互交错、骑缝码放，防止货物松散坍塌或滑落，如图 4-14 所示。

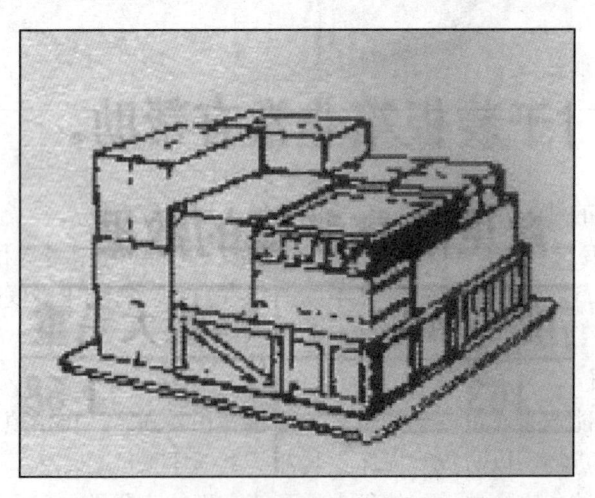

图 4-14　在集装板上骑缝码放货物示意图

（5）集装板上的小件货物，要装在其他货物的中间或恰当地予以固定，以防从网套或网眼中滑出。一块集装板集装两件或两件以上大件货物时，应紧邻码放，尽量减小货物之间的空隙。

4.4.6 集装箱利用率最大化

相对于集装板，集装箱装载货物的重量和容积有更严格的限制，在包箱费用固定的情况下如何使集装箱利用率最大化（利用率最高），无疑是一个具有重大意义的技术问题，直接关系到物流企业包运业务效益的高低。

以 AKE 标准集装箱为例。AKE 最大毛重为 1 588 kg，减去自重 80 kg，最大载重约 1 500 kg；最大容积为 4.3 m^3，但受立体梯形结构的限制，实际利用率难以达到 100%，实用箱容约 4 m^3。综上所述，AKE 集装箱的最大载重/实用容积为 1 500 kg/4 m^3。假设箱内全部货物总重量和总体积刚好是 1 500 kg 和 4 m^3，则利用率最高；或者已装满整箱的货物的密度和 AKE 的单位容重 375 kg/m^3 恰好相等，此时箱利用率实际上也达到了最高。

显然，整箱集装密货或整箱集装泡货都不是最佳选择，因为前者虽然用完了 1 500 kg 的载重定额，但是浪费了部分箱容空间，后者虽然用完了 4 m^3 的箱容空间，但是浪费了部分载重定额。下面对此举例说明。

［例 4-3］集装两票密度不同的普通货物，包箱型号为 AKE，已知 AKE 集装箱的最大载重/实用容积为 1 500 kg/4 m^3。货物 1 的重量/体积是 1 500 kg/3 m^3；货物 2 的重量/体积是 400 kg/4 m^3。请问怎样集装这两票货物，可使集装箱的利用率最大化？

分析：两票货的总量是 1 900 kg/7 m^3，显然，一个 AKE 不够用，两个 AKE 则有盈余。集装方案设计的关键是使第一个 AKE 利用率最高，则剩余货物对第二个 AKE 的占用量最小，从而使第二个 AKE 剩余的可装额度最高，使可继续集装其他货物的量达到最大，在这种情况下两个 AKE 的利用率实现了最大化。

依题意，货物 1 是密货、货物 2 是泡货，整箱集装货物 1 或整箱集装货物 2 都不是最佳方案，单一式集装如图 4-15 所示。

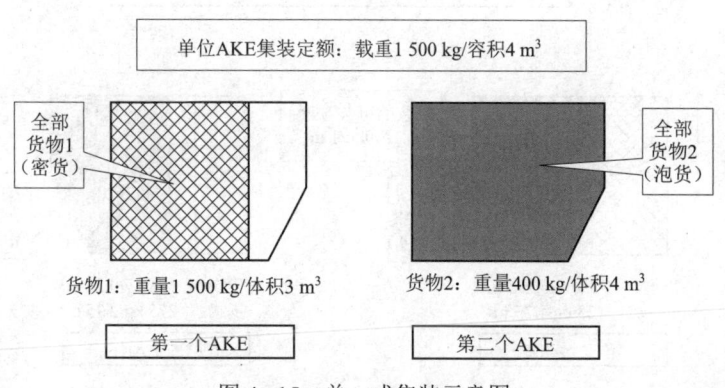

图 4-15 单一式集装示意图

图 4-15 显示，如果整箱集装货物 1，虽然恰好用完了 1 500 kg 的载重定额，但是浪费了 1 m^3 的箱容空间；如果整箱集装货物 2，虽然恰好用完了 4 m^3 的箱容空间，但是浪费了 1 100 kg 载重定额。可见，不宜采用单一式集装法，而需采用组合式集装法，即每箱同时集装部分货

物 1 和部分货物 2。

[解]

设：第一个 AKE 集装货物 1 和货物 2 的重量分别为 x_1 和 x_2。依题意，货物 1 和货物 2 的密度分别是 500 kg/m³ 和 100 kg/m³，则有方程组：

$$\begin{cases} \dfrac{x_1}{500} + \dfrac{x_2}{100} = 4 \\ x_1 + x_2 = 1\,500 \end{cases}$$

解方程组，$x_1 = 1\,375$，$x_2 = 125$。

第一个 AKE 集装货物 1 和货物 2 的重量分别为 1 375 kg，125 kg。

第二个 AKE 集装货物 1 和货物 2 的重量分别为 125 kg，275 kg。

根据以上重量和密度，可得货物体积的对应数。组合式集装方案的数据如表 4-14 所示，组合式集装法如图 4-16 所示。

表 4-14 组合式集装方案数据表

货物类型		第一个 AKE 集装量	第二个 AKE 集装量
货物 1	集装重量/kg	1 375	125
	占用容积/m³	2.75	0.25
货物 2	集装重量/kg	125	275
	占用容积/m³	1.25	2.75
合计	集装重量/kg	1 500	400
	占用容积/m³	4	3

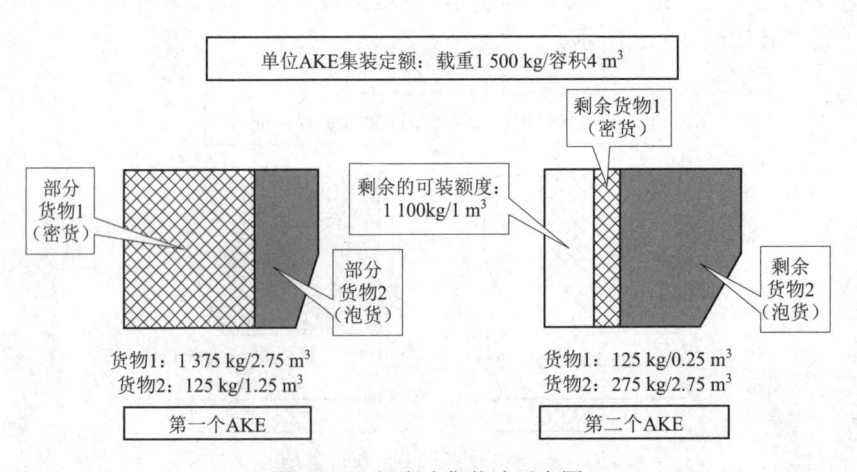

图 4-16 组合式集装法示意图

计算结果表明，第二个 AKE 剩余的可装额度为 1 100 kg/1 m³，也就是说组合式集装法比单一式集装法可多装上述货量，但是包运总成本不变，同为两个 AKE 的承包费用。

在实践中，物流企业承运的货物通常既有密货也有泡货，只是比例不同而已。如果包运集装器的用量固定，采用组合式集装法可承运更多货物；如果承运的货物数量固定，采用组合式集装法可在不同程度上降低包运集装器的用量（包括使用更小型号的箱板）。两种情况下均可有效提高包运业务效益。

应注意，上述组合式集装方案呈现的是最理想效果，但实际组装时，由于集装箱内部并非纯长方体结构、货物包装件之间存在缝隙，因此集装箱内容积难以被完完全全利用，故最终利用率和上述计算结果通常会有一定的偏差。

任务 4.5　国际航空快递

4.5.1　国际航空快递概述

国际航空快递（或称国际快递），指以航空运输为主要运输方式，在两个或两个以上国家或地区之间快速收集、运输、递送文件包裹和其他物品，全过程跟踪这些物品并对其保持控制的服务，包括但不局限于与上述过程相关的清关、物流等其他服务。国际航空快递业务是资本、技术和知识最为密集的业务，因而也是利润较高的业务，被誉为高端业务。国际航空快递企业必须具备足够的航空和地面运输能力、枢纽中心及遍布世界主要国家和城市的投递网络、先进的信息跟踪和控制技术。

全球三大国际航空快递巨头简介如表 4-15 所示。

表 4-15　国际航空快递巨头简介

公司标识(英文名)	DHL EXPRESS	FedEx Express	UPS
公司中文名	敦豪	联邦快递	联合包裹
所属国家	德国	美国	美国
开展国际快递业务的时间	1969 年	1971 年	1970 年后
覆盖国家与地区	229	220	220
显著优势航线	亚太、欧洲、偏远地区	北美、欧洲	美洲
进入中国时间	1980 年	1984 年	1988 年

4.5.2　国际航空快递运作流程

国际航空快递运作流程一般包括以下环节：客户（通常指跨境电商企业）下单，取件，始发地操作中心处理快件，始发地空中预报关，地面运输，始发地海关抽查验放，始发地机场空运至 Hub，Hub 分拣转运，Hub 空运至目的地机场，目的地空中预报关，目的地海关查验征放，地面运输，目的地操作中心处理快件，派送，客户签收。国际航空快递一般运作流程如图 4-17 所示。

图 4-17 国际航空快递一般运作流程

4.5.3 快递运费计算

1. 确定重量

按照 IATA 的规定,在计费重量确定规则方面,国际航空快递与国际航空普通货运大概一致,即对比货物毛重和体积重量,再取高者作为计费重量,但是体积重量的算法略有不同。

先计算货物的体积再折算体积重量;不论每件货物形状是否规则,以 cm 为单位,取最长、最宽、最高的数值,三边的小数部分按四舍五入取整数,求出总体积;然后,体积重量的折算标准为每 5 000 cm³ 折合 1 kg。因此体积重量的计算公式为:

体积重量(kg)= 货物体积(cm³)/ 5 000(cm³/kg)

特别注意:上述公式中的除数是 5 000,而非 6 000。

2. 计算运费

1)运价分类

目前,对于跨境电商线下发货,不少国际航空快递公司实行两种运价形式:两段式临时运价和多段式协议运价。两段式临时运价通常适用于临时合作、件量较小、发件频率较不稳定的客户;多段式协议运价则一般适用于长期合作、件量较大、发件频率较为稳定的客户。

2)两段式临时运价

国际航空快递两段式临时运价举例如表 4-16 所示。注意,此表仅用作举例,实际运价水平因不同快递公司对不同资质客户的报价而有较明显差异。

表 4-16 两段式临时运价举例

目的地分区	主要区域	运价单位:CNY/0.5kg	
		首个 0.5 kg	每增加 0.5 kg
1	日韩	210	45
2	东南亚	220	45

续表

目的地分区	主要区域	运价单位：CNY/0.5kg	
		首个 0.5 kg	每增加 0.5 kg
3	大洋洲	260	55
4	美加	300	80
5	欧洲	320	80
6	南亚、西亚、中东	400	100
7	东欧、南美、非洲	550	115

注：始发国为中国，每个目的地分区所包括的目的国明细清单另附。

两段式临时运价的特点主要有：

（1）整体运价水平较高，主要适用于临时合作、件量较小、发件频率较不稳定的客户。

（2）简单划分为 0.5 kg 运价（即起步运价，重量不足 0.5 kg 按照 0.5 kg 计算）和重量超过 0.5 kg 的运价，俗称"首重价"和"续重价"，运费计算方式较为简便。

（3）缺乏激励性折扣，未细分成从低到高的重量段，再按段给予激励性折扣，未能体现运价与运量成反比原则。实践中，为弥补这一缺陷，承运人通常采取按相关标准对整体运费打折的做法。

下面举例介绍两段式临时运费的计算方法。

[例 4-4] 某跨境电商卖家委托国际快递公司从广州快递 1 箱普通产品到洛杉矶，毛重为 14.3 kg，尺寸为 50×50×40（cm），运价见表 4-16；快递公司规定，单票货物运费 CNY3000～5000 之间的给予 20%折扣，当月 FSC 费率 20%，请计算快递总费用。

解：

GW=14.3 进到 14.5（kg）

VW=（50×50×40）/5 000=20.0（kg）

CW=VW=20.0（kg）

WC=300+（20.0−0.5）×2×80

　　=3 420（CNY）

TC (Total Cost)=3 420×80%×（1+20.0%）=3 283.20（CNY）

3）多段式协议运价

国际航空快递多段式协议运价举例如表 4-17 所示。

表 4-17 多段式协议运价举例

重量段/kg		International Express Rate【Parcel】国际快递运价【包裹】					
自	至	1 日韩	2 东南亚	3 大洋洲	4 美加	5 欧洲	6 南亚、西亚、中东	7 东欧、南美、非洲
0.5	0.5	116	121	143	150	166	220	303
1.0	5.0	25	25	34	42	43	58	63

续表

International Express Rate【Parcel】国际快递运价【包裹】								
重量段/kg		1 日韩	2 东南亚	3 大洋洲	4 美加	5 欧洲	6 南亚、西亚、中东	7 东欧、南美、非洲
自	至							
5.5	10.0	24	24	33	38	39	54	57
10.5	20.0	23	23	33	34	34	48	55
20.5	30.0	49	49	70	74	76	98	110
30.5 以上		48	48	70	70	73	95	106

注：

（1）始发国为中国，每个分区具体包括的目的国明细清单另附（同文件）；

（2）0.5 kg 至 20.0 kg 之间的前四个重量段，运价单位为 CNY/0.5 kg；20.5 kg 以上的后两个重量段，运价单位为 CNY/kg。

多段式协议运价的特点主要有：

（1）协议运价作为托运人与承运人所签快递协议的主要部分，整体水平低于两段式临时运价，主要适用于长期合作、件量较大、发件频率较稳定的固定客户。

（2）划分为多个重量段。计费重量在 0.5 kg 至 20.0 kg 之间前四个重量段运费的计算相对复杂，但是 20.5 kg 以上运费的计算较为简单。

（3）具有激励性，按重量段给予不同折扣，体现了运价与运量成反比原则。表 4-17 仅仅是适用于某个件量水平的文件、包裹运价；在实践中，承运人详细规定了不同件量水平与折扣幅度的对应标准，通常建立了多达 10～20 套的运价表，形成了运价与运量严格匹配的运价体系，每个固定客户只能适用一套协议运价。

（4）具有周期性。每个客户在一个协议周期之内只能享受某个水平的运价折扣，不能随意提出更改，原则上须等到协议周期届满，双方再根据发件量历史记录和前景测评，协商下一个协议周期的协议运价。

下面举例介绍多段式协议运费的计算方法。

[例 4-5] 深圳某跨境电商卖家委托国际快递公司快递一批普通产品，第一票共 1 箱到休斯敦，毛重为 16.0 kg，尺寸为 50 cm×40 cm×30 cm；第二票共 3 箱到南安普敦，每箱毛重 12.0 kg，尺寸均为 60 cm×50 cm×40 cm；适用表 4-17 协议运价，当月 FSC 费率 25.0%。请计算总费用。

解：

（1）美国：

GW=16.0（kg）

VW=（50×40×30）/5 000=12.0（kg）

CW=GW=16.0（kg）

WC=150+42×（5.0−0.5）×2+38×（10.0−5.0）×2+34×（16.0−10.0）×2

=150+378+380+408

=1 316（CNY）

（2）英国：

GW=12.0×3=36.0（kg）
VW=（60×50×40×3）/5 000=72.0（kg）
CW=VW=72.0（kg）
AR=CNY73/kg
WC=73×72.0=5 256（CNY）
（3）TC=（1 316+5 256）×（1+25.0%）=8 215.00（CNY）

4.5.4 快递运单填制

图 4-18 是 DHL 快递运单样本，下面以此为例介绍运单各栏目的填写规范。

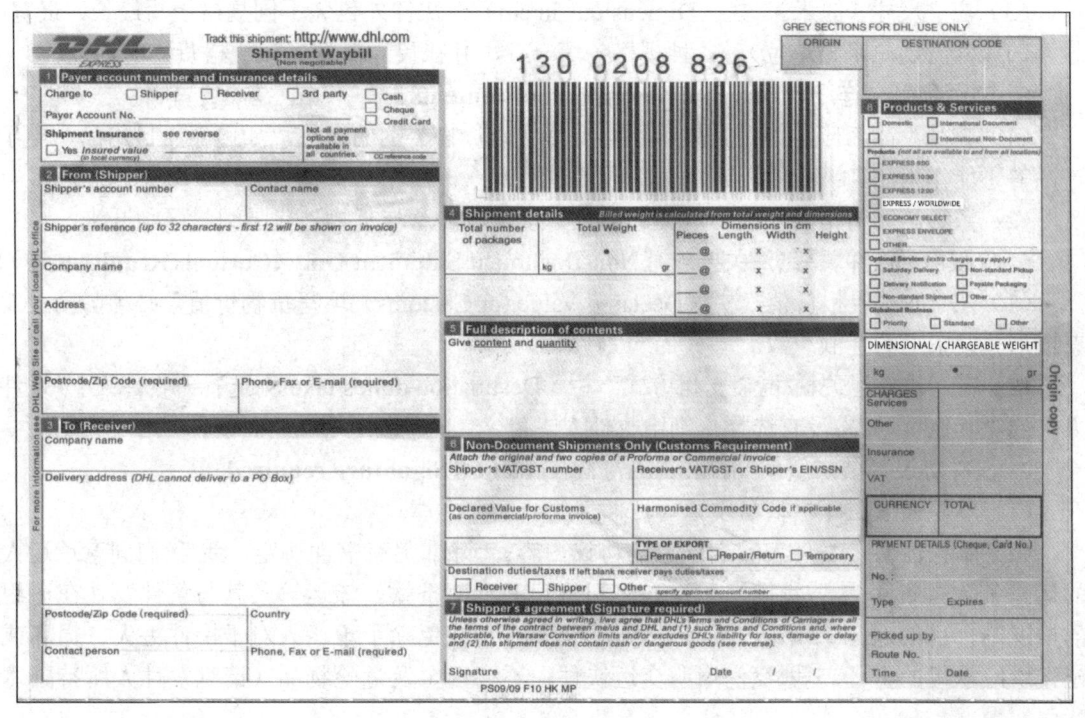

图 4-18 DHL 运单样本

1. 付款方账号及快件保险资料【Payer account number and insurance details】

（1）在"付款方式"栏（Charge to）选择运费支付方（发件人、收件人、第三方）。

（2）如果运费由收件人或者第三方支付，就需要在"付款方账号"栏（Payer Account No.）填写支付方的快递账号，若未填写则默认为发件人支付运费。

（3）如果发件人已为快件投保，或者向承运人提出代为投保的要求并支付了保险费，须选择"货物保险"栏（Shipment Insurance），并在"投保金额"栏（You Insured value）填写以本地货币表示的投保金额。

2. 发件人【From (Shipper)】

（1）如果发件人具有快递公司账号，须填写"发件人账号"栏（Shipper's account number）。

（2）在"联系人姓名"栏（Contact name）填写发件人指定的联系人姓名。

（3）在"发件人参考"栏（Shipper's reference）填写发件人参考信息，通常是与快递物品相关的单据号码或业务代码，便于内部查询、沟通，如贸易合同号、提单号、信用证号等。

（4）"公司名称"栏（Company name）和"地址"栏（Address）。分别填写发件人公司名称及其地址、邮编、电话等联系方式。

3. 收件人【To (Receiver)】

"公司名称"栏（Company name）和"派送地址"栏（Delivery address）。分别填写收件人公司名称及其地址、邮编、国家、联系人、电话等联系方式。

4. 交运快件资料【Shipment details】

（1）在"总件数"栏（Total number of packages）填写快件外包装的总数量。

（2）在"总重量"栏（Total Weight）填写快件的总毛重。

（3）在"尺寸（厘米）"栏（Dimensions in cm）按快件外包装不同规格填写最长、最宽、最高的尺寸（以厘米为单位），各种规格各填一行，并在尺寸前填写该规格货物的件数。

5. 交运物品之详细说明【Full description of contents】

（1）物品。品名应详细、具体，不得填写代表货物类别的统称，如电器、日用品、电子产品等不能作为品名。

（2）数量。通常指商品贸易成交的单位数量，应注意与货物外包装数量区别开来。

6. 仅限包裹快件填写（海关要求）【Non-Document Shipment Only（Customs Requirement）】

（1）在"海关申报价值"栏（Declared Value for Customs）填写货物价值，必须与商业发票或形式发票上的金额一致。

（2）在"收件地关税/税金支付方式"栏（Destination duties/taxes）选择"收件人""发件人"或"其他"，如果没有选择，则由收件人支付。

7. 快件协议（要求签字）【Shipper's agreement（Signature required）】

（1）发件人须在此栏签名及填写日期。

（2）本栏注明了发件人签名同意的协议内容："除非另有书面协定，我/我们同意承运人的运输条款与条件是我/我们与承运人之间协议的全部条款。该运输条款与条件及（在适用的情况下，目的地在中国境外时）华沙公约限制和/或免除了承运人对于快件丢失、损坏或延误所应承担的责任。我/我们声明交运快件中不含现金及危险物品（请见发件人所持副本背面）。"

8. 产品和服务【Products & Services】

（1）在"国内服务""国际文件""国际非文件"之中选择本快件的类型，通常选择最后一项。

（2）"计费重量"栏（DIMENSIONAL / CHARGEABLE WEIGHT）。比较毛重和体积重量后取高者作为计费重量，填入本栏。

（3）在"货币/合计"栏（CURRENCY / TOTAL）填写发件人本国货币代码和快递运费等总费用。

4.5.5 国际快递运输条款与条件

下面以 DHL 为例，介绍部分国际快递运输条款与条件（2021年9月生效），节选如下。

第1条　清关和遵从监管

DHL 为提供服务可以代表发件人或收件人从事以下事项：（1）填写各类文件，更正产品或服务项目的编码,并按照有关法律法规的要求预付关税、税金或其他监管费用(以下简称"关税");(2)作为发件人或收件人真实合法的代理人或指定某一报关代理办理出口管制的有关手续和清关;(3)应他人要求将承运的货物转交给收件人的报关代理,或运到其他地点,只要 DHL 有合理理由判断该他人已获得必要授权。发件人或收件人将提供任何适用法律要求的额外授权,以便 DHL 清关。

第 2 条 不能承运的快件

有下列情形之一的快件将不予运输:

(1)快件中包含完整的武器、弹药、爆炸物、爆炸装置或试验装置、气枪、复制或仿制武器;仿冒品;现金;任何贵金属条;活体动物、禁运的动物器官或遗骸,如象牙;人类遗骸或骨灰;宝石裸石或半宝石;大麻或其衍生物;或非法物品,如毒品或者其他违禁药物;

(2)快件属于《关于危险货物公路运输的欧洲协定》(ADR)、国际航空运输协会(IATA)、国际民用航空组织(ICAO)或其他有关组织所规定的有害物品、危险物品,以及属于禁运或限运的物品(以下简称"危险物品");

(3)快件中包含 DHL 无法安全或合法运输的任何其他物品;

(4)地址不正确或表示不恰当,或包装有缺陷或不充足,不能保证在一般注意程度下的安全运输;

(5)发件人、收件人或与快件具有直接或间接利益关系的任何其他方在任何适用制裁名单上被列为被拒绝方或受限制方。

第 5 条 快递费、关税和费用

DHL 的运费将按照每件货物实际重量计算标准和体积重量计算标准两者中较高的计算,DHL 可以对任何一件货物重新称重和测量以确认其计算数据。

收件人可在快件派送前被要求支付在收件人所在国家或地区 DHL 网站上注明的应付关税和其他费用,其中包括 DHL 代表收件人支付的任何关税费用。

如果收件人未付款的,则发件人应向 DHL 支付或补偿 DHL 因其提供服务或代表发件人或收件人产生的所有关税和其他费用。

第 6 条 DHL 的责任

6.1 无论《蒙特利尔公约》或《华沙公约》是否适用,DHL 对任何一票通过空运方式运输(包括快件运输中的陆路运输或中途停靠)的快件的责任应按以下金额低者为限:

(1)当前市场价值或申报价值;

(2)或每千克 22 特别提款权(约 30 美元/kg)。

若发件人认为上述责任限额不足以补偿其损失,则应对货物的价值作出特别声明并按本条款与条件第 8 条的规定要求保险或自行投保。

对每票快件造成的损害,DHL 所承担的责任仅限于直接的损失,且不超过本条所规定的每千克的限额。DHL 不承担任何其他损失或损害(包括但不限于利润、收入、利息及未来业务的损失),无论这些其他损失和损害是特殊的或是间接的,无论 DHL 是否知晓存在这些损失或损害的风险。

6.2 DHL 将按照其正常运送标准尽合理努力派送快件,但这些标准并不具有约束力,也不构成协议的组成部分。DHL 不对运输延误而导致的任何损失或损害承担责任。但针对某些快件，发件人有权根据退款保证条款与条件索赔有限的延误赔偿。

第7条 说明（索赔期限）

任何索赔必须在 DHL 接受快件后的 30 天内以书面方式向 DHL 提出，否则 DHL 将不再承担任何责任。每票快件只能提出一次索赔，且这种赔偿将作为对有关损失及损害的全部和最终的解决方案。

第8条 快件价值保险

如发件人在运单填好保险项或通过 DHL 的电子商务工具等书面形式提出代为投保的要求，并支付所需保险费后，DHL 可以为发件人按照货物的价值就快件的丢失或快件自身的毁损投保。货物保险不包括间接损失或损害，也不包括因运输延误而导致的损失或损害。

第9条 不可抗拒因素

对于超出 DHL 控制范围的原因而导致的损失或损害，DHL 不承担责任。这些原因包括但不限于：对于电子音像图片、数据或记录的电磁性损坏或删除；快件固有的缺陷或特性（无论 DHL 是否知晓）；非 DHL 雇员或与 DHL 没有合同关系的人员的作为或不作为，如发件人、收件人、第三人、海关或其他政府部门；第三方网络攻击或其他信息安全相关威胁；不可抗力，如地震、龙卷风、风暴、洪水、大雾、战争、空难、禁运、暴乱、传染性疾病、流行病、民间骚乱或劳资事件。

第12条 法律适用和争议解决

除与所适用法律冲突，与本条款与条件有关的一切争议将受到快件原发件地国法院的非排他管辖，并适用原发件地国法律，发件人不可撤销地接受该管辖。

思考与练习

（一）单选题

1. 关于集运舱单的描述不正确的是（   ）。

    A. 集运舱单英文是 CONSOLIDATION MANIFEST

    B. 集运舱单是核收运费的依据

    C. 通过查阅集运舱单可了解总运单项下各分运单所包括的全部货物

    D. 集运舱单通常是集运业务的必备文件

2. 关于物流企业标签的描述错误的是（   ）。

    A. 物流企业标签是根据分运单上的信息填写的

    B. 物流企业标签也称为分标签

    C. 物流企业标签适用于直接托运

    D. 为避免识别混乱，物流企业标签通常不能和航空公司标签同时粘贴

3. 分运单与总运单相同的方面是（   ）。

    A. 运价与运费　　　　　　　　　B. 计费重量

    C. 始发地机场与目的地机场　　　D. 收发货人

4. 不属于集运业务的"三种利润"的是（   ）。

    A. "规模利润"　　B. "密泡组合利润"　　C. "EP 利润"　　D. "价差利润"

5. 关于"密泡组合"重量差原理，描述错误的是（　　）。
   A. 在集运总计费重量规则下，既有密货也有泡货的组合巧妙地"压缩"了总计费重量
   B. 集运收入 CW 与集运成本 CW 之间产生了可观的重量差，因为前者小于后者
   C. 物流企业向客户收取运费时核算计费重量的方式是各取最大值累加
   D. 物流企业向航空公司支付成本时核算计费重量的方式是对应累加再取最大值
6. 标准集装箱的型号是（　　）。
   A. ALF   B. AKE   C. RKN   D. PAG
7. 集装器识别代码第一部分由三个英文字母构成，所表示的内容不包括（　　）。
   A. 集装器的种类   B. 集装器的载重量
   C. 集装器底板尺寸   D. 集装器适配机型
8. 关于全球三大国际快递公司的描述，不正确的是（　　）。
   A. Fedex 中文名为"敦豪"   B. UPS 是美国公司
   C. 最早进入中国的是 DHL   D. DHL 覆盖国家与地区最多
9. 关于国际航空快递多段式协议运价适用性的描述，错误的是（　　）。
   A. 一般适用于件量较大的企业客户
   B. 一般适用于件量较小的企业客户
   C. 一般适用于发件频率较稳定的企业客户
   D. 一般适用于长期合作的企业客户
10. 关于国际航空快递两段式临时运价的特点，以下正确的是（　　）。
    A. 整体运价水平较低
    B. 简单划分为"首重价"和"续重价"两段
    C. 具有激励性，按重量段给予不同折扣
    D. 体现了运价与运量成反比的原则

（二）多选题

1. 在集运业务中，对当事人型物流企业的描述，正确的有（　　）。
   A. 始发地物流企业是总运单上的托运人
   B. 目的地物流企业是总运单上的收货人
   C. 物流企业是"无机承运人"
   D. 物流企业签发分运单
2. 集运出口操作活动包括（　　）。
   A. 完成多个托运人货物的集拼、订舱配载操作
   B. 签发分运单给多个托运人，制作总运单与集运舱单
   C. 与机场货运站妥善交接集运货物与文件，配合装箱或装板
   D. 当货物需入库储存时，物流中心提供出口前的仓储和其他物流服务
3. 集运进口操作活动包括（　　）。
   A. 从始发地物流企业接收集运文件和起运航班报告
   B. 办理集运货物进口报关（报检）手续
   C. 在物流中心分拆集运货物并交货给各收货人
   D. 当货物需入库储存时，物流中心提供交货前的仓储和其他物流服务

4. 并不是所有货物都适合集运方式，原因包括（   ）。
   A. 办理集运的手续较复杂
   B. 集运方式下运价较高
   C. 须特殊处理的特种货物采取直接托运的方式更为合适
   D. 收货人地域不同或相距过远一般不宜集运
5. 集运与直运的主要区别包括（   ）不同。
   A. 货主的承运人   B. 运单类型   C. 飞机机型   D. 货物类型
6. 以下集装器型号属于常用集装箱型号的是（   ）。
   A. AMA   B. AKE   C. PGA   D. PAG
7. 集装器识别代码由三部分组成，包括（   ）。
   A. 集装器型号代码   B. 集装器编号
   C. 集装器所有人代码   D. 集装器核对号
8. 关于国际航空快递运作流程的描述，正确的有（   ）。
   A. 始发地海关抽查验放之前先完成预报关
   B. 货物空运至目的地机场之前先经过 Hub 分拣
   C. 目的地海关查验征放之前先完成预报关
   D. 除了空中运输还包括地面运输
9. 关于多段式协议运价的特点，以下正确的有（   ）。
   A. 整体水平高于两段式临时运价   B. 划分为多个重量段
   C. 具有激励性，按重量段给予不同折扣   D. 具有周期性
10. 两段式临时运价通常适用于（   ）。
    A. 临时合作的企业或个人客户
    B. 件量较大的企业或个人客户
    C. 件量较小的企业或个人客户
    D. 发件频率较不稳定的企业或个人客户

（三）判断题
1. 集运是最常见的国际航空集约物流业务方式之一。（   ）
2. 只有货物的目的地相同才可以办理集运，目的地不同不宜集运。（   ）
3. 在集运货物存在"密泡组合"的情况下，必然出现 MAWB 计费重量＞HAWB 计费重量之和。（   ）
4. IATA 规定在集运总毛重与总体积重量之间取高者作为总计费重量。（   ）
5. 分运单上的运费通常既可预付也可到付，但总运单上的运费一般只能预付。（   ）
6. 对于航空公司而言，物流企业承包的箱板数量就是总运单上的货物件数。（   ）
7. 包箱板方式在较大程度上确保了舱位资源。（   ）
8. 国际航空快递与国际航空普通货运的体积重量算法一致。（   ）
9. 国际航空快递企业一般实行两段式协议运价和多段式临时运价。（   ）
10. 对每票快件造成的损害，DHL 所承担的责任仅限于直接的损失。（   ）

（四）实操题
1. 云翔国际航空物流公司两天内受 5 个客户委托从北京/PEK 各空运一批普货到英国伦

敦/LHR，配载同一天同一个航班可满足全部客户的时间要求。货物重量和适用运价分别如表 4-19、表 4-20 所示，云翔公司与航空公司的协议运价见表 4-21。现采取集运方式，在不考虑附加费的情况下，请核算：

（1）物流企业向各客户分别收取的运费收入。

（2）物流企业向航空公司支付的集运成本。

（3）物流企业可获取的总利润。

（4）在表 4-22 上填写序号 3 分运单货物栏；货名为玩具，尺寸为 50 cm×50 cm×57 cm，4 件。

（5）在表 4-23 上填写集运 MAWB 的货物综合栏。

表 4-19　货物毛重与体积重量

客户序号	分运单号 HAWB No.	货物件数 NOP	货物毛重 GW/kg	体积重量 VW/kg
1	98665001	10	122.0	95.0
2	98665002	8	100.0	101.0
3	98665003	4	48.0	52.0
4	98665004	20	310.0	300.0
5	98665005	24	390.0	375.0

表 4-20　物流公司与托运人之间适用运价

	GENERAL CARGO RATE, FROM PEK TO LHR							
	M	N	+45	+100	+300	+500	+1 000
客户 1、2、3	320.00	63.00	45.00	43.00	41.00	33.50	31.50
客户 4、5	300.00	61.00	43.00	41.00	39.00	32.00	30.00

表 4-21　物流公司与航空公司之间的协议运价

	GENERAL CARGO CONTRACT RATE, FROM PEK TO LHR							
WEIGHT BREAK	M	N	+45	+100	+300	+500	+1 000
CNY/kg	—	—	41.60	39.10	36.50	29.50	27.50

表 4-22　HAWB 98665003 的货物综合栏

No of Pieces RCP	Gross Weight	kg lb	Rate Class / Commodity Item No.	Chargeable Weight	Rate Charge	Total	Nature and Quantity of Goods（incl. Dimensions or Volume）

表 4-23　集运 MAWB 的货物综合栏

No of Pieces RCP	Gross Weight	kg lb	Rate Class / Commodity Item No.	Chargeable Weight	Rate Charge	Total	Nature and Quantity of Goods (incl. Dimensions or Volume)

2. 集装两票密度不同的普通货物，包箱型号为 AKE。已知 AKE 集装箱的最大载重/实用容积为 1 500 kg/4 m³。货物 1 的重量/体积是 1 800 kg/4 m³，货物 2 的重量/体积是 450 kg/3 m³。

（1）请设计装载方案，使集装箱的利用率最高，写出详细的解题过程。

（2）将解题的答案数据填入表 4-24 集装方案数据。

表 4-24　集装方案数据

货物类型	集装数据	第一个 AKE 集装量	第二个 AKE 集装量
货物 1	集装重量/kg		
	占用容积/CBM		
货物 2	集装重量/kg		
	占用容积/CBM		
合计	集装重量/kg		
	占用容积/CBM		

3. 某跨境电商卖家委托 ABC 国际快递公司从广州快递高价值产品 1 箱，目的地为墨尔本，毛重 14.0 kg，尺寸为 45 cm×45 cm×35 cm，运价适用表 4-17，当月 FSC 费率为 20.0%，请计算快递总费用。

4. 某跨境电商卖家委托 DHL 从广州快递商品到洛杉矶（CAN 至 LAX），请根据以下信息，规范填写图 4-18 快递运单。

（1）运费预付，发件人快递账号为 630987456。

（2）保险：货物价值为 USD1 200（同申报价值）；委托快递公司代投保，保险金额为 USD1 380（已含货价、运保费和加成），保险费率为 1%。

（3）发件人：Guangzhou Wisebright Trading Co.，Ltd.

Room. 806-808，No. 123 Tiyu Dong Road，Tianhe Dist，510660，Guangzhou，China.

Tel: 8620-87067898，Contact Name: Erwin Xue.

（4）收件人：Max Planck

Unit 1011，Larry Bldg.，266 Star Ave.，Los Angeles，CA96766，USA

Tel: 001-1-4859226，Contact Person: Max Planck

（5）目的地关税由收件人支付；货物为 5 件珍珠首饰（pearl jewelry，5 pcs），共 1 个包装件，尺寸为 30 cm×20 cm×20 cm，毛重 1.5 kg。

（6）运价适用表 4-17；FSC 费率为 20.0%；美元兑换人民币按计费当天汇率。

（7）快递取件和填制运单均在同一天，托运人为 Erwin Xue，DHL 取件人为 Dalsey He。

项目 5

危险品国际航空物流

能力目标

能熟练介绍危险品的限制、危险品的分类;能准确辨认各类各项危险性标签;会准确查找危险品运输专用名称并解释其在危险品表中的各项规定;会正确解释 UN 规格包装标记的具体含义;能准确辨别各包装件标记和操作标签;会规范填写危险品航空运输文件。

知识目标

了解危险品航空运输法律法规与危险品规则;熟悉危险品航空运输责任、危险品的各种限制;掌握危险品的分类分项;熟悉危险品表各个栏目的含义;了解危险品包装要求、包装类型和等级;掌握危险品航空运输文件的要求;熟悉危险品航空运输操作要求。

思政目标

培养安全至上、严守安全规则的职业素养。

引导资料

临危受命,助力抗疫——空运含有危险品的抗疫物资

二十大报告提出,加强重大疫情防控救治体系和应急能力建设。防疫物资航空物流是重大疫情防控体系的核心支柱,是疫情防控应急能力和防疫物资快速供应的重要保障。

新冠疫情期间,除了为国内抗疫提供了重要的物流支撑,国际航空物流还为我国防疫物资输送到世界各地、为各国疫情防控做出了重要贡献。其中,不少疫情防控物资含有空运危险品或危险物质,如部分消毒液在一定浓度下具有易燃、腐蚀性等危险性,新冠疫苗冷链运输用以制冷的干冰属于危险品,部分医疗仪器和设备含有气溶胶、氧化物质、锂电池、放射性物质、腐蚀性物质等,它们均属于空运危险品或危险物质。一方面,它们是疫情防控必不可少的物资,相当一部分必须通过空运快速及时地交到防疫需求点;另一方面,很多物资具有危险性,空运的每个环节都必须严格按照《危险品规则》进行操作,航空物流安全才能得到充分保障。在国内外疫情防控过程中,我国众多航空公司、航空物流企业为上述防疫物资的

运输交付提供了有效的安全保障，为疫情防控救治提供了强有力的支撑。

通过本项目内容的学习，一方面，掌握危险品国际航空物流的专业知识与技能；另一方面，培养安全至上、严守安全规则的职业素养。

任务 5.1 基础认知

5.1.1 危险品概述

在法规、文献资料中，对危及人体健康、人身和财产安全，危害环境的物质或物品，其相关的名词包括危险货物、危险品、危险化学品等。它们各有不同的含义，适用于不同的领域，且在法律上均有确切的解释。

1. 4 种名词的解释

危险货物的适用范围较小，主要用于运输领域。铁路、道路、水路 3 种运输方式，使用"危险货物"这个名词。

危险品适用于全物品生命周期和整个供应链。危险品，是指易燃易爆物品、危险化学品、放射性物品等能够危及人身安全和财产安全的物品。

危险化学品指危险品中的化学品，包括爆炸品、压缩气体和液化气体、易燃液体、易燃固体、自燃物品和遇湿易燃物品、氧化剂和有机过氧化物、有毒品和腐蚀品等。

与其他运输方式所称危险货物不同，民用航空业所称的"危险品"，强调的是航空运输的危险品，不仅仅涉及货物运输，还会涉及旅客运输。

2. 危险品的定义

危险品（dangerous goods）是指能对健康、安全、财产或者环境构成危险的或物品物质。

具体而言，根据《民用航空危险品运输管理规定》（中华人民共和国交通运输部令 2016 年第 42 号）的定义，危险品是指列在《技术细则》危险品清单中或者根据该细则归类的能对健康、安全、财产或者环境构成危险的物质或物品。《技术细则》是指国际民航组织定期批准和公布的《危险品安全航空运输技术细则》（Doc9284-AN/905 号文件）。

3. 危险品的危险性

危险品具有爆炸、燃烧、毒害、腐蚀、放射性等特殊性质，这些性质是容易造成运输中发生火灾、爆炸、中毒等事故的内在因素和先决条件。

危险品容易造成人身伤亡、财产损失且危及周围环境。例如，危险品在一定条件下，由于受热、摩擦、撞击、与性质相抵触物品接触等，容易发生化学变化而产生危险效应，不仅使货物本身遭到损失，而且还会危及周围环境，对人员、设备、建筑造成一定程度的损害。

此外应注意，由于民用航空业对安全高度依赖，当一种物质或物品对健康、财产或者环境并不构成直接危险，仅对航空安全构成威胁时，它也要被界定为危险品。

4. 危险品的特别防护

危险品在运输、装卸和储存过程中需要特别防护。这里所指的特别防护，不仅是指一般所要求的轻拿轻放、谨防明火等，还指针对各类危险品本身的特性所必须采取的特别防护措施。例如，有的危险品需避光，有的危险品需控制温度，有的危险品需控制湿度，有的危品需添加抑制剂等。

5. 危险品的分级

出于包装目的，危险品按照其危险程度被划分为高度危险、中度危险和低度危险（以下简称高危、中危、低危）。除特殊包装外，危险品对包装等级的要求分别对应Ⅰ级、Ⅱ级和Ⅲ级。

5.1.2 危险品航空运输法律法规

随着交通运输业的大力发展，航空运输成为运输业的重要组成部分。航空运输业的良好发展离不开法律法规的支持，危险品的运输更促使了严格的航空运输法律法规的建立。

1. 国际法律法规

1）关于危险货物运输的建议书——规章范本

联合国危险品运输专家委员会（UNCOE）根据技术发展情况、新物质和新材料的出现及现代运输系统的要求，特别是确保人民、财产和环境安全的需要编写了《关于危险货物运输的建议书——规章范本》（以下简称规章范本）。由于规章范本的封面是橙色的，故又称为橙皮书（Orange Book）。橙皮书是各个国家及国际运输规章的基础，适用于公路、水路、铁路及航空多种运输方式。

2）放射性物品安全运输条例

国际原子能机构（IAEA）对于放射性物品运输制定了建议性规则——《放射性物品安全运输条例》[以下简称运输条例（IAEA TS-R-1）]。此规则规定了与放射性物品运输有关的安全要求，包括包装的设计、制造和维护，也包括货包的准备、托运、装卸、运载及货包最终目的地的验收。《放射性物品安全运输条例》适用于公路、水路、铁路及航空多种运输方式。

3）国际民用航空公约附件18、危险品安全航空运输技术细则

国际民航组织（ICAO）在规章范本和运输条例的基础上制定了使用各种类型的飞机安全运输危险品的规则，并将这些规则编入了《国际民用航空公约》的附件18，也就是《危险品的安全航空运输》，简称附件18（ICAO-A18）。

附件18是一个纲领性文件，国际民航组织在其基础上，制定了用以管理民航危险品运输的更为具体、更为系统的《危险品安全航空运输技术细则》，简称《技术细则》（ICAO-TI），于1983年1月1日生效，此后每两年更新一版。附件18（ICAO-A18）和ICAO-TI均是《国际民用航空公约》的组成部分。

4）危险品规则

国际航空运输协会（IATA）在ICAO-TI的基础上制定了《危险品规则》，简称IATA-DGR，第1版于1956年出版。

该规则不仅包括了《技术细则》的所有要求，同时基于运营和行业标准实践方面的考虑，在内容中增加了比《技术细则》更严格的规定要求。这为承运人安全有效地接收和运输危险品提供了统一的规范。《危险品规则》每年更新发行一次，新版本于每年的1月1日生效。

由于《危险品规则》使用方便，可操作性强，因此在世界航空运输领域中作为操作性文件被广泛使用，同时发行英文、法文、德文、俄文、西班牙文、中文等多种语言版本。《危险品规则》适用范围包括IATA所有会员与准会员承运人、与IATA会员/准会员签订货物联运协议的承运人、向这些承运人交运危险品的托运人及其代理人。

危险品航空运输国际法律法规如图 5-1 所示。

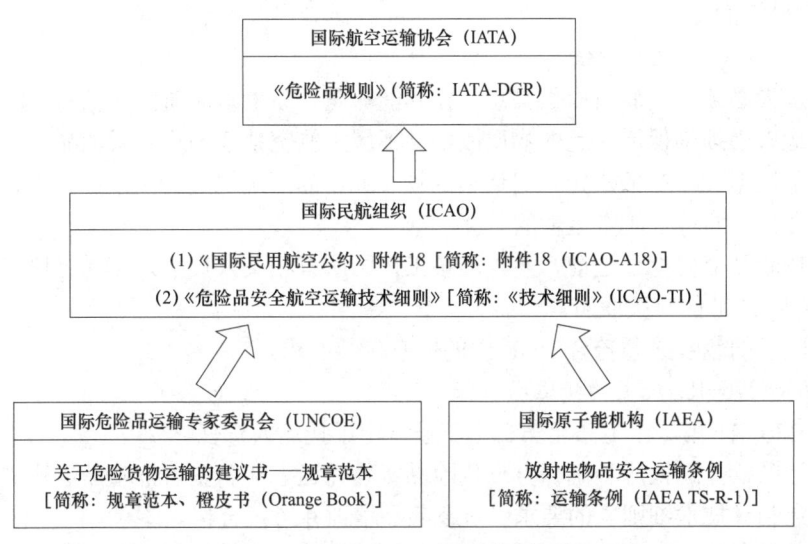

图 5-1　危险品航空运输国际法律法规

```
国际航空运输协会（IATA）
《危险品规则》（简称：IATA-DGR）
          ↑
国际民航组织（ICAO）
(1)《国际民用航空公约》附件18［简称：附件18（ICAO-A18）］
(2)《危险品安全航空运输技术细则》［简称：《技术细则》（ICAO-TI）］
     ↑                              ↑
国际危险品运输专家委员会（UNCOE）    国际原子能机构（IAEA）
关于危险货物运输的建议书——规章范本   放射性物品安全运输条例
［简称：规章范本、橙皮书（Orange Book）］  ［简称：运输条例（IAEA TS-R-1）］
```

2. 国内法律法规

1）中华人民共和国民用航空法

《中华人民共和国民用航空法》第一百零一条规定："公共航空运输企业运输危险品，应当遵守国家有关规定。禁止以非危险品名托运危险品。禁止旅客随身携带危险品乘坐民用航空器。除因执行公务并按照国家规定经过批准外，禁止旅客携带枪支、管制刀具乘坐民用航空器。禁止违反国务院民用航空主管部门的规定将危险品作为行李托运。"

2）民用航空危险品运输管理规定

为加强危险品航空运输管理，促进危险品航空运输发展，保证航空运输安全，根据《中华人民共和国民用航空法》和有关法律、行政法规，交通运输部制定了《民用航空危险品运输管理规定》（即 CCAR-276-R1，交通运输部令 2024 年第 4 号），自 2024 年 7 月 1 日起施行。这是我国危险品航空运输管理的主要法规。

中国境内的承运人、机场管理机构、地面服务代理人、危险品培训机构、从事民航安全检查工作的机构以及其他单位和个人从事民用航空危险品运输有关活动的，适用最新的《民用航空危险品运输管理规定》。外国承运人、港澳台地区承运人从事以上活动，其航班始发地点、经停地点或者目的地点之一在中国境内（不含港澳台）的，适用最新的《民用航空危险品运输管理规定》。

5.1.3　危险品航空运输责任

本部分主要涉及托运人、承运人、地面服务代理人。

托运人是指为货物运输与承运人订立合同，并在航空货运单或者货物记录上署名的人。实践中可能有托运人代理人，承担托运人责任。

承运人是指以营利为目的使用民用航空器从事旅客、行李、货物、邮件运输的公共航空运输企业，包括国内承运人和外国承运人。

地面服务代理人是指经承运人授权，代表承运人从事各项航空运输地面服务的企业。

1. 托运人责任

1）DGR 规定的托运人责任

（1）托运人必须向其雇员提供信息，使其能够履行与危险品航空运输有关的职责。

（2）托运人必须确保所交运的物质或物品不属于航空禁运的物质或物品。

（3）必须依据 DGR 的规定，对运输的物质或物品正确地进行识别、分类、加标记、贴标签、备好文件，并符合航空运输的条件。

（4）在危险品交付空运之前，参与准备工作的所有相关人员必须接受过培训，以便他们能够履行 DGR1.5 节的有关职责。

（5）危险品的包装必须符合 DGR 中的所有包装要求。

2）CCAR-276-R1 规定的托运人责任

CCAR-276-R1 第二十七条至第三十三条规定了托运人责任。

第二十七条　托运人应当确保办理危险品货物托运手续和签署危险品运输文件的人员，已按照本规定和《技术细则》的要求经过危险品培训并考核合格。

第二十八条　托运人将危险品货物提交航空运输前，应当按照本规定和《技术细则》的规定，确保该危险品不属于禁止航空运输的危险品，并正确地进行分类、识别、包装、加标记、贴标签。

托运法律、法规限制运输的危险品货物，应当符合相关法律、法规的要求。

第二十九条　托运人将货物提交航空运输时，应当向承运人说明危险品货物情况，并提供真实、准确、完整的危险品运输文件。托运人应当正确填写危险品运输文件并签字。

除《技术细则》另有规定外，危险品运输文件应当包括《技术细则》所要求的内容，以及经托运人签字的声明，表明已使用运输专用名称对危险品进行完整、准确的描述和该危险品已按照《技术细则》的规定进行分类、包装、加标记和贴标签，且符合航空运输的条件。

第三十条　托运人应当向承运人提供所托运危险品货物发生危险情况的应急处置措施，并在必要时提供所托运危险品货物符合航空运输条件的相关证明材料。

第三十一条　托运人应当确保航空货运单、危险品运输文件及相关证明材料中所列货物信息与其实际托运的危险品货物保持一致。

第三十二条　托运人应当保存一份危险品航空运输相关文件，保存期限自运输文件签订之日起不少于 24 个月。

前款所述危险品航空运输相关文件包括危险品运输文件、航空货运单以及承运人、本规定和《技术细则》要求的补充资料和文件等。

第三十三条　托运人代理人从事危险品货物航空运输活动的，应当持有托运人的授权书，并适用本规定有关托运人责任的规定。

2. 承运人责任

1）DGR 规定的承运人责任

DGR 规定的承运人责任，概括地说，主要包括收运、存储、装载、检查、提供信息（包括应急反应信息）、报告、保存记录、培训。

2）CCAR-276-R1 规定的承运人责任

CCAR-276-R1 第三十七条至四十五条规定了承运人责任。

第三十七条　承运人应当按照危险品航空运输许可的要求和条件开展危险品货物、邮件航空运输活动。

运输法律、法规限制运输的危险品，应当符合相关法律、法规的要求。

第三十八条　承运人接收危险品货物、邮件进行航空运输应当符合下列要求：

（一）确认办理托运手续和签署危险品运输文件的人员经危险品培训并考核合格，同时满足承运人危险品航空运输手册的要求；

（二）确认危险品货物、邮件附有完整的危险品航空运输相关文件，《技术细则》另有规定的除外；

（三）按照《技术细则》的要求对危险品货物、邮件进行检查。

第三十九条　承运人应当按照《技术细则》及民航行政机关的要求，收运、存放、装载、固定及隔离危险品货物、邮件。

第四十条　承运人应当按照《技术细则》及民航行政机关的要求，对危险品货物、邮件的损坏泄漏及污染进行检查和清除。

第四十一条　承运人应当按照《技术细则》及民航行政机关的要求，存放危险品货物、邮件，并及时处置超期存放的危险品货物、邮件。

承运人应当采取适当措施防止危险品货物、邮件被盗或者被不正当使用。

第四十二条　承运人应当在载运危险品货物、邮件的飞行终止后，将危险品航空运输相关文件保存不少于24个月。

前款所述文件包括危险品运输文件、航空货运单、收运检查单、机长通知单以及承运人、本规定和《技术细则》要求的补充资料和文件等。

第四十三条　委托地面服务代理人代表其从事危险品货物、邮件航空运输地面服务的承运人，应当同符合本规定要求的地面服务代理人签订包括危险品货物、邮件航空运输内容的地面服务代理协议，明确各自的危险品运输管理职责和应当采取的安全措施。

第四十四条　承运人应当采取措施防止货物、邮件、行李隐含危险品。

第四十五条　境内承运人应当对其地面服务代理人的危险品航空运输活动进行定期检查。

3. 地面服务代理人责任

CCAR-276-R1第四十六条至第四十九条规定了地面服务代理人责任。

第四十六条　地面服务代理人应当按照与承运人签订的地面服务代理协议的相关要求，开展危险品货物、邮件航空运输活动。

第四十七条　在首次开展航空运输地面服务代理活动前，地面服务代理人应当向所在地民航地区管理局备案，并提交下列真实、完整、有效的备案材料：

（一）地面服务代理人备案信息表；

（二）法人资格证明；

（三）危险品航空运输手册；

（四）危险品培训大纲；

（五）按照本规定及备案内容开展危险品航空运输活动及确保危险品航空运输手册和危险品培训大纲持续更新的声明。

备案信息表中与危险品运输相关的地面服务代理业务范围发生变动的，地面服务代理人应当在开展相关新业务活动前备案。其他备案材料内容发生变化的，地面服务代理人应当及时对变化内容进行备案。

第四十八条　地面服务代理人开展危险品航空运输活动应当满足本规定及备案的危险品航空运输手册和危险品培训大纲的要求，并接受相关承运人的检查。

第四十九条　地面服务代理人代表承运人从事危险品航空运输活动的，适用本规定有关承运人责任的规定。

任务 5.2　危险品的限制

有些危险品因过于危险而不能用航空器载运，有些危险品只能由货机载运，有些危险品客机和货机都可载运。对于允许航空运输的危险品，有许多规定限制，国际航协《危险品规则》制定了这些限制。各国及承运人可以做出更严格的限制，由其制定的限制称为"差异"。

5.2.1　禁运的危险品

1. 任何情况下都禁止空运的危险品

在正常运输条件下容易发生爆炸、危险性反应、起火或产生导致危险的热量、散发导致危险的毒性、腐蚀性或易燃性气体或蒸气的任何物质或物品，在任何情况下都禁止空运。

部分已知符合以上描述的危险品已包含在《危险品规则》4.2 节中的危险品表中，在危险品表 I、J、K 和 L 栏中用"Forbidden"（禁运）字样标明。关于危险品表，将在任务 5.4 详细介绍。在危险品表中不可能将所有在任何情况下均禁止航空运输的危险品全部列出，因此，为保证如上所述的危险性物品不交付运输，适当谨慎注意是十分必要的。

2. 经豁免可以运输的危险品

有些危险品在一般情况下禁止航空运输，但如果有关国家予以豁免，则可以进行航空运输，通常称为经豁免可以航空运输的危险品，也可称为相对禁运的危险品。

1）豁免的定义

豁免指由国家有关当局颁发的免于执行《技术细则》某些条款的许可。

2）豁免的适用范围

只有在 3 种情况下，国家主管当局可实施豁免：在极端紧急情况下、当其他运输方式不适宜时、完全遵守规定的要求违背公众利益时。

豁免的前提要求是：保证运输整体安全水平与《技术细则》所规定的安全水平至少相当。经豁免的危险品应随附豁免文件。

5.2.2　隐含的危险品

按一般情况申报的货物可能含有不明显的危险品，这样的危险品也可能在行李中被发现。为了避免未经申报的危险品被装上航空器，同时防止旅客在其行李中携带不可携带的危险品登机，在怀疑货物或行李中可能含有危险品时，货物收运人员和办理乘机手续人员应从托运人和旅客那里证实每件货物或行李中所装运的物品。

经验证明，托运人在交运含有下列物品的包装件时，按照《危险品规则》的分类定义和特殊规定须查验他们的托运物品。以下列举一部分典型的例子。

电池供电的装置/设备。可能含湿电池或锂电池。

呼吸器。可能有压缩空气或氧气瓶、化学氧气发生器或深冷液化氧气。

集运货物。可能含任何类别的危险品。

电气设备/电子设备。可能含磁性材料，或存在于开关装置和电子管中的汞、湿电池、锂电池或燃料电池，或含有装过燃料的燃料电池盒。

冷冻水果、蔬菜等。可能包装在固体二氧化碳（干冰）中。

家居用品。可能含符合危险品任何标准的物品，包括易燃液体（如溶剂性油漆）、黏合剂、上光剂、气溶胶、漂白剂、腐蚀剂罐，或下水道清洗剂、弹药、火柴等。

仪器。可能藏有气压计、血压计、汞开关、温度计等含有汞的物品。

实验室/试验设备。可能含符合危险品任何标准的物品，特别是易燃液体、易燃固体、氧化剂、有机过氧化物、毒性或腐蚀性物质、锂电池等。

磁铁或其他类似物。其单独或累积可能符合磁性物质的定义。

医疗用品/设备。可能含符合危险品任何标准的物品，特别是易燃液体、易燃固体、氧化剂、有机过氧化物、毒性或腐蚀性物质、锂电池。

汽车（轿车、机动车、摩托车）部件。可能装有湿电池等。

旅客行李。可能含符合危险品任何标准的物品，如爆竹、家庭用的易燃液体、腐蚀剂罐、易燃气体或液体打火机燃料储罐，或野营炉的气瓶、火柴、弹药、漂白粉、不允许携带的气溶胶等。

药品。可能含符合危险品任何标准的物品，尤其是放射性物质、易燃液体、易燃固体、氧化剂、有机过氧化物、毒性或腐蚀性物质。

摄影器材/设备。可能含符合危险品任何标准的物品，尤其是发热装置、易燃液体、易燃固体、氧化剂、有机过氧化物、毒性或腐蚀性物质、锂电池。

电冰箱。可能含液化气体或氨溶液。

体育运动用品/体育团队设备。可能含压缩或液化气（空气、二氧化碳等）气瓶、锂电池、丙烷喷灯、急救箱、易燃黏合剂、气溶胶等。

电子设备或仪器开关。可能含汞。

工具箱。可能含爆炸品（射钉枪）、压缩气体或气溶胶，易燃气体（丁烷气瓶或焊枪），易燃黏合剂或油漆、腐蚀性液体、锂电池等。

无人伴随行李/私人物品。可能含符合危险品任何标准的物品，如爆竹，家庭用的易燃液体，腐蚀剂罐，易燃气体或液体打火机燃料储罐，或野营炉的气瓶、火柴、漂白剂、气溶胶等。

疫苗。可能包装在固体二氧化碳（干冰）中。

5.2.3 旅客或机组人员携带的危险品

旅客或机组人员在乘坐飞机时有可能会携带危险品，这些危险品可能会对飞行安全构成一定程度的威胁。尽管这类危险品的数量很小，但是为了保障安全，必须严格遵守关于行李中的危险品的运输规定。

1. 禁运物品

1）公文箱、现金箱/袋

内装锂电池和/或烟火材料等危险品的公文箱、现金箱、现金袋等保密型设备绝对禁止携带。

2）使人丧失行为能力的装置

禁止随身、在交运的行李中或在手提行李中携带诸如梅斯毒气、胡椒喷雾器等带刺激性或使人丧失行为能力的装置。

3）液氧装置

禁止随身、在交运的行李中或在手提行李中携带使用液氧的个人医用氧气装置。

4）电击武器

禁止在手提行李或交运行李中或随身携带含有诸如爆炸品、压缩气体、锂电池等危险品的电击武器。

5）锂电池驱动的打火机

禁止携带无安全帽或无防止意外启动的保护措施的锂离子电池或锂金属电池驱动的打火机，如激光等离子打火机、特斯拉线圈打火机、电流打火机、电弧打火机和双电弧打火机。

2. 经承运人批准，仅作为交运行李接收的物品

下列危险品，在获得承运人的批准后，仅可作为交运行李接收。

（1）弹药（1.4S）。包装牢固的 1.4S 项弹药，在仅供自用条件下，每人携带毛重不超过 5 kg，两人以上所携带的弹药不得合并成一个或数个包装件。

（2）装有密封型湿电池或镍氢电池或干电池的轮椅/助行器。由于残疾、健康或年龄或临时行动问题（如腿部骨折）而活动受限的旅客使用的装有符合特殊规定 A67 的密封型湿电池或符合特殊规定 A199 的镍氢电池或符合特殊规定 A123 的干电池的轮椅或其他类似的助行器。

（3）装有非密封型电池的轮椅/助行器。

（4）装有锂电池的轮椅/助行器。

（5）野营炉以及装有易燃液体燃料的燃料容器。

（6）保安型设备。诸如公文箱、现金箱、现金袋等将危险品作为设备的一部分，如内装锂电池和/或烟火材料等的保安型设备，只可以作为交运行李运输。

3. 经承运人批准，仅可作为手提行李接收的物品

下列危险品，在获得承运人的批准后，仅可作为手提行李接收。

1）水银气压计或温度计

水银气压计或水银温度计必须装进坚固的外包装中，且内有密封内衬或坚固的防漏和防刺透材料制成的袋子，此种包装能防止水银从包装件中渗漏。其装载位置必须通知机长。

2）备用锂电池

允许携带 2 块超过 100 Wh 但不超过 160 Wh 的锂离子电池，或 2 块锂含量超过 2 g 但不超过 8 g 的锂金属电池。锂金属电池仅可用于便携医疗电子设备（PMED），如自动体外去颤器（AED）、便携式集氧器（POC）和持续阳压呼吸辅助器（CPAP）。

5.2.4　危险品的邮政运输

根据《万国邮政联盟公约》，《危险品规则》中定义的危险品不允许在邮件中运输。有关国家当局应确保在危险品航空运输方面遵守《万国邮政联盟公约》的规定。

5.2.5　承运人物资中的危险品

对于航空器零备件，除非承运人所属国家另有授权，运输用以替换航空器设备的物质或物品，或被替换下来的所述物质或物品时，必须遵守《危险品规则》的规定。

《危险品规则》规定条款不适用于如下所列的物质和物品。

1. 航空器设备

已分类为危险品，但按照有关适航要求、运行规定或承运人所属国家规定，为满足特殊要求而装载于航空器内的物质或物品。

2. 消费品

飞行中，在承运人的航空器上使用或出售的气溶胶、酒精饮料、香水、液化气打火机和含有锂离子或锂金属电池芯或电池的轻便电子设备，但不包括一次性气体打火机和减压条件下易泄漏的打火机。

3. 固体二氧化碳（干冰）

用于冷藏在航空器上服务用食品和饮料的固体二氧化碳（干冰）。

4. 电池驱动的电子设备

承运人带上航空器在航班或一系列航班飞行中使用的含有锂金属或锂离子电芯或电池的诸如电子飞行包、个人娱乐设备、信用卡读卡器等的电子设备及其备用锂电池。

5.2.6 例外数量危险品

有些危险品，当数量很少时，其危险性相应较小，在航空运输时可以不按常规量危险品在标记、装载和文件等方面的要求办理。通常将这样的危险品称为"例外数量危险品"。

1. 限制

例外数量危险品不允许作为交运行李或手提行李或放在交运行李或手提行李中，也不允许放在邮件中运输。

概括地说，联合国规定的第 2、3、4、5、6、8、9 类中仅一部分可按例外数量危险品的有关规定进行运输。

2. 识别

可以作为例外数量运输的危险品通过如表 5-1 所示的 EQ 代号标示于危险品表的 F 栏中。

表 5-1 例外数量危险品代号（DGR 表 2.6.A）

EQ 代号	每一内包装最大净数量	每一外包装最大净数量
E0	不允许按例外数量载运	
E1	30 g/30 mL	1 kg/1 L
E2	30 g/30 mL	500 g/500 mL
E3	30 g/30 mL	300 g/300 mL
E4	1 g/1 mL	500 g/500 mL
E5	1 g/1 mL	300 g/300 mL

3. 包装

1）包装要求

例外数量危险品运输所用的包装必须符合以下要求。

（1）必须有一个内包装，而且内包装必须用塑料制造（当用于液体危险品包装时它必须有不小于 0.2 mm 的厚度），或者用玻璃、瓷器、陶瓷或金属制造。

（2）每个内包装必须用衬垫材料牢固地包装在中层包装内，包装方式是在正常运输条件下它们不破裂、穿孔或泄漏内容物。

（3）中层包装必须牢固地包装在一个高强度的刚性外包装中（木材、纤维板或其他等强度材料）。

（4）每个包装件的尺寸必须有足够的空间以适应所有必需的标记。

（5）可以使用 OVERPACK（集合包装件），而且 OVERPACK 可以包含危险品包装或不受 DGR 限制的物品的包装。

（6）整个包装件必须符合包装件试验规定。

2）包装件试验

（1）跌落试验。

准备运输的整个包装件，其内包装装入不少于容量95%的固体或不少于容量98%的液体，如适当文件规定的那样必须能承受"从1.8 m 高度跌落至一个坚硬、无弹性、平坦的水平面"试验，而任何内包装没有断裂或泄漏，也不显著降低其效能。

（2）堆码试验。

在持续24 h 内对试样顶面施加一个等于同样包装件（包括试样）堆码到3 m 高度总质量的力。

4. 包装件的标记

含例外数量危险品的包装件必须耐久和清晰地标以如图5-2所示的标记。在包装件中的每一危险品的主要类别或项别必须显示在标记中。当托运人或收件人的名字没有标示在包装上的其他地方时，此信息必须包括在标记内。

图 5-2　例外数量危险品包装件标记
*　标注类别或项别（当指定时）的位置。
**　如托运人或收件人的名字未标示在包装他处，则标示在此位置。

5. 文件

例外数量危险品不要求托运人提供危险品申报单、收运检查单，且不需要出现在给机长的书面信息上。

5.2.7　有限数量的危险品

通常认为，装入联合国规格包装（UN 包装）内的危险品是可以安全运输的，其盛装危险品的数量在危险品表中有明确的规定。许多危险品，如果合理有限数量，则能降低运输过程中的危险性，能够使用没有经过相应试验及标记的优质组合包装进行安全运输。盛装在这类包装中的危险品数量必须比盛装在 UN 包装内的危险品数量要少。盛装在这类包装中的危险品被称为有限数量的危险品。

1. 限制

1）允许以有限数量运输的危险品

只有被允许由客机载运的危险品才可按有限数量的危险品的规定进行载运。概括地说，危险品分类中第 2、3、4、5、6、8、9 类中仅一部分可按有限数量危险品的有关规定进行运输。

2）数量限制

每个包装的净数量不得超过危险品表对应 G 栏包装说明和 H 栏规定的数量。有限数量包装件的毛重不得超过 30 kg。

2. 包装

1）不允许使用单一包装，包括复合包装

有限数量的危险品必须按照危险品表中 G 栏内所述适用的前缀为 "Y" 的限量包装说明的要求进行包装。

2）一个外包装可以盛装超过一种危险品或其他物品

此种情况下，必须符合的条件主要包括：危险品之间或危险品与其他物品不发生危险反应；各种危险品不需要进行隔离；每一种危险品所使用的内包装及其所含数量，均符合各自包装说明中的有关规定；使用的外包装是所有危险品相应包装说明都允许使用的包装；《危险品规则》规定的其他相关条件。

3）包装件性能试验

跌落试验准备载运的包装件，必须能够承受由 1.2 m 高度最易造成最大损坏的位置跌落于坚硬的、无弹性的水平表面上。经试验后，外包装不得有任何会在运输过程中影响安全的损坏，内包装也不得有泄漏迹象。

堆码试验交运的每一包装件，必须能够承受对其顶部表面施加的负荷，所施加的负荷应等于在运输中可能堆码在其上面的相同包装件的毛重量。堆码高度包括试样在内为 3 m，试验持续时间为 24 h。试验后，任何内包装无破损或泄漏且其效能无明显削弱。

3. 包装件标记

联合国建议书要求盛装有限数量危险品的包装件标注联合国规章范本指定的菱形标记。《危险品规则》要求的标记包含了这个标记的所有元素，且外加 Y 字样。有限数量危险品包装件标记如图 5-3 所示。

图 5-3　有限数量危险品包装件标记

5.2.8　国家及承运人差异

各国及承运人可以提出比国际规则要求更严格、更具限制性的差异，这些差异须通报给国际民航组织和国际航空运输协会（ICAO 和 IATA），并在《技术细则》和《危险品规则》中列出。

任务 5.3 危险品的分类

5.3.1 分类、包装等级与 UN 编号

国际上统一将危险品分成 9 个不同的类（class），由于第 1、2、4、5 和 6 类危险品因其各自包括的危险性范围较大，而进一步细分为若干项（division）来说明其特定的危险性。部分危险品不只具有一种主要危险性，还具有一种或几种次要危险性。

在联合国关于 9 类危险品的危险性中，如果某物品达到其中一类或若干类的标准，并在某些情况下对应于 3 个 UN 包装等级之一，则定义该物品为危险品。这 9 个类别与危险性种类有关，编号顺序仅为使用方便，与危险程度无关，而包装等级与同一类项的不同的危险程度有关。

1. 分类

第 1 类——爆炸品

Class 1——Explosives

1.1 项：有整体爆炸危险的物质或物品。

1.2 项：有迸射危险，但无整体爆炸危险的物质或物品。

1.3 项：有燃烧危险并有局部爆炸危险或局部迸射危险或这两种危险都有，但无整体爆炸危险的物质或物品。

1.4 项：不呈现重大危险的物质或物品。

1.5 项：有整体爆炸危险的非常不敏感物质或物品。

1.6 项：无整体爆炸危险的极端不敏感物质或物品。

第 2 类：气体

Class 2——Gases

2.1 项：易燃气体。

2.2 项：非易燃、无毒气体。

2.3 项：毒性气体。

第 3 类：易燃液体

Class 3——Flammable Liquids

本类无分项。

第 4 类：易燃固体（等）

Class 4——Flammable Solids，etc.

4.1 项：易燃固体。

4.2 项：易于自燃的物质。

4.3 项：遇水放出易燃气体的物质。

第 5 类：氧化性物质和有机过氧化物

Class 5——Oxidizing Substances and Organic Peroxides

5.1 项：氧化性物质。

5.2 项：有机过氧化物。

第 6 类：毒性物质和感染性物质

Class 6——Toxic and Infectious Substances

6.1 项：毒性物质。

6.2 项：感染性物质。

第 7 类：放射性物品

Class 7——Radioactive Materials

本类无分项。

第 8 类：腐蚀性物质

Class 8——Corrosives

本类无分项。

第 9 类：杂项危险物质和物品

Class 9——Miscellaneous Dangerous Substances and Articles

本类无分项。

2. 包装等级

UN 包装按所对应的危险品的危险程度分为 3 个等级：高危、中危、低危的危险品，其对包装等级的要求分别对应Ⅰ级、Ⅱ级和Ⅲ级。

第 3 类、第 4 类、5.1 项、6.1 项和第 8 类物质具有Ⅰ级、Ⅱ级、Ⅲ级的包装等级标准。除非另有规定，在包装说明中详述的 UN 规格包装必须符合相应包装等级的性能试验要求，这一相应的包装等级在危险品表的 E 栏内列出。

3. 联合国编号

联合国编号是由联合国危险货物运输专家委员会编制的 4 位阿拉伯数字编号，用以识别一种物质或物品。使用时，必须贯以字母 UN，如 UN 1088。

危险品的分类详见表 5-2。

表 5-2 危险品的分类

第 1 类——爆炸品 Class 1——Explosives			
类项	名称	危险性标签	说明	危险性描述
1.1	爆炸品 Explosives （1）配装组：两种或两种以上物质或物品放在一起储存或运输，不会增加发生偶然事故的概率，对于相同的运输量也不会增加这种偶然事故危害的程度，这些货物的组合叫作配装组，分 A、B、C、D、E、F、G、H、J、K、L、N、S，共 13 组	含 A、B、C、D、E、F、G、J、L 九组	禁止空运。 例如：炸弹、三硝基甲苯（TNT）硝酸铵、UN0333 烟花（属于 1.1G，英文 Fireworks，下同）	有整体爆炸危险。整体爆炸是指实际上瞬间影响到几乎全部载荷的爆炸

续表

类项	名称	危险性标签	说明	危险性描述
1.2		含 B、C、D、E、F、G、H、J、K、L 十组	禁止空运。例如：UN0334 烟花（属于 1.2G）	有迸射危险但无整体爆炸危险
1.3	（2）配装组的划分详见表 5–3。 （3）大多数爆炸品被禁止空运，包括 1.1、1.2、1.3（1.3C、1.3G 除外）、1.4F、1.5 和 1.6	含 C、F、G、H、J、K、L 七组	只有 1.3C、1.3G 仅限货机可运（客机不可运）。例如：UN0335 烟花（属于 1.3G）	有燃烧危险并有局部爆炸危险或局部迸射危险或这两种危险都有，但无整体爆炸危险
1.4		含 B、C、D、E、F、G、S 共七组	（1）只有 1.4F 禁止空运； （2）1.4B、C、D、E、G 仅限货机可运。例如：UN0336 烟花（属于 1.4G）； （3）只有 1.4S 客机和货机都可运。例如：UN0337 烟花（属于 1.4S）	不呈现重大危险，万一点燃或引发时仅出现较小危险，其影响仅限于包装件本身，射出碎片不大，射程不远，不会引起全部内装物瞬间爆炸
1.5		仅 D 一组	禁止空运。例如：UN0331 的 B 型爆破炸药和 UN0332 的 E 型爆破炸药（都属于 1.5D）	具有整体爆炸危险，但非常不敏感，在正常运输条件下引发或由燃烧转为爆炸的可能性非常小

续表

类项	名称	危险性标签	说明	危险性描述
1.6		仅 N 一组	禁止空运。例如：UN0486 的极不敏感爆炸性物品（属于1.6N）	无整体爆炸危险

第 2 类——气体　Class 2——Gases

类项	名称	危险性标签	说明	危险性描述
2.1	易燃气体 Flammable Gases		例如：丁烷、乙胺、乙烯	在20℃（68℉）和101.3 kPa（1.01bar）标准大气压下：（1）在与空气的混合物中按体积占13%或更少时可点燃的气体；（2）与空气混合，燃烧范围至少为12个百分点的气体
2.2	非易燃、无毒气体 Non-Flammable Non-toxic Gases		例如：二氧化碳、氖气、液氮或液氦等低温液化气体、灭火器中液化二氧化碳	（1）窒息性气体——通常会稀释或取代空气中的氧气的气体；（2）氧化性气体——通过提供氧气可比空气更能引起或促进其他材料燃烧的气体
2.3	毒性气体 Toxic Gases		例如：硫化氢、氯气等，大多数毒性气体是禁止空运的，只有个别除外，如低毒的气溶胶、催泪装置	已知具有的毒性或腐蚀性强到对人的健康造成危害的气体；其半数致死浓度 LC_{50} 的数值等于或小于 5 000 ml/m³ 的气体

续表

第 3 类——易燃液体　Class 3——Flammable Liquids			
类项	名称	危险性标签	说明	危险性描述
3	易燃液体 Flammable Liquids		例如：燃油、汽油、油漆、清漆、带有易燃溶剂的香料产品	在闭杯闪点试验中温度不超过 60 ℃的液体

第 4 类——易燃固体等　Class 4——Flammable Solids，etc.			
类项	名称	危险性标签	说明	危险性描述
4.1	易燃固体 Flammable Solids		例如：金属粉末、树脂酸钙、固体打火机、干燥的纤维蔬菜（4.1 项包括自反应物质，即使没有氧（空气）也容易发生激烈放热分解的热不稳定物质）	易于燃烧、摩擦可能起火，与火源短暂接触即容易起火，其危险还可能来自毒性燃烧产物
4.2	易于自燃的物质 Substances Liable to Spontaneous Combustion		例如：活性炭、棉花废料（油性）、鱼粉，（不稳定）、干铅粉末	在正常运输条件下能自发放热，或接触空气能够放热，并随后易于起火的物质
4.3	遇水放出易燃气体的物质 Substances, which in Contact with Water, Emit Flammable Gases		例如：钠、锂、碱金属汞合金、碳化铝、氢化锂铝	与水反应自燃或产生足以构成危险数量的易燃气体，这些气体与空气能够形成爆炸性的混合物，这种混合物很容易被火源点燃

续表

第 5 类——氧化性物质和有机过氧化物 Class 5——Oxidizing Substances and Organic Peroxides					
类项	名称	危险性标签	说明	危险性描述
5.1	氧化性物质 Oxidizing Substances		例如：过氧化氢水溶液（双氧水）、漂白粉（剂）、氯酸钙	本身未必可燃，但通常因放出氧气可能引起或促使其他物质燃烧的物质。这类物质可能含在物品内
5.2	有机过氧化物 Organic Peroxides		例如：过氧化二苯甲酰（用过氧化氢在 0~5 ℃时缓慢滴入氯苯甲酰制作而成，是有机过氧化物中的一种，具有强氧化性和易燃的特点，受热后非常容易发生爆炸）	遇热不稳定，它可以放热并因而加速自身的分解，易于爆炸性分解、速燃或损伤眼睛等

第 6 类——毒性物质和感染性物质 Class 6——Toxic and Infectious Substances					
类项	名称	危险性标签	说明	危险性描述
6.1	毒性物质 Toxic Substances		例如：氰化钾、氰化钠、硫酸铊、砒霜、硫酸铜、部分农药	在吞食、吸入或与皮肤接触后，可能造成死亡或严重受伤或损害人的健康
6.2	感染性物质 Infectious Substances		例如：医疗或临床废弃物、病患标本	指已知含有或有理由认为含有病原体的物质。病原体指会使人类或动物感染疾病的微生物（包括细菌、病毒、寄生虫、真菌）或其他媒介物

137

续表

类项	名称 （皆属第 7 类，并未细分项别）	危险性标签 （虽存在若干种标签，但并不存在多个项别）	说明	危险性描述
7	放射性物品 Ⅰ级-白色 Radioactive Materials Category Ⅰ–White	（白色）	外表面任一点的最大辐射水平低，TI=0（TI 为运输指数）。若测量出 TI≤0.05，可视为零	放射性物品含有放射性核素的材料，其放射活度浓度和托运货物总活度均超过 DGR 10.3.2 中规定的数值。 　放射性物品能自发地和连续地放射出肉眼看不见的 X、α、β、γ 射线和中子流等。这些物品含有一定量的天然或人工的放射性元素。 　放射性物品所具备的放射能被广泛地应用于工业、农业、医疗卫生等诸方面，具有重要的价值。但是，人和动物如果受到这些射线的过量照射，会引发放射性疾病甚至更严重后果
	放射性物品 Ⅱ级-黄色 Radioactive Materials Category Ⅱ–Yellow	（黄色）	0＜TI≤1	
	放射性物品 Ⅲ级-黄色 Radioactive Materials Category Ⅲ–Yellow	（黄色）	TI＞1 当 TI＞10，包装件或集合包装件（Overpack）必须按专载运输方式运输	
	易裂变材料 （Fissile Materials） 除了专载运输，包装件或集合包装件的临界安全指数（Criticality Safety Index，CSI）不得超过 50	（白色） [临界安全指数标签]	含有一种或几种易裂变核素。例如：铀-233、铀-235、钚-239、钚-241 或它们的任意组合	

续表

第 8 类——腐蚀性物质　Class 8——Corrosives					
类项	名称	危险性标签	说明	危险性描述
8	腐蚀性物质 Corrosives		例如：强酸（盐酸、硝酸、硫酸等）	通过化学作用会对皮肤造成不可逆转的损伤，或渗漏时会严重损坏甚至毁坏其他货物或运输工具

第 9 类——杂项危险物质和物品　Class 9——Miscellaneous Dangerous Substances and Articles					
类项	名称	危险性标签	说明	危险性描述
9	杂项危险物质和物品 Miscellaneous Dangerous Substances and Articles		例如：固体二氧化碳（干冰）、磁性物质、锂电池、吸入细粉尘危害健康的物质、产生易燃蒸气的物质	指存在不属于其他类别危险性的危险物质和物品，包括危害环境物质

5.3.2　第 1 类——爆炸品

1. 定义

爆炸是指物质在一定条件下发生剧烈的变化，在极短时间内发出大量能量的现象。根据爆炸时发生的变化性质，爆炸可分为核爆炸、物理爆炸、化学爆炸。第 1 类危险品专指易发生化学爆炸的危险品。

第 1 类危险品包括：

（1）爆炸性物质（物质本身不是爆炸品，但能形成气体、蒸气或粉尘爆炸环境者，不列入第 1 类），不包括那些太危险以致不能运输或那些主要危险性符合其他类别的物质。

（2）爆炸性物品，不包括下述装置：其中所含爆炸性物质的数量或特性不会使其在运输过程中偶然或意外被点燃或引发后因迸射、发火、冒烟、发热或巨响而在装置外部产生任何影响。

（3）上述两条款中未提及的，为产生爆炸或烟火实际效果而制造的物质和物品。

注意：只有 1.4 项 S 配装组的爆炸品可以用客机和货机运输；只有 1.3 项 C、G 配装组和 1.4 项 B、C、D、E、G、S 配装组的爆炸品仅限货机运输。

2. 配装组

两种或两种以上物质或物品放在一起储存或运输，不会增加发生偶然事故的概率，对于相同的运输量也不会增加这种偶然事故危害的程度，这些货物的组合叫作配装组，从 A 至 S 共分 13 组。爆炸品配装组的划分如表 5-3 所示。

表 5-3　爆炸品配装组的划分（DGR 表 3.1.A）

配装组	危险性类项	配装组	危险性类项
A	1.1	H	1.2；1.3
B	1.1；1.2；1.4	J	1.1；1.2；1.3
C	1.1；1.2；1.3；1.4	K	1.2；1.3
D	1.1；1.2；1.4；1.5	L	1.1；1.2；1.3
E	1.1；1.2；1.4	N	1.6
F	1.1；1.2；1.3；1.4	S	1.4
G	1.1；1.2；1.3；1.4		

5.3.3　第 2 类——气体

1. 气体的定义

气体是一种具有下列性质的物质：在 50 ℃时，其蒸气压力大于 300 kPa；在 20 ℃，标准大气压力为 101.3 kPa 时，完全处于气态。

2. 气体的运输状态

根据其物理状态，气体的运输状态分为以下几种：

（1）压缩气体——温度在-50 ℃下，加压包装供运输时，完全呈现气态的气体；这一类别包括临界温度低于或等于-50 ℃的所有气体。

（2）液化气体——温度高于-50 ℃，加压包装供运输时，部分地呈现液态的气体。

（3）冷冻液化气体——包装供运输时由于其温度低而部分呈液态的气体。

（4）溶解气体——加压包装供运输时溶解于液相溶剂中的气体。

（5）吸附气体——包装供运输时吸附到固体多孔材料导致内部容器压力在 20 ℃时低于 101.3 kPa 和在 50 ℃时低于 300 kPa 的气体。

该类危险品包括压缩气体、液化气体、冷冻液化气体、溶解气体、一种或几种气体与一种或多种其他类别物质的蒸气的混合物、充有气体的物品和气溶胶。

3. 项别

根据运输中气体的主要危险性，第 2 类气体物质被分别划归为以下 3 个项别中的一项。

1）2.1 项：易燃气体

本项是指在 20 ℃（68 ℉）和 101.3 kPa（1.01 bar）标准大气压下：

（1）在与空气的混合物中按体积占 13%或更少时可点燃的气体；

（2）与空气混合，燃烧范围至少为 12 个百分点的气体，不论其燃烧下限如何。易燃性必须由试验确定。

2）2.2 项：非易燃、无毒气体

本项主要包括：

（1）窒息性气体——通常会稀释或取代空气中的氧气的气体；
（2）氧化性气体——通过提供氧气可比空气更能引起或促进其他材料燃烧的气体；
（3）不属于其他项别的气体。

3）2.3 项：毒性气体

本项指已知具有的毒性或腐蚀性强到对人的健康造成危害的气体；其半数致死浓度（LC_{50}）的数值等于或小于 $5\,000\text{ ml/m}^3$ 的气体。

4. 危险性的主次顺序

具有两个项别以上危险性的气体和气体混合物，危险性主次顺序如下：
（1）2.3 项优先于所有其他项；
（2）2.1 项优先于 2.2 项。

5.3.4　第 3 类——易燃液体

1. 定义

该类危险品无分项。易燃液体是指在闭杯试验中温度不超过 60.0 ℃，或者在开杯试验中温度不超过 65.6 ℃时，放出易燃蒸气（通常被称为闪点）的液体、液体混合物或含有固体的溶液或悬浊液（如油漆、清漆、真漆等，但不包括危险性属于其他类别的物质）。

2. 包装等级标准

易燃液体的包装等级是依据其闪点（flash point）和沸点（boiling point）来划分的，具体见表 5-4。

表 5-4　易燃液体包装等级划分标准（DGR 表 3.3.A）

包装等级	闪点（闭杯）	初始沸点
Ⅰ	—	BP≤35 ℃
Ⅱ	FP<23 ℃	BP>35 ℃
Ⅲ	23 ℃≤FP≤60 ℃	

5.3.5　第 4 类——易燃固体等

第 4 类危险品分为下列 3 项：4.1 项，易燃固体、自反应物质、固态减敏爆炸品；4.2 项，易于自燃的物质；4.3 项，遇水放出易燃气体的物质。

1. 4.1 项，易燃固体、自反应物质、固态减敏爆炸品

1）易燃固体

易燃固体是易于燃烧的固体和摩擦可能起火的固体。易于燃烧的固体为粉状、颗粒状或糊状物质，这些物质如与燃烧着的火柴等火源短暂接触即容易起火，并且火焰会迅速蔓延，就十分危险。其危险不仅来自火，还可能来自毒性燃烧产物，如金属粉末特别危险，一旦着火就难以扑灭，因为常用的灭火剂如二氧化碳或水只能增加其危险性。

2）自反应物质

4.1 项的自反应物质是即使没有氧气（空气）也容易发生激烈放热分解的热不稳定物质。

3）固态减敏爆炸品

此外，4.1 项危险品还包括固态减敏爆炸品，指用水或醇类润湿或其他物质稀释，形成均匀固态混合物，以抑制其爆炸性。

2. 4.2 项：易于自燃的物质

易于自燃的物质指在正常运输条件下能自发放热，或接触空气能够放热，并随后易于起火的物质。下列类型的物质被列入 4.2 项。

（1）发火物质：5 分钟内即使少量接触空气便可燃烧的物质，包括混合物和溶液（液体或固体）。这种物质最易自动燃烧。

（2）自发放热物质：没有另外的能量补给，接触空气自身放热的物质。这种物质只有在大量（若干 kg）长时间（若干小时或天）接触空气时才能燃烧。

3. 4.3 项：遇水放出易燃气体的物质

这种物质与水反应自燃或产生足以构成危险数量的易燃气体，这些气体与空气能够形成爆炸性的混合物，这种混合物很容易被火源点燃。

5.3.6　第 5 类——氧化性物质和有机过氧化物

1. 5.1 项：氧化性物质

氧化性物质是指本身未必可燃，但通常因放出氧气可能引起或促使其他物质燃烧的物质，主要包括固体氧化剂、液体氧化剂，这类物质可能含在物品内。

2. 5.2 项：有机过氧化物

含有二价过氧基—O—O—的有机物称为有机过氧化物。也可以将它看作一个或两个氢原子被有机原子团取代的过氧化氢的衍生物。

有机过氧化物遇热不稳定，它可以放热并因而加速自身的分解。此外，它们还可能具有下列中一种或多种特性：易于爆炸性分解、速燃、对碰撞或摩擦敏感、与其他物质发生危险的反应、损伤眼睛。

5.3.7　第 6 类——毒性物质和感染性物质

第 6 类危险品分为毒性物质、感染性物质。

1. 6.1 项：毒性物质

1）定义

毒性物质指在吞食、吸入或与皮肤接触后，可能造成死亡或严重受伤或损害人的健康的物质。衡量毒性的指标如下。

（1）急性口服毒性的 LD_{50}（半数致死剂量）：是用统计方法得出的一种物质的单一剂量，该剂量可预期使口服该物质的年轻成年白鼠的 50%在 14 天内死亡。LD_{50} 值以试验动物每单位体重的试验物质的质量表示（mg/kg）。

（2）急性皮肤接触毒性的 LD_{50} 值：是使白兔的裸露皮肤持续接触 24 小时，最可能引起这些试验动物在 14 天内死亡一半的物质剂量。试验动物的数量必须够大以使结果具有统计意义，并且与良好的药理实践相一致，结果以试验动物单位体重的试验物质的质量（mg/kg）表示。

（3）急性吸入毒性的 LC_{50} 值：是使雌雄成年白鼠连续吸入 1 小时后，最可能引起这些试验动物在 14 天内死亡一半的蒸气、烟雾或粉尘的浓度。就粉尘和烟雾而言，试验结果以 mg/l 空气表示；就蒸气而言，试验结果以 ml/m³ 空气表示。

2）包装等级的标准

包括农药在内的 6.1 项的毒性物质，必须根据它们在运输中的毒性危险程度划分包装等级的：

（1）包装等级Ⅰ级——具有非常剧烈毒性危险的物质及制剂。

（2）包装等级Ⅱ级——具有严重毒性危险的物质及制剂。

（3）包装等级Ⅲ级——具有较低毒性危险的物质及制剂。

毒性物质的口服、皮肤接触及吸入尘/雾毒性的包装等级划分标准如表 5-5 所示。

表 5-5 毒性物质包装等级划分标准（DGR 表 3.6.A）

包装等级	口服毒性 LD_{50}/（mg/kg）	皮肤接触毒性 LD_{50}/（mg/kg）	吸入尘/雾毒性 LC_{50}/（mg/L）
Ⅰ	D≤5.0	D≤50	D≤0.2
Ⅱ	5.0<D≤50	50<D≤200	0.2<D≤2.0
Ⅲ	50<D≤300	200<D≤1 000	2<D≤4.0

2. 6.2 项：感染性物质

1）定义

感染性物质指那些已知含有或有理由认为含有病原体的物质。病原体指会使人类或动物感染疾病的微生物（包括细菌、病毒、立克次氏体、寄生虫、真菌）或其他媒介物。

2）主要类型

感染性物质主要包括以下几类。

（1）生物制品：是指从活生物体取得的、具有特别许可证发放要求的且按照国家当局的要求制造或销售的，用于预防、治疗或诊断人类或动物的疾病，或用于与此类活动有关的开发、实验或调查目的的产品。生物制品包括但不限于成品或未完成品，如疫苗。

（2）培养物：是指故意使病菌繁殖过程的结果。

（3）病患标本：是指为了研究、诊断、调查活动和疾病治疗与预防等目的运输的直接从人或动物身上采集的人体或动物体物质，包括但不限于排泄物、分泌物、血液及其成分、组织和组织液拭子以及肌体部分。

（4）医疗或临床废弃物：是指对动物或人进行医疗或进行生物研究而产生的废物。

5.3.8 第 7 类——放射性物品

1. 定义

放射性物品指含有放射性核素的材料，其放射性活度浓度和托运货物总活度均超过《危险品规则》10.3.2 中规定的数值。

放射性物品是危险品中较为特殊的一类，它的危险性在于能自发地和连续地放射出某种类型的辐射，这种辐射不仅对人体有害，还能使照相底片或未显影的 X 光胶片感光。

对放射性物品的安全运输，各种运输方式都有特殊的规定。国际原子能机构（International

Atomic Energy Agency，IAEA）在同联合国有关专门机构及其成员国协商的基础上制定了《放射性物品安全运输条例》。各种运输方式的国内、国际放射性物品安全运输法规都是以此为基础制定的。

2. 放射性活度

放射性活度是指放射性元素或同位素每秒衰变的原子数，是对放射性元素或同位素所释放出的放射性强度的一种测量方式，用以确定各种类型包装中可运输的放射性物品的总数。

3. 运输指数

运输指数（transport index，TI）是分配给每一个包装件、集合包装件或放射性专用货箱用以控制其辐射照射的一个数值，可用来确定与人、动物、未曝光的胶片和其他放射性物品相隔的最短安全距离，以保证在整个运输过程中公众及相关操作人员受到的辐射最小。

运输指数是距离包装件、集合包装件或放射性专用货箱外表面 1 m 处的最高剂量当量率。如果该剂量当量率以 mSv/h 为单位进行表示，则测定出的值必须乘 100。

运输指数也可用来确定标签的类别，确定是否需要专载运输，确定中转储存的空间间隔要求，以及确定放射性专用货箱内或航空器内允许的包装件的数量。

4. 临界安全指数

临界安全指数是指给含有易裂变材料的包装件、集合包装件或放射性物品专用货箱的数字，用于控制含易裂变材料的包装件、集合包装件或放射性物品专用货箱的累计数量。

5.3.9 第 8 类——腐蚀性物质

1. 定义

腐蚀性物质是指通过化学作用会对皮肤造成不可逆转的损伤，或渗漏时会严重损坏甚至毁坏其他货物或运输工具的物质。

2. 包装等级的标准

腐蚀性物质的包装等级是依据其腐蚀性来划分的，如表 5-6 所示。

表 5-6 腐蚀性物质包装等级划分标准（DGR 表 3.8.A）

包装等级	暴露时间	观察时间	效果
Ⅰ	$T \leqslant 3$ min	$T \leqslant 60$ min	完好皮肤的不可逆损伤
Ⅱ	3 min $< T \leqslant 60$ min	$T \leqslant 14$ d	完好皮肤的不可逆损伤
Ⅲ	60 min $< T \leqslant 4$ h	$T \leqslant 14$ d	完好皮肤的不可逆损伤
Ⅳ	—	—	每年腐蚀厚度大于 6.25 mm，试验温度为 55 ℃

5.3.10 第 9 类——杂项危险物质和物品

1. 定义

第 9 类危险品是指在空运过程中存在不属于其他类别危险性的杂项危险物质和物品，包括危害环境物质。

2. 主要类型

常见的第 9 类物质和物品主要有（但不限于）以下几种。

1）固体二氧化碳（干冰）

固体二氧化碳（干冰）（UN 1845），如用于冷藏食品的固体二氧化碳（干冰）。

2）磁性物质

为航空运输而包装好的任何物质，如距离组装好的包装件外表面任一点 2.1 m 处的最大磁场强度使罗盘偏转大于 2 度的即为磁性物质，使罗盘偏转 2 度的磁场强度为 0.418 A/m（0.005 25 高斯）。

大部分铁磁性金属，如机动车、机动车零部件、金属栅栏、管子和金属结构材料等，即使未达到磁性物质标准，由于可能影响飞行仪表，尤其是罗盘，也应遵守承运人的特殊装载要求。此外，单个未达到磁性物质标准但累积后可能属于磁性物质。

3）锂电池

含有任何形式锂元素的电池芯和电池、安装在设备中的电池芯和电池或与设备包装在一起的电池芯和电池，主要包括：UN 3090——锂金属电池；UN 3091——安装在设备中的锂金属电池或与设备包装在一起的锂金属电池；UN 3480——锂离子电池；UN 3481——安装在设备中的锂离子电池或与设备包装在一起的锂离子电池；UN 3536——安装在货运装置中的锂电池。

3. 吸入细粉尘危害健康的物质

主要包括：UN 2212——石棉，角闪石，UN 2590——石棉，温石棉。

4. 产生易燃蒸气的物质

主要包括：UN 2211——聚苯乙烯珠粒料（可膨胀的），UN 3314——塑料造型化合物。

任务 5.4　危险品的识别

准确识别危险品，是危险品安全航空运输的基础。在此基础上，才能确定应如何对危险品进行包装、加标记、贴标签、提交正确填写的危险品航空运输文件。

5.4.1　危险品表

1. 危险品表介绍

《危险品规则》4.2 节为危险品表，该表是按照危险品运输专用名称的英文字母顺序排列的。表中列明了该危险品的 UN/ID 编号、类别/项别（次要危险）、危险性标签、包装等级、包装说明代号、客机、货机载运时的每一包装件的净量限制、特殊规定及应急措施代码等。

危险品表中包含了大约 3 000 种物质或物品，它们绝大多数都可以航空运输，但该表并没有包含所有的危险品，因此它包括了一些一般的或 n.o.s.（not otherwise specified，未具体列名）的名称或条目，未列入表中的条目可以根据这些名称或条目进行运输。

有些危险品由于危险度过高而不可航空运输，即对航空来说这些物品属于禁运物品。对于这些物品，在品名表中的相应栏目位置均以"Forbidden"（禁止运输）的字样标明。被禁运的危险品在一定条件下可被解除禁令，在可以收运的情况下，应根据特殊规定和具体条件而定。

2. 危险品表结构

《危险品规则》适用于符合危险品定义且不管其是否在表中列出的物质或物品，注明"不受限制"的物质和物品除外。危险品表示例见表 5-7。

表 5-7 危险品表示例

List of Dangerous Goods

UN/ID no.	Proper Shipping Name/Description	Class or Div. (Sub Risk)	Hazard Label(s)	PG	EQ See 2.6	Ltd Qty Pkg Inst	Ltd Qty Max Net Qty/Pkg	Pkg Inst	Max Net Qty/Pkg	Pkg Inst	Max Net Qty/Pkg	S.P. See 4.4	ERG Code
A	B	C	D	E	F	G	H	I	J	K	L	M	N
1088	Acetal	3	Flamm. Liquid	II	E2	Y341	1L	353	5L	364	60L		3H
1089	Acetaldehyde	3	Flamm. Liquid	I	E0	Forbidden	Forbidden			361	30L	A1	3H
1841	Acetaldehyde ammonia	9	Miscellaneous	III	E1	Forbidden		956	200kg	956	200kg		9L
2332	Acetaldehyde oxime	3	Flamm. Liquid	III	E1	Y344	10L	355	60L	366	220L		3L
2789	Acetic acid, glacial	8(3)	Corrosive & Flamm. liquid	II	E2	Y840	0.5L	851	1L	855	30L		8F
2790	Acetic acid solution more than 10% but less than 50% acid, by weight	8	Corrosive	III	E1	Y841	1L	852	5L	856	60L	A803	8L
2789	Acetic acid solution more than 80% acid, by weight	8(3)	Corrosive & Flamm. liquid	II	E2	Y840	0.5L	851	1L	855	30L		8F
2790	Acetic acid solution not less than 50% but not more than 80% acid, by weight	8	Corrosive	II	E2	Y840	0.5L	851	1L	855	30L		8L
1715	Acetic anhydride	8(3)	Corrosive & Flamm. liquid	II	E2	Y840	0.5L	851	1L	855	30L		8F
	Acetic oxide, see Acetic anhydride (UN 1715)												
	Acetoin, see Acetyl methyl carbinol (UN 2621)												
1090	Acetone	3	Flamm. Liquid	II	E2	Y341	1L	353	5L	364	60L		3H
1541	Acetone cyanohydrin, stabilized	6.1				Forbidden		Forbidden		Forbidden		A2	6L
1091	Acetone oils	3	Flamm. Liquid	II	E2	Y341	1L	353	5L	364	60L		3L
1648	Acetonitrile	3	Flamm. Liquid	II	E2	Y341	1L	353	5L	364	60L		3L

危险品表中明确列出了据经验有可能进行空运的危险的物质或物品，此表分成14栏，具体如下。

1）A栏：联合国编号或识别编号（UN/ID no.）

本栏是根据联合国分类系统给物质或物品划定的号码。使用时，必须冠以字母UN。如果在联合国分类系统中没有其编号，可以在8000系列中指定一个临时适用的识别编码，并且在编号前必须冠以ID，如编号为UN1950或ID8000，不能表示为1950或8000。任何情况下都禁止空运的危险品，是无UN/ID编号的。

2）B栏：运输专用名称/说明（Proper Shipping Name/Description）

本栏包括通过运输专用名称和定性的描述文字识别的以英文字母顺序排列的危险品和物质。运输专用名称用粗体（黑体）字，而说明文字用细体字。还包括在该栏中的内容（不用黑体）：

（1）某些物质或物品已知的其他名称，在这种情形下给出的是对运输专用名称的交叉参考；

（2）在任何场合禁止运输的物质或物品的名称；

（3）需按特殊规定进行附加考虑的物质或物品的名称；

（4）认为是不受限制的物质或物品的名称。

本栏中某些条目出现的下列符号，其意义分别为：

★ 需要附加技术或化学名称；

† 附加说明详见《危险品规则》附录A；

注意，★和† 符号不属于运输专用名称的一部分。

用黑体字列出的运输专用名称严格按英文字母排序，即当名称由多个单词构成时，仍将其视为一个单词进行字母排序。

3）C栏：类别或项别（次要危险）/Class or Division（Sub Risk）

本栏包括按照DGR第3部分描述的分类系统给物质或物品划定的类别或项别编号。在第1类爆炸品中，还显示了配装组。当物质或物品有次要危险时，次要危险类项必须标示在主要危险后的括号中。所有次要危险以数字次序列出。

4）D栏：危险性标签/Hazard Label（s）

本栏包含用于B栏中商品的每一包装件及集合包装件外部的危险性标签。首先列出的是主要危险性标签，所有的次要危险性标签紧随其后。此外，本栏中的"低温液体""远离热源""磁性物质"的操作标签以及"环境危害物质"的标记与适用的物质，或物品对应显示。

5）E栏：包装等级/PG（Packing Group）

包装等级——给危险品划定的联合国包装等级。

6）至10）所涉F栏、G~H栏、I~J栏分别表示危险品可用于客机或货机运输（passenger and cargo aircraft）的例外数量、有限数量、非有限数量的相关规定。

6）F栏：例外数量代码/EQ（Excepted Quantity）

可用于客机或货机运输的危险品的例外数量代码。See 2.6表示本特殊规定详见DGR2.6的规定。

7) G栏：有限数量的包装说明代码/Ltd Qty—Pkg Inst（Limited Quantity—Packing Instruction）

按照有限数量空运规定的包装说明代码，有限数量规定包装的说明代码首位均为Y，包装说明的具体内容在DGR第5部分详细列出。如果显示Forbidden（禁运），表示不得按照有限数量的规定运输。

8) H栏：每一包装件最大净数量//Ltd Qty—Max Net Qty/Pkg（Qty=Quantity，Pkg=Package）

客机和货机的有限数量——每一包装件最大净数量，表明可用于客机或货机运输的每一包装件内允许盛装的最大净数量（重量或体积，常用单位kg或L）。

所提供的重量应为净重，除非所应参照的毛重另外以字母G表示（如UN1950易燃气溶胶，H栏显示"30kg G"/有限数量包装说明Y203）。如果显示Forbidden（禁运），则不得按照有限数量的规定运输。

9) I栏：包装说明（Pkg Inst）

用客机或货机运输的非有限数量包装说明。包装说明的具体内容在DGR第5部分详细列出。

10) J栏：每一包装件最大净数量（Max Net Qty/Pkg）

客机和货机（非有限数量）——每一包装件最大净数量，说明可用于客机或货机运输的每一包装件内允许盛装的最大净数量（重量或体积）。如果显示Forbidden，则不得用客机运输。

注意：危险品按照G栏或I栏的包装说明包装并且不超过H或J栏的最大净数量，也可以用货机运输，但此时包装件不粘贴"仅限货机"的标签。

K～L栏表示仅限货机（Cargo Aircraft Only）运输的危险品非有限数量的相关规定。

11) K栏：包装说明（Pkg Inst）

按照危险品仅限货机运输规定的包装说明代码，包装说明的具体内容在DGR第5部分详细列出。

12) L栏：每一包装件最大净数量（Max Net Qty/Pkg）

仅限货机——每一包装件最大净数量，说明可用于仅限货机运输的每一包装件内允许盛装的最大净数量（重量或体积）。如果显示Forbidden，不能用任何类型的飞机运输，除非获得国家豁免。

13) M栏：特殊规定代码

特殊规定代码以字母A加数字表示，对应于危险品表中的适当条目。See 4.4表示本特殊规定详见DGR4.4的规定。

14) N栏：ERG编码（ERG=Emergency）

应急响应代码，可以在国际民航组织文件《与危险品有关的航空器事故征候应急响应指南》（ICAO Doc.9481-AN/928）中找到。代码由字母和数字组成，表示发生涉及该代码对应的事故征候时，建议采取的应急反应措施。

5.4.2 危险品编号对照表

危险品编号对照表按编号排序，给出的是对运输专用名称与UN/ID编号的交叉对照，其示例如表5-8所示。

表 5-8　危险品编号对照表示例

危险品编号对照表 联合国编号或 ID 编号	名称和描述	页码
0004	Ammonium picrate dry or wetted with less than 10% water, by weight 苦味酸胺干的或湿的，按重量计，含水低于 10%⋯⋯⋯⋯⋯⋯⋯⋯⋯⋯⋯⋯⋯⋯⋯⋯⋯⋯⋯⋯⋯⋯⋯⋯⋯⋯⋯	212
0005	Cartridges for weapons + with bursting charge 武器弹药筒装有起爆药⋯⋯⋯⋯⋯⋯	231
0006	Cartridges for weapons + with bursting charge 武器弹药筒装有起爆药⋯⋯⋯⋯⋯⋯	231
0007	Cartridges for weapons + with bursting charge 武器弹药筒装有起爆药⋯⋯⋯⋯⋯⋯	232
0009	Ammunition, incendiary + with or without burster, expelling charge or propelling charge 燃烧弹药，装有或未装有起爆药、发射剂或推进剂⋯⋯⋯⋯⋯⋯⋯⋯⋯⋯⋯⋯⋯⋯⋯⋯⋯⋯	213
0010	Ammunition, incendiary + with or without burster, expelling charge or propelling charge 燃烧弹药，装有或未装有起爆药、发射剂或推进剂⋯⋯⋯⋯⋯⋯⋯⋯⋯⋯⋯⋯⋯⋯⋯⋯⋯⋯	213

5.4.3　运输专用名称的选择

危险品必须归属一个在危险品表中列出的运输专用名称。运输专用名称在包装件外面和危险品申报单中用于识别危险品。运输专用名称在危险品表中以粗体字表示。

危险品表中的运输专用名称条目有以下 4 种，优先使用顺序如下。

（1）单一条目，具有明确定义的物质或物品。例如：煤油 UN1223；丁酸异丙酯 UN24050。

（2）类属条目，具有明确定义的一组物质或物品。例如：黏合剂 UN1133；液态 C 型有机过氧化物 UN3103；涂料相关材料 UN1263；液态三嗪农药，毒性 UN29980。

（3）特定的 n.o.s.条目，包括一组具有某一特定化学或技术性质的物质或物品。例如：制冷气体，n.o.s.UN1078；硒化合物，固态，n.o.s.UN32830。

（4）一般 n.o.s.条目，包括符合一种或多种类别或项的一组物质或物品。例如：腐蚀性固体，n.o.s.UN1759；有机毒性液体，n.o.s.UN2810。

注意：4.1 项的自反应物质必须归属于《危险品规则》附录 C.1 的类属条目之一；5.2 项的有机过氧化物必须归属于《危险品规则》附录 C.2 的类属条目之一。

1. 列名的条目

当一种物质或物品名称被列入危险品表中时，其运输专用名称可用以下方法获得：

（1）如果名称已知，可直接查阅危险品表；

（2）如果已知 UN 或 ID 编号，可通过编号对照表查找危险品表。

2. 未列名的条目

1）选择运输专用名称的步骤

当一种物质或物品名称未被列入危险品表中时，可以通过下列步骤选择一个适合的泛指运输专用名称。

确定该物质或物品是不是禁运的。如果该条目不是禁运的，根据分类标准进行分类。如果该条目有一种以上的危险性，必须确定主要危险性。

使用能最准确地描述物质或物品的类属或 n.o.s.运输专用名称。DGR 表 4.1.A 列出了所有泛指名称和属性名称。运输专用名称必须按照以下顺序确定：如果某物质无法归属到类属条目，就只能归属到特定 n.o.s.条目；如果无法归属到类属条目或特定 n.o.s.条目，就归属到一般 n.o.s.条目。

危险品表 B 栏中类属或 n.o.s.运输专用名称后标有时,必须在此运输专用名称后面附加用括号括起来技术名称或化学名称，显示的技术名称或化学名称不超过两个，且是构成本混合物或物品危险性的最主要成分。

2）未列名的单一纯净物

使用能最准确描述物质或物品的类属或 n.o.s.运输专用名称。

举例：甲基正戊基甲醇（Methyl-n-amyl carbinol）是一种闪点为 54 ℃的醇类，该名称没有列入危险品表，因此必须用最准确描述其类属的名称申报，该名称是"醇类，n.o.s.（甲基正戊基甲醇）（Alcohol，n.o.s.（Methyl-n-amyl carbinol））"，而不是"易燃液体，n.o.s.★"。

任务 5.5　危险品的包装

5.5.1　危险品包装常用术语

（1）包装件（package）：（非放射性物品）包装操作的完整产品，包括包装和准备运输的内装物。

（2）打包（packing）：将物质或物品装到包装内和/或封装于包装内或另外紧固装置里的手段及操作。

（3）包装（packaging）：一个或几个容器及为发挥容器盛装和其他安全作用所需要的任何其他部件或材料，并确保符合《危险品规则》的最低包装要求。

（4）外包装（outer packaging）：指复合包装或组合包装的外保护层，可使用任何吸附材料、衬垫及任何其他必要的部件来包容和保护内部容器或内部包装。

（5）内包装（inner packaging）：为了运输而需要加外包装的包装。

（6）单一包装（single packaging）：不需内包装即能在运输中起到其盛装作用的包装。

（7）组合包装（combination packaging）：为运输目的，有一个或多个内包装，按规定又放置于一外包装内组成的包装组合体。

（8）复合包装（composite packaging）：由一个外包装和一个内容器组成的包装，这种包装经装配后内容器和外包装便形成一个不可分割的整体。在灌装、存储和运输以及空置时始终为单一的完整装置。

（9）集合包装件（overpack，也称为合成包装件）：为便于作业和装载，托运人将一个或多个包装件放入一个封闭物之中，组成一个作业单元。装在其内的危险品包装件必须按《危险品规则》进行适当的包装、标记，加标签，并处于良好状态。集装器不包括在此定义内。

（10）补救包装（salvage packaging）：放置损坏、有缺陷、渗漏或不符合规定的危险品包装件和溢出或漏出的危险品的特殊包装，用于回收或处理目的的运输。

5.5.2 一般包装要求

1. 包装等级

根据危险程度，除第 1、2、7 类，4.1 项中的自反应物质，5.2 项和 6.2 项之外，将危险品包装划分为 3 个等级，即 Ⅰ 级、Ⅱ 级和 Ⅲ 级。

2. 质量要求

危险品必须使用优质包装材料，必须具有足够的强度来抵抗运输途中在正常情况下会遇到的冲击与载荷，包括从货盘、集装器或者集合包装件上取下做以后的手工或机械处理。

包装件的结构和封闭性能，必须适应正常空运条件下温度、湿度、压力（比如由于海拔高度所产生）的变化而不致泄漏。包装件（包括内包装与容器）必须根据生产商所提供的信息来封装。

在运输过程中，包装件外部不得附着危险品。这些规定适用于新的包装、翻新的包装或者重新制造的包装材料。

3. 兼容性要求

直接与危险品接触的包装部分：

（1）必须不受危险品的影响或严重削弱危险品的影响；

（2）必须不会产生危险效果，比如促使反应或者与危险品反应；

（3）不得允许危险品在正常运输条件下产生渗漏的危险。

在必要的情况下，必须给这部分包装提供必要的内涂层或者进行相应处理。托运人必须确保任何吸附材料及液体的中层包装不与液体产生危险反应。

4. 耐温和抗振要求

包装的主体和封闭装置，必须能完全适应正常运输条件下温度和振动的影响。

5. 剩余空间

包装中注入液体后，其内部须保留足够的剩余空间（预留空间），以防止在运输中因液体遇热膨胀而引起容器泄漏或出现永久性变形。在 55 ℃时，液体不得完全充满容器。

5.5.3 包装类型

1. UN 规格包装

UN 规格包装（UN specification packaging）是根据联合国规格包装的标准，一般由政府部门授权的机构进行设计、性能测试和生产的包装，以保证在正常的运输条件下内装物不至于损坏。此性能测试的技术标准取决于内装物的危险程度，外包装上标有 UN 规格包装的标记。

2. 有限数量包装

有限数量（limited quantity）包装指用于危险品数量在一定限量内的包装，没有经过联合国性能测试，其外表上没有 UN 规格包装标志，但必须达到强度要求。包装表面需粘贴有限数量标记（Y 标记）。

3. 例外数量包装

某些危险品运输量很小时，可以使用内、中、外 3 层包装以及吸附材料对货物进行包装，要求坚固耐用，经例外数量（excepted quantity）包装的危险品，不需要危险品申报单。包装表面需粘贴例外数量标记（E 标记）。

4. 其他类型包装

其他类型包装是为一些有特殊运输要求的危险货物特别设计、制造的包装。如某些气体必须装入特定的为储运而专门制造的钢瓶或其他金属高压容器、为空运固体二氧化碳而设计和制造的包装、为运输危害环境物质而设计的中型散装容器等。

5.5.4 包装说明

包装说明按类别编号顺序编排（从第 1 类至第 9 类），用表格说明。

包装说明包含的内容具体如下：

（1）每项包装说明，如"适用"，表示可接受的单一包装或组合包装。

（2）对于组合包装，包装说明表中给出了可接受的外包装和相应的内包装，以及每个内包装允许盛装的最大数量。

（3）对于某些特定的物质或物品，包装说明表中会给出内包装及其量的限制、每个包装件的允许量，以及是否允许单一包装。

有些包装说明中还会给出特殊包装要求，这些特殊包装要求会比通常适用于该包装等级的危险品更严格，或可能要求特殊包装。包装说明示例如表 5-9 所示。

表 5-9 包装说明示例

包装说明 201

国家差异：USG-07

经营人差异：BR-09.IJ-02，LY-04，SQ-03，TU-02.VN-06

本说明适用于客机和仅限货机运输的 UN 1057 和 UN 3150。

必须满足 5.0.2 的一般包装要求。

(a) 对于以烃类气体为燃料的小型装置和打火机，包括备用的充气筒，必须符合充气所在国的要求。必须采取相应防范措施，以免意外泄漏。打火机内液化石油气的含量必须在 10 克以下。对于以烃类气体为燃料的小型装置与打火机充气筒，其液化石油气的含量，必须在 65 克（2 盎司）以下。在15℃时，充气筒里的液化气体部分，不得超过容积的 85%。充气筒及其封闭盖必须能够承受 55℃下燃料容器中压力的二倍。客机运输时，每包装件内液化石油气的净含量不得超过 1 千克，货机运输时，每包裹内液化石油气的净含量不得超过 15 千克。符合上述要求的物品，它们的阀门和点火器，除非设计本身能够防止在运输过程中自行点燃或溢漏；否则，必须用胶带封牢，或用其他方式固定。

(b) 本包装说明也允许在相同的外包装件内包括超过 65 克含液化石油气的备用充气筒，但这类充气筒必须满足包装说明 200 的所有要求；不准有歧管，不得与物品相连；在运输过程中不得造成物品的起动或失效。这类托运件仅能在货机上运输。

(c) 当充气筒采用按钮式喷雾器容器时，按钮式喷雾器内的压力在 55 ℃时不得超过 1 500 kPa，而且必须满足包装说明 203 的 (b) 至 (e) 段的要求。

□ 附加包装要求：

• 这些装置，打火机/或充气瓶必须牢靠包装以防止误操作；

• 包装必须符合Ⅱ级包装的测试要求

外包装

类型	箱				
名称	木材	胶合板	合成木材	纤维板	塑料
规格	4C1 4C2	4D	4F	4G	4H1 4H2

5.5.5 包装检查

对于 DGR 的包装说明，托运人必须严格按照其包装，承运人必须严格依据其检查。

1. 第一步：查阅危险品表

（1）查找运输专用名称和 UN/ID 代号；
（2）查看 UN 包装级别；
（3）决定此物质或物品是否可以允许在客货机上运输，或仅限货机运输；
（4）查看包装说明代号；
（5）查看每一包装件的最大净数量或最大总重量限制；
（6）查阅可以应用于此项包装的任何特殊规定。

2. 第二步：查阅相关的包装说明

包装说明代号第一个数字表示该危险品主要危险性所属的类别/项别。

3. 第三步：检查包装是否符合包装说明的所有要求

（1）确保满足危险货物运输包装的基本要求；
（2）确保满足 UN/IATA 的危险品包装的一般要求；
（3）确保符合特殊包装、特殊规定及不同国家和承运人的不同要求；
（4）确保符合包装说明中对内包装材质的要求和数量限制（如果是组合包装）；
（5）确保符合包装说明中对外包装（组合包装）或单一包装的材质、类型的要求；
（6）确保整体包装件符合危险品表中在客货机或仅限货机中的每件最大允许净数量的数量限制。

4. 第四步：确保符合 UN 规格包装的数量限制要求

（1）查看包装的详细标记；
（2）类型代码是否符合；
（3）包装等级是否符合；
（4）毛重是否满足要求；
（5）相对密度是否满足要求；
（6）试验压力。

任务 5.6　危险品包装件标记和标签

5.6.1 危险品包装件标记

托运人应按照《危险品规则》在每一危险品包装件上，或每一含有危险品的集合包装件上，粘贴所需的标记和标签。在每一包装件上，必须有足够尺寸的面积粘贴所需的标记和标签。

1. 包装件所用的标记

包装件所用的标记分为以下两类。

1）用以识别包装的设计或规格的标记

无论是否用于特定交运的货物，在包装上都必须符合规格包装标记规定中的有关要求。

这类标记通常为包装制造商所用,但最终仍然是托运人的责任。

2)用以识别运输特定货物所用的特殊包装标记

这类标记属于基本标记,如说明内装物、收货人、托运人等。此类标记为托运人所用,是托运人的责任。包装件标记示例如图 5-4 所示。

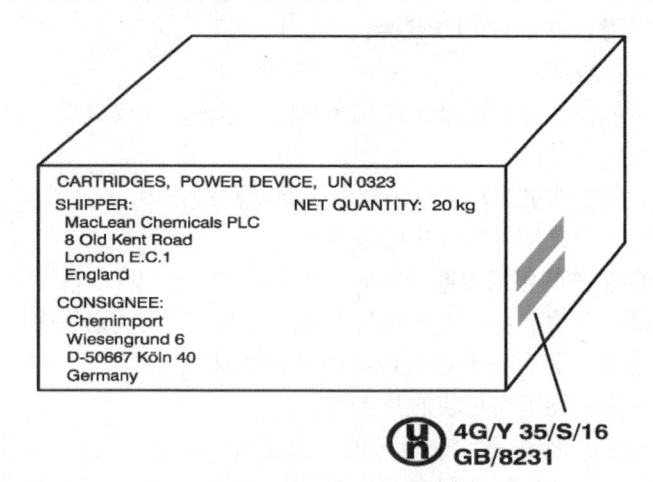

图 5-4 包装件标记示例

2. 用以识别包装的设计或规格的标记——UN 规格包装标记

1)UN 规格包装类型材料的代码

(1)包装类型的代码。

包装类型代码是以表 5-10 所列数字来表示的。

表 5-10 包装类型代码表

类型代码	1	2	3	4	5	6
包装类型	圆桶(drum)	预留(reserved)	方形桶(Jerrican)	箱(box)	袋(bag)	复合包装(composite packaging)

(2)包装材料的代码。

包装材料代码是以表 5-11 所列大写字母表示的。

表 5-11 包装材料代码表

材料代码	材　料
A	钢(各种类型和表面处理)[steel(all types and surface treatments)]
B	铝(aluminium)
C	天然木(natural wood)
D	胶合板(plywood)
F	再生木(再制木)(reconstituted wood)
G	纤维板(fibreboard)

续表

材料代码	材料
H	塑料材料（plastic material）
L	纺织品（textile）
M	多层纸（paper, multi-wall）
N	金属（钢和铝除外）[metal (other than steel or aluminium)]
P	玻璃、瓷器或粗陶瓷（glass, porcelain or stoneware）

2）UN 规格包装标记

UN 规格包装标记（新包装）示例和具体说明如表 5-12、表 5-13 所示。

表 5-12　UN 规格包装标记（新包装）示例

包装材料	UN符号(a)	类型代码(b)	包装等级(c)	毛重(d)	固体或内包装(e)	相对密度(d)	试验压力(e)	生产年份(f)	国家(g)	生产厂商(h)	完整代码
纤维板箱	ⓤⓝ	4G	Y	145	S			16	NL	VL823	ⓤⓝ 4G/Y145/S/16 NL/VL823
纤维板箱	ⓤⓝ	4G	X,Y,Z	20,30,45	S			16	NL	ABC1234	ⓤⓝ 4G/X20-Y30-Z45/S/16 NL/ABC1234
盛装液体的钢桶	ⓤⓝ	1A1	Y			1.4	150	16	NL	VL824	ⓤⓝ 1A1/Y1.4/150/16 7NL/VL824
盛装固体的钢桶或内包装	ⓤⓝ	1A2	Y	150	S			16	NL	VL825	ⓤⓝ 1A2/Y150/S/16 NL/VL825

表 5-13　UN 规格包装标记具体说明

标记	说明
ⓤⓝ	联合国 UN 包装符号。本符号仅用于证明一个包装符合有关要求。对模压金属包装，本符号可用大写字母 UN 代替
类型代码	包装类型的代码号
包装等级	字母 X, Y 或 Z, 表明其设计类型已成功通过试验： （1）X 用于 I 级包装（可用于要求 I、II、III 级包装的危险品）； （2）Y 用于 II 级包装（可用于要求 II、III 级包装的危险品）； （3）Z 用于 III 级包装（仅用于要求 III 级包装的危险品）
毛重	对拟装固体的包装或内包装，一个数字对应于最大毛重的千克数，包装设计类型已按此最大值进行过试验
固体或内包装	对拟盛装固体或内包装的，使用字母 S
相对密度	盛装液体的单一包装，用一个数字表示相对密度值，四舍五入至第一位小数，表示按此相对密度的包装设计类型已进行了试验。若相对密度不超过 1.2，可忽略不标
试验压力	对拟盛装液体的单一包装，此项表示包装能承受的液压试验压力值，单位为 kPa, 四舍五入至 10 kPa
生产年份	标出包装制造年份的最后两位数
国家	主管部门规定的国籍识别标记，由国际车辆登记代码 VRI Code 表示
生产厂商	制造商名称或国家主管当局所规定的包装的其他识别符号

3. 用以识别特定运输货物所用的特殊包装标记

除《危险品规则》另有规定外，装有危险品的包装件及集合包装件，必须按下列各项要求，在其外表面做耐久、清晰的标记。

1）内装 UN3373 的包装件标记

内装 UN3373 的包装件，需要说明"生物物质，B 级"及包装说明 650 中示出的菱形标记（如图 5-5 所示）。内装生物物质的包装件，不需要在外包装上注明净重。但是当使用干冰作为制冷剂时，需注明干冰的净数量。

图 5-5 内装 UN3373 的包装件标记示例

2）环境危害物质标记

当运输环境危害物质时，应按要求粘贴环境危害物质标记（如图 5-6 所示）。除《危险品规则》另有规定外，环境危害物质或混合物（UN3077 和 UN3082）的包装件，必须耐久地标注环境危害物质标记。此外，包装件上还需粘贴第 9 类危险性标签。

图 5-6 环境危害物质标记

3）有限数量标记

按有限数量规定托运的危险品包装件，必须标示有限数量标记。

4）锂电池

当一个包装中装有不同 UN 编号的锂电池芯或电池时，在标记上应显示所有适用的 UN 编号。标记中必须标明以下事项：

UN3090——锂金属电池芯或电池；

UN3480——锂离子电池芯或电池；

UN3091——锂金属电池芯或电池与设备包装在一起或安装在设备中；

UN3481——锂离子电池芯或电池与设备包装在一起或安装在设备中。

符合包装说明 965 至 970 第Ⅱ部分及包装说明 965 和 968 第 IB 部分的含有锂电池的包装件必须进行标记，如图 5-7 所示。

图 5-7　锂电池标记

5.6.2　危险品包装件标签

危险品包装件标签分成两大类：一类是危险性标签（菱形），每一类项危险品一般都对应一个危险性标签；另一类是操作标签（矩形），如"仅限货机""远离热源"等。含标记和标签的危险品包装件整体示例如图 5-8 所示。

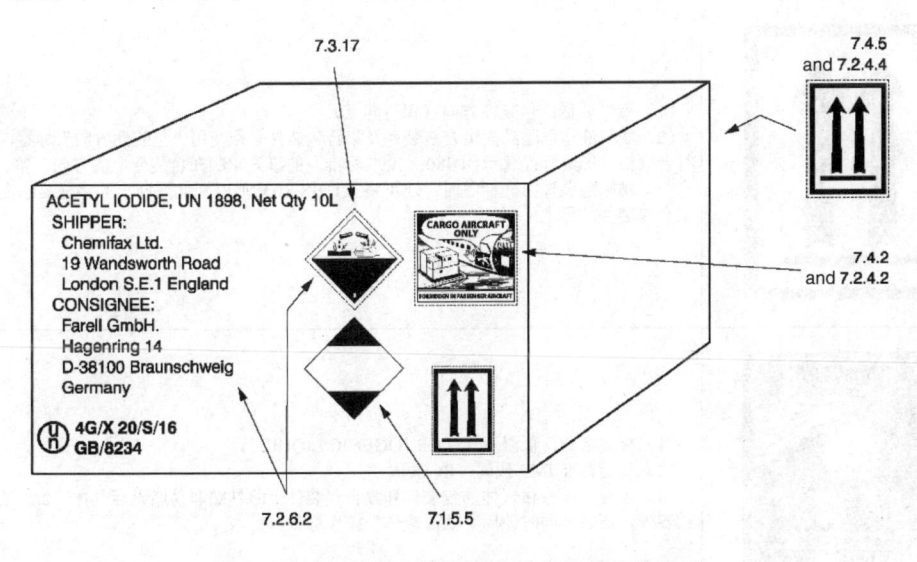

图 5-8　含标记和标签的危险品包装件整体示例

1. 危险性标签

危险品包装件及集合包装件上的标签必须按照危险品表 D 栏中的说明粘贴。表中列出的每一种危险品都要求使用一种指定的主要危险性标签。具有次要危险性的每一种危险品，应使用一种或一种以上次要危险性标签。危险性标签见表 5-2。

2. 操作标签

操作标签既可单独使用，也可与危险性标签一起使用。危险品航空运输操作标签如表 5-14 所示。

表 5-14 危险品航空运输操作标签

操作标签	说明
CARGO AIRCRAFT ONLY / FORBIDDEN IN PASSENGER AIRCRAFT	（1）标签名称：仅限货机（CARGO AIRCRAFT ONLY）。 （2）货运标准 IMP 代码（IATA 联运文电代码）：CAO。 （3）标签必须用在仅限货机运输的危险品包装件上，但当包装说明及包装件的限量指明客货机均可承运时，不应使用仅限货机标签。 （4）仅限货机标签必须与危险性标签相邻粘贴
keep away from heat	（1）标签名称：远离热源（keep away from heat）。 （2）盛装 4.1 项中的自反应物质和 5.2 项有机过氧化物（见特殊规定 A20）的包装件和集合包装件，在使用适应的危险性标签的同时，必须使用"远离热源"操作标签，此标签应与危险性标签相邻并粘贴在包装件的同一表面上
↑↑（向上箭头）	（1）标签名称：包装件方向（保持向上）。 （2）盛装液体危险品的组合包装件及集合包装件必须使用"包装件方向"标签，或者使用符合规格（国际标准化组织 780；1997 标准）的事先印制在包装件上的方向标签。 （3）粘贴包装件方向标签时，还可将"THIS SIDE UP"（此面向上）字样显示在包装件或集合包装件的顶上
CONTAINS CRYOGENIC LIQUID	（1）标签名称：低温液体（CRYOGENIC LIQUID）。 （2）货运标准 IMP 代码：RCL。 （4）含有深冷液化气体的包装件和集合包装件上除粘贴非易燃无毒气体（2.2 项）危险性标签外，还必须同时使用"低温液体"操作标签

续表

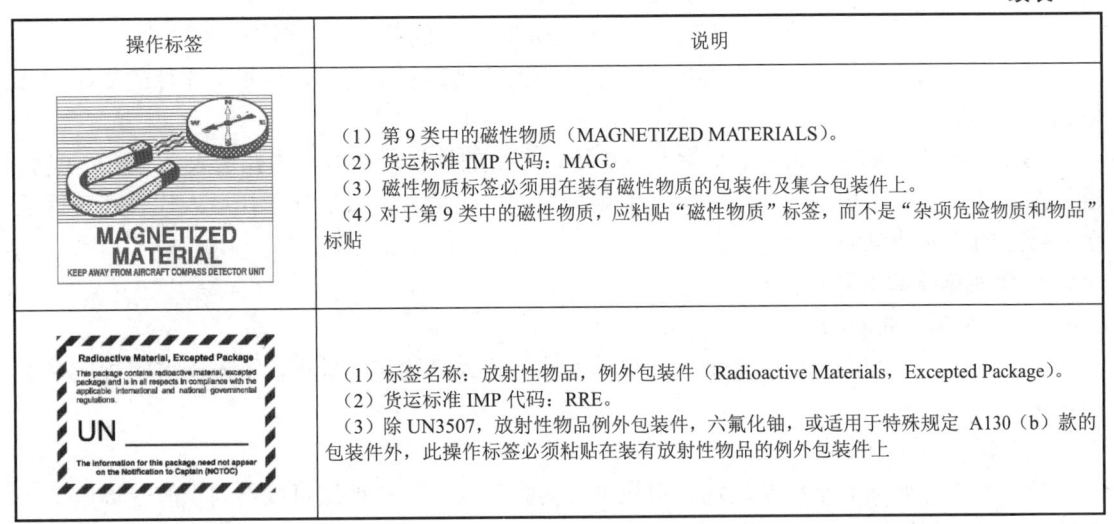

操作标签	说明
（磁性物质标签图）	（1）第9类中的磁性物质（MAGNETIZED MATERIALS）。 （2）货运标准 IMP 代码：MAG。 （3）磁性物质标签必须用在装有磁性物质的包装件及集合包装件上。 （4）对于第9类中的磁性物质，应粘贴"磁性物质"标签，而不是"杂项危险物质和物品"标贴
（放射性物品例外包装件标签图）	（1）标签名称：放射性物品，例外包装件（Radioactive Materials，Excepted Package）。 （2）货运标准 IMP 代码：RRE。 （3）除 UN3507，放射性物品例外包装件，六氟化铀，或适用于特殊规定 A130（b）款的包装件外，此操作标签必须粘贴在装有放射性物品的例外包装件上

任务 5.7　危险品航空运输文件

5.7.1　危险品航空运输文件填制要求

正确填制危险品运输文件是安全运输的基本要求和必要保证，它的准确性和完整性是保证安全、及时、准确、高效地完成运输工作的基础。填制危险品航空运输文件的总体要求如下：

（1）托运人托运危险品时应填写托运人危险品申报单（DGD）、航空货运单（AWB）；

（2）承运人在接收和运输危险品时应填写危险品收运检查单（AC）、特种货物机长通知单（NOTOC）等文件。

5.7.2　托运人危险品申报单

填制托运人危险品申报单（Shipper's Declaration for Dangerous Goods，以下简称申报单、DGD）是托运人的责任。对于所申报的危险品，托运人必须如实、准确地填写申报单。

1. 填写申报单的一般原则

（1）申报单必须用英文填写。在英文的后面可以附上另一种文字的准确译文。

（2）在使用纸质文件时，托运人必须按规定将填写并签字的两份申报单交给经营人随同货物一起运输。一份签字的申报单由收运的经营人保存，另一份则随同货物至到达站。

（3）申报单既可以手工填写，也可以用机器（计算机、打字机等）填写。

（4）申报单必须由托运人签署姓名和日期，签字必须使用全称，可以手写或盖章，但不得使用打字机。受雇于托运人的个人或组织（包括集运人、运输商或 IATA 货运代理人），须在托运之前作为代表、承担托运人的责任并接受过 DGR 要求的培训，方可签署和填制申报单。

（5）申报单上如有涂改，托运人必须在涂改处签字。

（6）托运人必须将申报单和其他信息以及 DGR 规定的其他文件至少保存 3 个月。

（7）只有第一承运人需要保留申报单原件。当货物需要中转时，申报单原件的复印件可以作为文件进行保存。

（8）申报单的货运单号码栏、始发地机场栏和目的地机场栏既可由托运人、代理人填写，也可由收运航空公司填写或更改；但其他项目只能由托运人，或受雇于托运人代表其履行托运人责任的个人或组织填写。

2. 填写申报单的具体要求

1）托运人（Shipper）

填写托运人名称的全称及地址。申报单上的托运人名称和地址可以不同于航空货运单上的托运人名称和地址。

2）收货人（Consignee）

填写收货人名称的全称及地址。申报单上的收货人名称和地址可以不同于航空货运单上的托运人名称和地址。

3）航空货运单号码（Air Waybill No.）

填写所申报的航空货运单号码。货运单号码可由托运人及其代理人或承运人或代理人填写或修改。对于集运货物，应在货运单号码后填写分运单号码，中间用"/"隔开。

4）第……页，共……页（Page…of…pages）

填写页码和总页数。如无续表，则填写"第 1 页，共 1 页（Page 1 of 1 pages）"。

5）机型限制（Aircraft Limitations）

根据货物是否能满足使用客机和货机运输的条件，或仅限货机的运输，托运人必须将预先印制的申报单上"PASSENGER AND CARGO AIRCRAFT（客机和货机均可）"或"CARGO AIRCRAFT ONLY（仅限货机）"两项中的一项划掉，另一项保留。

如果申报单是由计算机系统生成的，只显示一种飞机类型就足够了，则只打印适用的"PASSENGER AND CARGO AIRCRAFT"或"CARGO AIRCRAFT ONLY"。

6）始发地机场 [Airport of Departure（optional）]

填入始发地机场或其 IATA 代码。

7）目的地机场 [Airport of Destination（optional）]

填入目的地机场或其 IATA 代码。

8）货物种类 [Shipment type（delete non-applicable）]

放射性物品不得与其他危险品列在同一申报单内，但作为制冷剂使用的固体二氧化碳（干冰）除外。

因此，托运人必须在预先印制的申报单上划掉"RADIOACTIVE（放射性）"字样，以表明该货物不含放射性物品。如果申报单是由计算机系统生成的，则只打印适用的"非放射性（NON-RADIOACTIVE）"。

9）危险品的种类与数量（NATURE AND QUANTITY OF DANGEROUS GOODS）

必须严格按下列要求填写，每一序列的信息必须清楚区分或识别。

（1）序列一：识别。

申报单必须包含每种物质或物品的下述信息。

步骤 1：UN 编号（见危险品表 A 栏），编号前冠以 UN 字样。特殊情况下冠以 ID 字样。
步骤 2：运输专用名称（见危险品表 B 栏）。
步骤 3：类别或项别。若为第 1 类危险品，须注明配装组字母（危险品表 C 栏）。
步骤 4：与次要危险性标签相符的次要危险性类别或项别号码，必须填写在主要危险性类别或项别号码后面的括号内。
步骤 5：适用的包装等级（危险品表 E 栏），前面可以冠以 PG 字样，如填写 PG Ⅱ。
（2）序列二：包装的数量及类型、危险品数量。
国际常用的替代拼写方式可以接受，如用 Fiberboard 替代 Fibreboard 等。
包装件件数可用数字（如 1、2、3）或文字（如 one、two、three）来表示。
步骤 6：包装件的数量（同类型/同一内装物）和包装的类型，例如：2 Fibreboard boxes（1 个纤维板箱）、3 steel drums（3 个钢桶）等。具体填写要求如下。
① 必须标明每个包装件中各种危险品的净数量（重量或体积），以及其所对应的运输专用名称、UN 编号或包装等级。
可用缩写表示计量单位。如果每一包装件的危险品种类和数量相同，则可用乘式表示。例如：UN1263，Paint，3，Ⅱ，5 fibreboard boxes×5L（UN1263，油漆，第 3 类，包装等级 Ⅱ 级，5 个纤维板箱×5L）。
当交运货物装有相同危险品但数量不同的包装件时，必须清楚标明，例如：UN1263，Paint，3，Ⅱ，5 Fibreboard boxes×5L，10 Fibreboard boxes×10L（UN1263，油漆，第 3 类，包装等级 Ⅱ 级，5 个纤维板箱×5L，10 个纤维板箱×10L）。
UN 包装代码只能用于补充说明包装件的类型，如一个钢桶（1A1）。
② 对于有限数量的危险品，危险品表 H 栏中有字母 G 的，必须标明每一包装件的毛重，而非其净数量，并在计量单位后面加上字母 G。当有不同的危险品包装在同一外包装中时，按照第③条要求填写。
③ 对于有限数量的危险品，且危险品表 H 栏中对于该危险品包装件有 30 kg 毛重限制，如果将其与其他不同的危险品装在同一外包装内，则必须标明每种危险品的净数量。
⑥ 当两种或两种以上的危险品装入同一外包装内时，ALL PACKED IN ONE 字样必须紧随相关项目，在后面的括号中填写类型包装名称。如果含有一件以上包装件，且每一包装件内含有同一类别并可配装的物品，则相关项目后面的说明如下：
ALL PACKED IN ONE（包装类型名称）×实际包装件数
步骤 7：当使用集合包装件时，OVERPACK USED（使用集合包装件）字样必须填入申报单，并紧随在该集合包装件内每一包装件的信息之后。在这种情况下，必须先列出集合包装件内包含的包装件。
（3）序列三：包装说明。
步骤 8：填写包装说明或有限数量包装说明（及其前缀 Y）编号（危险品表 G、I 或 K 栏）。
① 当货物适用于客机运输时，应选择客机所对应的包装说明编号，且包装件上不得粘贴 CAO 标签。
② 当货物仅适用于货机运输时，则应填入货机包装说明编号，包装件上必须粘贴 CAO 标签；若填写客机包装说明编号，则不必贴 CAO 标签。然而，如果相同的包装说明编号和每一包装件的允许量同时适合于客、货两种机型，不得使用 CAO 标签。

（4）序列四：批准。

步骤 9：视情况填写：

① 当特殊规定为 A1、A2、A4、A5、A51、A81、A88、A99、A130、A190、A191、A201、A202、A211、A212 或 A331 时，应有特殊规定序号。适用于托运人的其他特殊规定也可以列入批准栏。

② 对于按照包装说明 965IB 和 968IB 准备的锂电池，须将 IB 标注在本"批准"栏内。后面图 5-11 提供了符合包装说明 IB 锂离子电池申报单（局部）的示例。

10）附加操作信息（Additional Handling Information）

输入与危险品相关的任何特殊操作处理信息，举例如下：

"The packages containing UN3226 must be protected from direct sunlight and all sources of heat and be placed in adequately ventilated areas.24-hour Number：+86 20 123 4567"（本包装件含有 UN3226、必须避免阳光直射和所有热源，并放置在通风良好的区域。24 小时联系电话：+1 905 123 4567。）

11）认证声明（Certification statement）

申报单中必须含有证明或声明文字，保证货物按照 DGR 及其他空运规定进行准备，而且符合收运条件。声明的文字如下：

"I hereby declare that the contents of this consignment are fully and accurately described above by the proper shipping name and are classified，packaged，marked and labelled/placarded and are in all respects in proper condition for transport according to the applicable international and national governmental regulations.I declare that all of the applicable air transport requirements have been met."（我在此声明，以上填写的本批货物的运输专用名称完整无误，其分类、包装、标记及贴标签/标牌已经完成，且各方面均符合相关的国际和国家政府规定，可予交运。我声明符合所有适用的空运要求。）

12）签署人的姓名（Name of Signatory）

填写申报单签署人的姓名，既可打印，亦可盖章。

13）日期（Date）

填入签署申报单的日期（强制性）。日期格式"日-月-年"或"年-月-日"，确保不被人误解方可接受。

14）签字（Signature）

托运人在申报单上的签字，不接受打字。

3. 托运人申报单样本

下面为两种申报单的样本。一种由计算机填写，如图 5-9 所示；一种用手工填写，如图 5-10 所示。

在图 5-9 和图 5-10 中，由于货物仅限货机运输，所以划掉"PASSENGER AND CARGOAIRCRAFT"（客机和货机均可）条目。

这两个例子列出了 4.1 项自反应物质航空运输需要声明的内容，展示了如何列出遵循具有相同运输专用名称、危险类别和 UN 编号的两种不同危险品（油漆），同时还展示了可以接受的运输专用名称的复数形式。

项目 5　危险品国际航空物流

SHIPPER'S DECLARATION FOR DANGEROUS GOODS

Shipper ABC Company 1000 High Street Youngville, Ontario Canada	Air Waybill No.　　800 1234 5686 Page 1 of 1 Pages Shipper's Reference Number 　　　　　(optional)
Consignee CBA Lte 50 Rue de la Paix Paris 75 006 France	*For optional use for Company logo name and address*
Two completed and signed copies of this Declaration must be handed to the operator.	**WARNING**

TRANSPORT DETAILS

This shipment is within the limitations prescribed for: *(delete non-applicable)* <s>PASSENGER AND CARGO AIRCRAFT</s> / CARGO AIRCRAFT ONLY	Airport of Departure: Youngville
Airport of Destination:	Paris, Charles de Gaulle

Failure to comply in all respects with the applicable Dangerous Goods Regulations may be in breach of the applicable law, subject to legal penalties.

Shipment type: *(delete non-applicable)*
NON-RADIOACTIVE / <s>RADIOACTIVE</s>

NATURE AND QUANTITY OF DANGEROUS GOODS
UN Number or Identification Number, Proper shipping name, Class or Division (subsidiary risk) Packing Group (if required) and all other required information.

UN1816, Propyltrichlorosilane, 8 (3), II, 3 Plastic drums x 30L, 876

UN3226, Self-reactive solid type D (Benzenesulphonyl hydrazide), 4.1
1 Fibreboard box x 10 kg, 459

UN1263, Paint, 3, II, 2 Fibreboard boxes x 4L, 364

UN1263, Paints, 3, III, 1 Fibreboard box x 30L, 366

UN3166, Vehicle, flammable liquid powered, 9, 1 automobile 1350kg, 950

UN3316, Chemical kits, 9, II, 1 Fibreboard box x 3kg, 960

UN2794, Batteries, wet, filled with acid, 1 Wooden box x 50kg, 870

Additional Handling Information
The packages containing UN3226 must be protected from direct sunlight and all sources of heat and be placed in adequately ventilated areas.
24-hour Number: +1 905 123 4567

I hereby declare that the contents of this consignment are fully and accurately described above by the proper shipping name, and are classified, packaged, marked and labelled/placarded, and are in all respects in proper condition for transport according to applicable international and national governmental regulations. I declare that all of the applicable air transport requirements have been met.

Name/Title of Signatory
B.Smith, Dispatch Supervisor
Place and Date
Youngville　　2025-01-01
Signature
(see warning above)
B. Smith

图 5-9　用于计算机填写的申报单

SHIPPER'S DECLARATION FOR DANGEROUS GOODS

Shipper ABC Company 1000 High Street Youngville, Ontario Canada	Air Waybill No. **800 1234 5686** Page 1 of 1 Pages Shipper's Reference Number *(optional)*
Consignee CBA Lte 50 Rue de la Paix Paris 75 006 France	*For optional use for Company logo name and address*

Two completed and signed copies of this Declaration must be handed to the operator.

WARNING

Failure to comply in all respects with the applicable Dangerous Goods Regulations may be in breach of the applicable law, subject to legal penalties.

TRANSPORT DETAILS

This shipment is within the limitations prescribed for: *(delete non-applicable)* <s>PASSENGER AND CARGO AIRCRAFT</s> / CARGO AIRCRAFT ONLY	Airport of Departure: Youngville
Airport of Destination:	Paris, Charles de Gaulle

Shipment type: *(delete non-applicable)*
NON-RADIOACTIVE / <s>RADIOACTIVE</s>

NATURE AND QUANTITY OF DANGEROUS GOODS

Dangerous Goods Identification

UN or ID No.	Proper Shipping Name	Class or Division (Subsidiary Risk)	Packing Group	Quantity and type of packing	Packing Inst.	Authorization
UN1816	Propyltrichlorosilane	8 (3)	II	3 Plastic Drums × 30 L	876	
UN3226	Self-reactive solid type D (Benzenesulphonyl hydrazide)	4.1		1 Fibreboard box × 10 kg	459	
UN1263	Paint	3	II	2 Fibreboard boxes × 4 L	364	
UN1263	Paints	3	III	1 Fibreboard box × 30 L	366	
UN3166	Vehicle, flammable liquid powered	9		1 automobile × 1350 kg	950	
UN3316	Chemical kits	9	II	1 Fibreboard box × 3 kg	960	
UN2794	Batteries, wet, filled with acid	8		1 Wooden box × 50 kg	870	

Additional Handling Information

The packages containing UN3226 must be protected from direct sunlight, and all sources of heat and be placed in adequately ventilated areas.
24-hour Number: +1 905 123 4567

I hereby declare that the contents of this consignment are fully and accurately described above by the proper shipping name, and are classified, packaged, marked and labelled/placarded, and are in all respects in proper condition for transport according to applicable international and national governmental regulations. I declare that all of the applicable air transport requirements have been met.	Name/Title of Signatory B.Smith, Dispatch Supervisor Place and Date Youngville 01 Jan 2025 Signature *B.Smith* *(see warning above)*

图 5-10　用于手工填写的申报单

NATURE AND QUANTITY OF DANGEROUS GOODS						
Dangerous Goods Identification						
UN or ID No.	Proper Shipping Name	Class or Division (Subsidiary risk)	Packing Group	Quantity and type of packing	Packing Inst.	Authorization
UN 3480	Lithium ion batteries	9		1 Fibreboard box x 5.5 kg	965	IB

图 5-11　符合包装说明 IB 锂离子电池申报单（局部）

5.7.3　航空货运单

本部分介绍的货运单填写说明只是危险品航空货运单必填的信息。有关填写货运单的详细说明见项目 3 或查阅 IATA 发布的《航空货物运价手册》（TACT）。

1. "操作信息"（Handling Information）栏目的填写

危险品货运单必须在"Handling Information"栏内声明：

"Dangerous Goods as per attached DGD"或"Dangerous Goods as per attached Shipper's Declaration（危险品如所附托运人申报单）"。attached 也可用 associated 代替。

仅限货机运输的危险品货运单须填写"CAO"或"Cargo Aircraft Only（仅限货机）"。分别如图 5-12、图 5-13 所示。

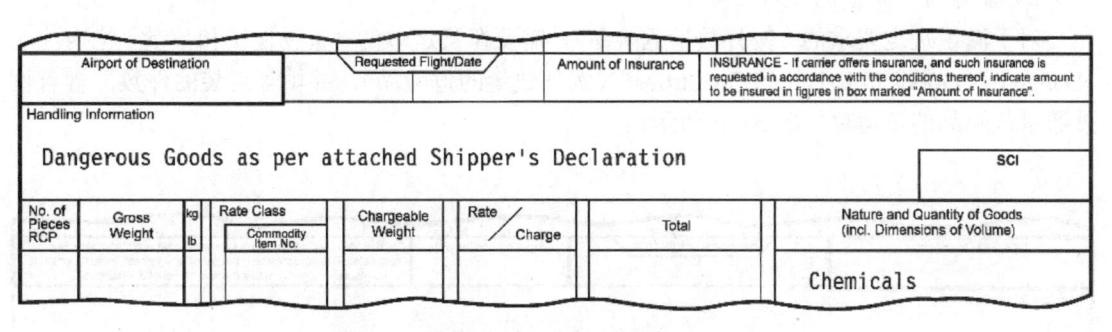

图 5-12　客机运输的危险品货运单（局部）

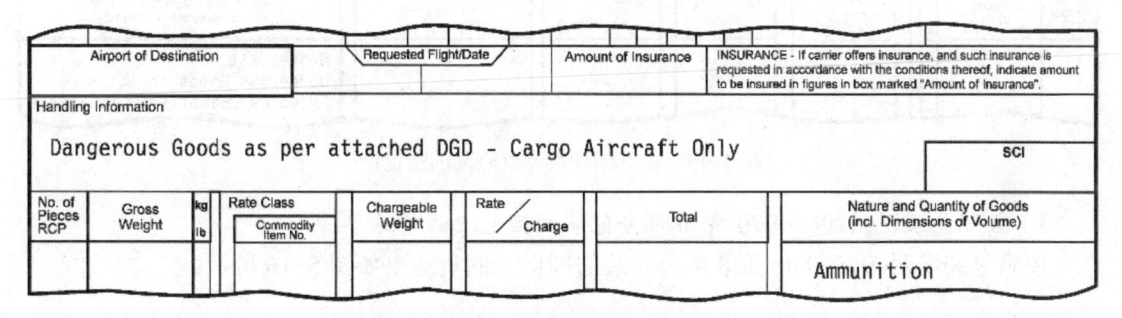

图 5-13　仅限货机运输的危险品货运单（局部）

2. "货物性质和数量"（Nature and Quantity of Goods）栏目的填写

如果托运的危险品不需要 DGD，在货运单 "Nature and Quantity of Goods"（货物性质和数量）栏必须显示以下信息，并原则上按以下顺序填写：

UN 编号（磁性物质不需要编号）；运输专用名称；包装件数量（托运货物内只有一个包装件除外）；每个包装件的净数量（UN 1845 是必需的）。

1）用作危险品的制冷剂的固体二氧化碳（干冰）的货运单

当固体二氧化碳（干冰）用作需填写 DGD 的危险品的制冷剂时，详情也必须填写在货运单的货物性质和数量栏，如图 5-14 所示。

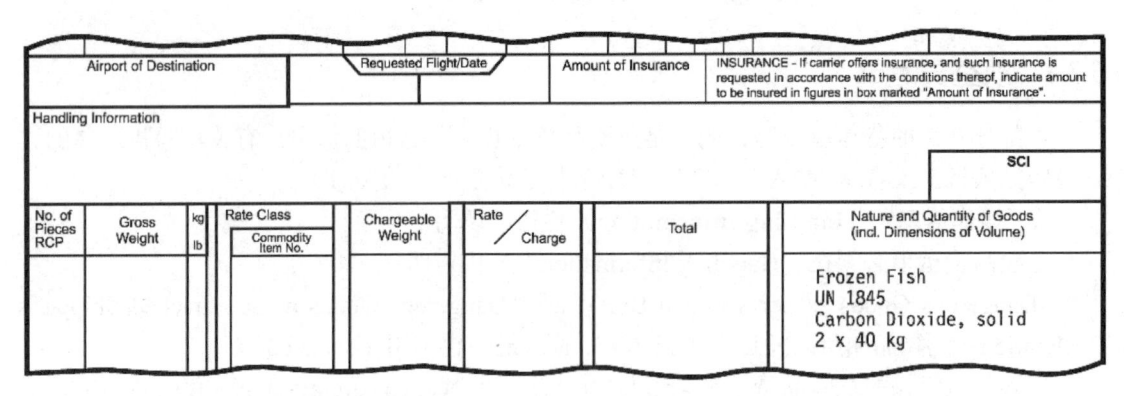

图 5-14 用作危险品的制冷剂的固体二氧化碳（干冰）货运单（局部）

2）含有例外数量危险品的货运单

对于满足规定要求的"例外数量危险品"，需要在货运单的"货物性质和数量"栏内注明"Dangerous Goods in Excepted Quantities"（例外数量的危险品），并填写包装的件数。含有例外数量危险品的货运单如图 5-15 所示。

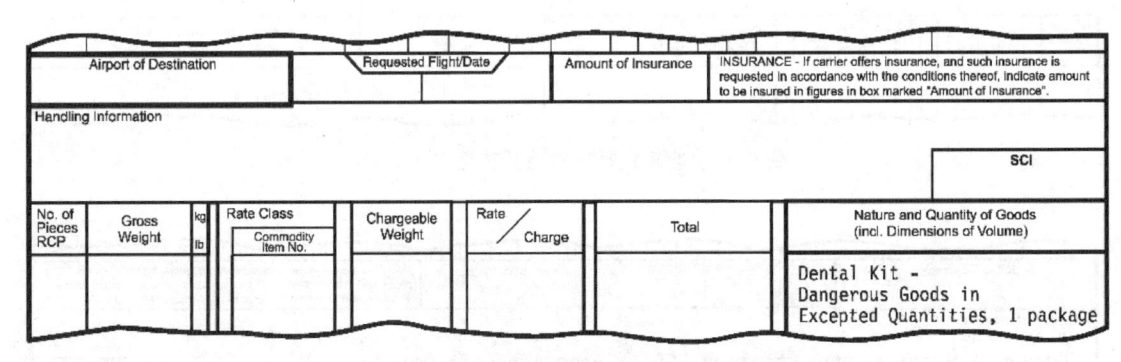

图 5-15 含有例外数量危险品的货运单

3）按照包装说明 965-970 第Ⅱ部分包装的锂电池的货运单

按照包装说明 965-970 第Ⅱ部分包装的锂电池的货运单如图 5-16 所示。

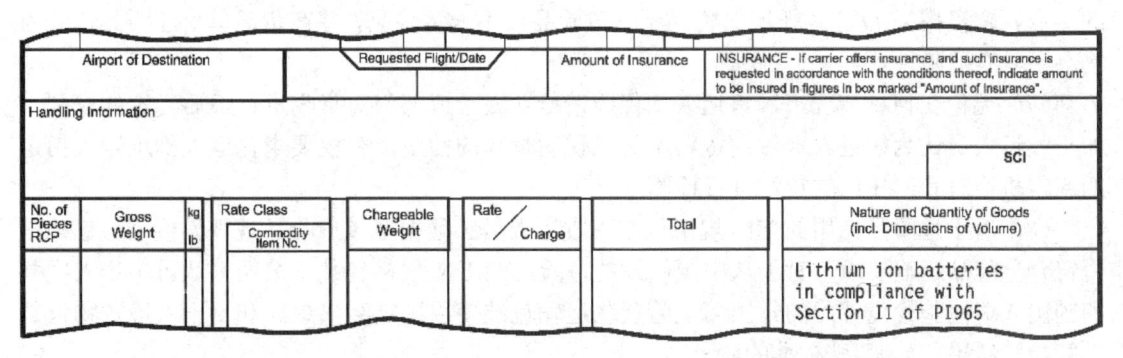

图 5-16　按照包装说明 965-970 第Ⅱ部分包装的锂电池的货运单

任务 5.8　危险品航空运输操作

5.8.1　收运

危险品收运是危险品运输的重要环节之一。在遵守有关法律法规要求和承运人规定的同时，航空公司还应针对相关文件、包装标记标签等方面逐项检查，确保其适合航空运输。

接收危险品进行航空运输应满足下列条件：必须附两份申报单；货物必须经过收运工作人员按照危险品收运检查单检查并签字；确保托运人危险品申报单填写正确；包装上已有正确的标记与标签，而且无渗漏或其他破损的迹象。

1. 收运危险品的一般要求

（1）危险品收运工作应严格遵守运输过程中有关国家适用的法律、政府规定、命令或要求，以及承运人和地面代理人的规定。

（2）收运人员必须依照当局认可的危险品运输手册中的培训管理要求及危险品训练大纲中的相关规定接受培训和定期复训。

（3）收运人员办理危险品收运的依据：《危险品规则》《危险品运输手册》，以及其他有关资料及文件。

（4）收运人员应参照《危险品规则》中国家及承运人差异，并可参阅 TACT（Rules）中的国家及承运人信息，注意危险品运输的中转站和目的站国家及续程承运人的不同规定。

（5）收运人员必须检查托运人所有办理托运手续和签署危险品运输文件的人员已按《危险品规则》《民用危险品航空运输管理规定》的要求接受了相关危险品运输训练，并在托运时出示训练合格证书、证明。收运人员必须要求托运人完成危险品申报单的填写，并签字盖章。

（6）防止普通货物中隐含危险品，措施如下。

① 应当对负责货物收运的人员进行适当的培训，以帮助他们确认和审查作为普通货物交付的危险品。

② 应当查验托运的物品。对于可能隐含危险品的货物，收运人员必须要求托运人提供有关资料（如 MSDS）或出具相应的鉴定证明（出具鉴定证明的机构必须是当局备案公司认可

的专业鉴定机构），以证实托运的物品不是危险品或不含危险品，并在货运单上注明其包装内物品不具有危险性。

（7）无论在何种情况下，承运人均保留请专业人士或部门对货物进行最后判定的权利。如果收运人员认为托运人提供的资料不足以说明货物的性质，有权要求托运人到承运人指定的鉴定机构对其所托运的货物进行检测。

（8）对于危险品使用的 UN 规格包装，收运人员必须根据《危险品规则》检查该包装是否符合危险品运输要求。对于从中国始发的危险品的 UN 规格包装，公司只认可中华人民共和国出入境检验检疫部门的《出境危险货物运输包装使用鉴定结果单》和《出入境货物包装性能检验结果单》，特殊批准的除外。

（9）收运人员必须依照当年有效的危险品收运检查单逐项进行检查，不符合要求的应拒绝收运。经过检查，只有完全符合规定且完全具备收运条件的危险品方可收运。如果拒绝收运，应将托运人危险品申报单和危险品收运检查单随货物退还托运人。退回的托运人危险品申报单不得重新使用。托运人可对不符合要求的文件或货物包装重新进行准备。

2. 收运检查单（Acceptance Checklist）

在收运危险品时，为了检查申报单、货运单及危险品包装件是否完全符合要求，危险品收运人员必须使用危险品收运检查单（Acceptance Checklist，以下简称收运检查单，缩写为 AC）。检查危险品的包装、数量限制、包装方法、标记、标签以及完整的运输文件。不符合规定的危险品不予接收，并在检查单上列出不予收运的理由，一份由公司收运部门保存，另一份给货物托运人。

注意：必须符合现行有效的 IATA 危险品收运检查单的最低要求。

收运检查单主要供承运人收运危险品时使用，同时也可以给货主、货运代理人提供一个准备货件的良好依据。

1）收运检查单使用说明

（1）收运检查单由收货人员填写，一式两份，经复核签字后生效。如果收货人员未填写检查单或者检查单未经复核签字，则不得收运该危险品。

（2）检查单上的各个项目必须全部检查，检查完毕后方能确定该危险品是否可以收运。

（3）经检查，检查单上的各个项目均无问题，该危险品可以收运。

（4）经检查，检查单上如有任意一项结果为否定，则该危险品不得收运。

（5）收运检查单的正本和危险品申报单与货运单附在一起随同货物运输，其副本由始发站留存。

（6）对例外数量的危险品，不需要收运检查单。

2）对检查出的问题的处理方法

（1）如果问题出在危险品申报单上，除货运单号码栏、始发站机场栏和目的站机场栏以外，其他的栏目必须由托运人予以更正，并在更正处签名或盖章。

（2）如果危险品包装件有损坏或包装方法不正确，航空公司收货人员应该拒绝收运该危险品。非放射性物品收运检查单如图 5-17 所示。

非放射性危险品收运检查单

下列推荐的检查清单用于始发站核实托运货物。在所有项目检查之前不得收运或拒收托运货物。
下列各项内容是否正确？

托运人危险品申报单（DGD）	是	否*	不适用
1. 英文申报单一式两份按 IATA 格式填写[8.1.1,8.1.2,8.1.6.12]	□	□	
2. 托运人和收货人名称及地址全称[8.1.6.1,8.1.6.2]	□	□	
3. 如无航空货运单号，填上[8.1.6.3]	□	□	
4. 共有的页数[8.1.6.4]	□	□	
5. 删除不适用的飞机机型[8.1.6.5]	□	□	
6. 如无起飞/目的地机场或所在城市的全称，填上此条目为可选项[8.1.6.6 和 8.1.6.7]	□	□	□
7. 删除"放射性"字样[8.1.6.8]	□	□	

识别

8. UN 或 ID 编号，编号前冠以 UN 或 ID 字样[8.1.6.9.1,步骤 1]	□	□	
9. 运输专用名称及必要时写在括号内的技术名称[8.1.6.9.1,步骤 2]	□	□	
10. 类别或项别，对于第 1 类，配装组代号[8.1.6.9.1,步骤 3]	□	□	
11. 次要危险性，紧跟于类别/项别后的括号内[8.1.6.9.1,步骤 4]	□	□	□
12. 包装等级[8.1.6.9.1,步骤 5]	□	□	

包装数量及类型

13. 包装件的数量及类型[8.1.6.9.2,步骤 6]	□	□	
14. 每一包装件的含量及计量单位（净重或适用时的毛重）符合相关限制[8.1.6.9.2,步骤 6]	□	□	
15. 当不同种类危险品包装在同一外包装中时，符合以下规定：			
——根据表 9.3.A 可包装在一起	□	□	
——装有 6.2 项危险品的 UN 包装件[5.0.2.11(c)]	□	□	
——"All packed in one(type of packaging)"字样[8.1.6.9.2,步骤 6(f)]	□	□	
——计算的"Q"值的不得超过 1[5.0.2.11(g)&(h);2.7.5.6;8.1.6.9.2,步骤 6(g)]	□	□	
16. OVERPACK			
——根据表 9.3.A 可包装在一起[5.0.1.5.1]	□	□	
——"OVERPACK Used"字样[8.1.6.9.2,步骤 7]	□	□	
——当使用 1 个以上 overpack 时，标注识别标记及危险品的总量[8.1.6.9.2,步骤 7]	□	□	

包装说明

17. 包装说明编号[8.1.6.9.3,步骤 8]	□	□	
18. 对于符合 IB 部分的锂电池，"IB"跟随在包装说明后面[8.1.6.9.3,步骤 8]	□	□	

批准

19. 如适用，相关特殊规定代号 A1、A2、A4、A5、A51、A81、A88、A99 或 A130、A190、A191 [8.1.6.9.4,步骤 9]	□	□	□
20. 指明附有政府批准证书，包括英文副本[8.1.6.9.4,步骤 9]	□	□	

附加操作信息

21. 对于 4.1 项中的自反应物质及相关物质、5.2 项的有机过氧化物，或其样品、PBE、易燃粘稠物质以及烟火，强制性的文字要求[8.1.6.11.1、8.1.6.11.2、8.1.6.11.3 和 8.1.6.11.5]	□	□	□
22. 6.2 项感染性物质责任人的姓名及电话[8.1.6.11.4]	□	□	
23. 签署者姓名及职务，地点及日期，托运人签字[8.1.6.13、8.1.6.14、8.1.6.15]	□	□	
24. 更改或修订时有托运人签字[8.1.2.6]	□	□	

航空货运单

25. 在操作信息栏显示"Dangerous Goods as per attached Shipper's Declaration"或"Dangerous Goods as per attached DGD"[8.2.1(a)]	□	□	

图 5-17 （前半部分）非放射性物品收运检查单

26. "Cargo Aircraft Only"或"CAO"字样,若适用[8.2.1(b)]　□　□　□
27. 包含非危险品时,标明危险品的件数[8.2.2]　□　□　□
包装件和 OVERPACK
28. 包装符合包装说明,无破损和泄漏[9.1.3 及相应的包装说明]　□　□
29. 交付的包装件及 OVERPACK 的数量及类型与托运人申报单中所注明的相同[9.1.3]　□　□
标记
30. UN 规格包装,否按 6.0.4 和 6.0.5 的要求做标记:
　　—符号和规格代号　□　□　□
　　—X、Y、Z,与包装等级/包装说明一致　□　□　□
　　—不超过最大毛重(固体、内包装或 IBCs[SPA179])　□　□　□
　　—感染性物质的包装标记[6.5.3.1]　□　□　□
31. UN/ID 编号[7.1.4.1(a)]　□　□　□
32. 运输专用名称包括必要时的技术名称[7.1.4.1(a)]　□　□　□
33. 托运人及收货人的姓名和地址全称[7.1.4.1(b)]　□　□　□
34. 所有类别的货物(除 ID8000 和第 7 类),在多于一个包装件时,包装件上标注净数量或必要时后跟"G"所表示的毛重,除非内容相同[7.1.4.1(c)]　□　□　□
35. 固体二氧化碳(干冰),包装上标注净重[7.1.4.1(d)]　□　□　□
36. 对 6.2 项感染性物质,责任人的姓名及电话[7.1.4.1(e)]　□　□　□
37. 包装说明 202 所要求的特殊标记[7.1.4.1(f)]　□　□　□
38. 有限数量包装件标记[7.1.4.2]　□　□　□
39. 环境危害物质标记[7.1.5.3]　□　□　□
标签
40. 主要危险性标签,依据 4.2 节 D 栏[7.2.3.2;7.2.3.3(b)]　□　□　□
41. 依据 4.2 节 D 栏,次要危险性标签粘贴在主要危险性标签旁[7.2.3.2;7.2.6.2.3]　□　□　□
42. 仅限货机标签,与危险性标签毗连且粘贴在同一侧面上[7.2.4.2;7.2.6.3]　□　□　□
43. "方向"标签,如适用粘贴在相对的两个侧面上[7.2.4.4]　□　□　□
44. "冷冻液体"标签,如适用[7.2.4.3]　□　□　□
45. "远离热源"标签,如适用[7.2.4.5]　□　□　□
46. "锂电池"标签,如适用[7.2.4.7]　□　□　□
47. 正确粘贴上述所有标签[7.2.6],且除去无关的标记及标签[7.1.1;7.2.1]　□　□　□
关于 OVERPACK
48. 包装使用的标记、危险性标签及操作标签必须清晰可见,否则需重新书写或粘贴在 OVERPACK 的表面[7.1.7.1,7.2.7]　□　□　□
49. 如果所有标记和标签不可见,则需有"OVERPACK"字样[7.1.7.1]　□　□　□
50. 当交运的 OVERPACK 超过一个时,标识标记和危险品的总量[7.1.7.2]　□　□　□
一般情况
51. 国家及经营人差异均符合[2.8]　□　□　□
52. 仅限货机的货物,所有航段均由货运飞机运输　□　□　□
53. 对于 IB 的锂电池,"锂电池文件"与所需要的信息随附货物运输[8.1.6.11.7]　□　□　□

意见:＿＿＿＿＿＿＿＿＿＿＿＿＿＿＿＿＿＿＿＿＿＿＿＿＿＿＿＿＿＿＿＿＿＿

检查人:＿＿＿＿＿＿＿＿＿＿＿＿＿＿＿＿＿＿＿＿＿＿＿＿＿＿＿＿＿＿＿
地点:＿＿＿＿＿＿＿＿＿＿＿＿＿＿＿＿＿签字:＿＿＿＿＿＿＿＿＿＿＿＿
日期:＿＿＿＿＿＿＿＿＿＿＿＿＿＿＿＿＿时间:＿＿＿＿＿＿＿＿＿＿＿＿

如果任何一项检查为"否",工作人员将不得收运该货物,并将一份填写好的检查单的副本交给托运人。

图 5-17　（后半部分）非放射性物品收运检查单

5.8.2 存储

危险品是特殊货物,在存储中需要特殊照料,一旦发生货物丢失或其他危险事故,就会给人员、财产带来危害和损失。因此,危险品存储应严格遵守《民用危险品航空运输管理规定》的规章及运输过程中有关国家适用的法律法规、政府规定命令或要求,以及有关承运人的规定。

1. 危险品仓库设施及管理

(1)危险品仓库必须设置安全、充足的照明设备和足够、有效的消防设施,以便在发生事故时能及时采取应急措施。

(2)危险品仓库应通风良好、无阳光直射,远离各种热源,夏季温度不宜高。

(3)仓库内的输配电线、灯具、火灾事故照明和疏散指示标志,都应符合要求。

(4)每一间库房必须有相应的通风设施,如换气扇等,以便有效地消除仓库内因储存大量的危险品而散发出的化学物品气味。

(5)用于存储第7类放射性物品的仓库,其墙壁及仓库大门必须坚固,在一定程度上具有降低放射性物品辐射水平的功能。

(6)危险品仓库应配备防护服、防护面罩及其他防护必需品,以便在发生危险品泄漏及危险品事故时,能够及时从容地采取应急措施。防护面罩主要包括过滤式防毒面罩和隔绝式氧气或空气面罩等。

(7)危险品仓库应配备个人防护用品,个人经常使用的防护用品主要包括工作服、工作帽、鞋靴、胶皮手套、口罩等。

(8)仓库及其附近区域严禁使用明火,严禁吸烟。特别是储存易燃易爆品的仓库,绝不允许在仓库内用火,并且必须接装避雷设备。

(9)危险品仓库内还应配备必要的报警装置。

(10)危险品仓库必须保证水源及一定数量的砂土,以便在发生不正常情况时,能够及时采取措施。

(11)普通货物仓库内危险品储存的指定区域也应满足上述要求。

2. 危险品的存储

(1)危险品在仓库中的存储,应按照类别、项别分别放置在不同的仓库中或同一仓库的不同区域内,如第一类爆炸品应按照不同的项别和配装组分别存放。

(2)危险品如需在普通货物仓库中存储,则必须存放在指定区域以便集中管理,这一区域必须设有明显标志,必须有明显的隔离设施。

(3)操作人员必须依照轻拿轻放原则和请勿倒置原则搬运和存放危险品包装件。要防止撞击、震动、摩擦、翻滚,做到小心轻放、轻装轻卸。

(4)入库的危险品应按照小心轻放、箭头向上、标记和标签朝上的要求存放,遵循大不压小、重不压轻、木箱或铁箱不压纸箱的原则。一般情况下,货物存放高度不宜超过同类货物 4 层或 3 m 的高度。

（5）性质相抵触的危险品包装件在仓库中的存放，必须符合隔离包装件的隔离原则，包装件在任何时候不得相互接触或相邻放置，在仓库中存储时应有 2 m 以上的间隔距离。

（6）危险品入库时，如果其货运单或货物包装上有要求冷藏、冷冻存储或其他特殊要求的，应根据其不同的危险性采取不同的处理方式。

（7）如果没有专门的危险品冷库，需要冷冻的危险品必须存放在容易管理的指定区域内。

5.8.3 装载

1. 装载的基本要求

当危险品按照要求装入航空器时，承运人必须保证该危险品包装件不得破损。必须特别注意运输准备过程中包装件的操作、其所在飞机类型及装机时所需的方式，以避免由于拖拽或不正确操作产生事故性损坏。

承运人必须保证，包装件在装上飞机和装入集装器之前，经过检查并确认无任何渗漏和破损。任何出现损坏或渗漏的包装件必须从飞机内搬出，然后做安全处置。出现渗漏时，承运人必须确保其他的货物免受损害和污染。

通常情况下，不得将危险品带入飞机客舱或驾驶舱。另外，如果客机的主货舱符合 B 级飞机货舱的所有适航标准，则可以将危险品装入该舱。贴有"CARGO AIRCRAFT ONLY（仅限货机）"标签的危险品，不得装上客机，只能装上货机，并且必须符合可接近性原则。

承运人必须以某种方式将危物品固定于航空器中，并保证：

（1）体积小的包装件不会通过网孔从集装板上掉下；

（2）散装的包装件不会在机舱内移动；

（3）桶形包装件，难以用尼龙带来束缚固定时，要用其他货物卡紧；

（4）用其他货物卡住散装的包装件时，必须从 5 个方向（前、后、左、右、上）卡紧；

（5）对于含有放射性物品的包装件或集合包装件，其固定方式必须确保在任何时候都符合隔离要求。

2. 不相容危险品的隔离

1）危险品之间的隔离

彼此能产生危险反应的危险品包装件，不得在航空器上靠在一起码放，或使码放的位置有可能因渗漏而相互发生反应。必须遵守如表 5-15 所示的隔离要求。

表 5-15　包装件隔离表（DGR 表 9.3.A）

危险性标签	1（不含1.4S）	2.1	2.2,2.3	3	4.1	4.2	4.3	5.1	5.2	8	9（见9.3.2.1.3）
1（不含1.4S）	9（见9.3.2.1.3）	×	×	×	×	×	×	×	×	×	×
2.1	×	—	—	—	—	—	—	—	—	—	×
2.2,2.3	×	—	—	—	—	—	—	—	—	—	—
3	×	—	—	—	—	—	—	×	—	—	×
4.1	×	—	—	—	—	—	—	—	—	—	—
4.2	×	—	—	—	—	—	—	×	—	—	—
4.3	×	—	—	—	—	—	—	—	—	×	—
5.1	×	—	—	×	—	×	—	—	—	—	—
5.2	×	—	—	—	—	—	—	—	—	—	—
8	×	—	—	—	—	—	×	—	—	—	—
9（见9.3.2.1.3）	×	×	—	×	×	—	—	×	—	—	—

在行和列的交叉点上注有"×"，表示装有这些类或项的危险品的包装件必须相互隔开。若在行和列的交叉点上注有"—"，则表示装有这些类或项的危险品的包装件无须相互隔开。

在确定分隔要求时，隔离要求的应用是以包装件上所有的危险性标签为基础的，不论是主要危险性还是次要危险性。

由于 4.1 项及第 6、7 和 9 类不需与其他类别的危险品隔开，因此，表 5-15 中不包含这类危险品。

不相容的危险品包装件在任何时候不得相互接触或处于相邻位置。在实际操作中，不相容的危险品要装入不同的货舱、不同的集装箱或集装板，或用普通货物隔开。在运输与存储时应满足以下要求。

（1）在仓库中存储时，应保持 2 m 以上的间隔。

（2）装在集装板上装入散货舱时，可采用以下方法中的任何一种：

① 将性质相抵触的危险品分别用尼龙带固定在集装板或飞机货舱地板上，两者之间至少间隔 1 m；

② 用普通货物的包装件将性质相抵触的两种危险品分开，两者之间至少间隔 5 m。

2）爆炸品之间的隔离

（1）只有 1.4S 爆炸品允许使用客机运输。只能使用货机运输的爆炸品包括 1.3C、1.3G、1.4B、1.4C、1.4D、1.4E、1.4G。

（2）哪些爆炸品可码放在一起是由其相容性决定的。如果它们能码放在一起，而不会大幅增加事故可能性，或在一定数量下不会增加此类事故破坏性，则认为爆炸品是相容的。

（3）S 配装组的爆炸品可与所有配装组的爆炸品一起码放。

（4）除以下规定外，不同配装组的爆炸品可装载在一起，不论其是否属于同一项别：

① 1.4B 项的爆炸品不得与 1.4S 项以外的其他爆炸品装在一起；

② 当 1.4B 爆炸品与 1.4S 以外的其他爆炸品装载在同一飞机时，必须分别装载在不同的集装器内，装机时集装器之间必须由其他货物分隔开，并保持最小距离 2 m；

③ 如果不使用集装器装载，1.4B 爆炸品必须与其他爆炸品装载在不同且不相邻的位置，且相互之间用其他货物隔离最小 2 m 的距离。

5.8.4　机长通知单

飞机起飞前（应尽早但决不能晚于飞机靠自己动力移动时），承运危险品的承运人必须向机长提供准确清晰的机长通知单（Notification to Captain，NOTOC），告之将要作为货物运输的危险品的情况。

机长通知单必须用专用表格填写，不得使用航空货运单、托运人危险品申报单及发票等其他表格代替。

机长通知单必须包含以下内容。

（1）日期。

（2）货运单号码（如货运单已填开）。

（3）运输专用名称（危险品申报单上显示的技术名称不需要）以及《危险品规则》中列出的 UN 编号。当根据特殊规定 A144 运输含有化学氧气发生器的呼吸保护装置时，运输专用名称"Oxygen generator，chemical"（化学氧气发生器），必须随附"Air crew protective breathing equipment（smoke hood）in accordance with special provision A144［机组成员呼吸保护装置（防烟罩），符合特殊规定 A144］"的声明。

（4）以数字表示的类别或项别，以及与所使用的危险性标签对应的次要危险性，若为第 1 类爆炸品应注明配装组。

（5）危险品申报单上所标示的包装等级。

（6）（非放射性物品）包装件件数、每个包装件的净重或毛重（如适用，包括计量单位）及其确切装载位置。

（7）（放射性物品）包装件、集合包装件或放射性专用货箱的数目、放射性级别、运输指数（如适用）及其确切装载位置。

（8）包装件是否必须仅限货机运输。

（9）卸机站。

（10）该危险品在某一国家豁免条件下运输的说明（如适用）。

机长通知单样例如表 5-16 所示。

表 5-16 机长通知单样例

装机站 Station of Loading	航班号 Flight Number	日期 Date	机号 Aircraft Registration	填表人 Prepared by							

危险品 DANGEROUS GOODS

卸机站 Station of Unloading	货运单号码 Air Waybill Number	专用运输名称 Proper Shipping Name	类别或项别 第一类的 Class or Division for Class 1 Compat.Grp	编号 UN or ID Number	次要危险性 Sub Risk	包装件数 Number of Packages	每件净重或运输指数 Net quantity or Transp. Ind. per Package	放射性物品等级分类 Radioactive Mal.Categ	包装等级 Packing Group	代码 Code (see reverse)	仅限货机 CAO (x)	装机 Loaded		
												集装器号 ULD ID	位置 Position

本航空器所装载的危险品的包装器均无损坏或渗漏现象
There is no evidence that any damaged of leaking packages containing dangerous goods have been loaded on the aircraft

其他特种货物 OTHER SPECIAL LOAD

卸机站 Station of Unloading	货运单号码 Air Waybill Number	货物品名 Contents and Description	包装件数 Number of packages	数量 Quantity	补充说明 Supplementary Information	代码 Code (see reverse)	装机 Loaded	
							集装器号 ULD ID	位置 Position
				温度要求 TEMPERATURE REQUIREMENTS ☐ Heating required for ☐ ℃ ☐ Cooling required for ☐ ℃ (specify)				

装机负责人 Loading Supervisor's Signature	机长签字 Captain's Signature	其他说明及要求 Other Information

思考与练习

（一）单选题

1. 可以航空运输的爆炸品类项（组）是（　　）。
   A. 1.4S　　　　　B. 1.4F　　　　　C. 1.5　　　　　D. 1.6
2. 有限数量的危险品包装件毛重不得超过（　　）。
   A. 10 kg　　　　B. 30 kg　　　　C. 20 kg　　　　D. 40 kg
3. 不允许例外数量空运的危险品代码为（　　）。
   A. E2　　　　　B. E1　　　　　C. E0　　　　　D. E3
4. 危险品空运必须严格按照国际航协《危险品规则》进行，这项规则的英文简称为（　　）。
   A. IATA-TI　　　B. IATA-276-R1　　C. ICAO-DGR　　D. IATA-DGR
5. 关于经承运人批准仅可作为手提行李接收的备用锂电池，以下错误的是（　　）。
   A. 允许携带 2 块超过 100 Wh 但不超过 160 Wh 的锂离子电池
   B. 允许携带 2 块锂含量超过 2 g 但不超过 8 g 的锂金属电池
   C. 锂金属电池仅可用于便携医疗电子设备
   D. 锂离子电池仅可用于便携医疗电子设备
6. 九类危险品中有七类（仅一部分）可按例外数量危险品的有关规定进行运输，不包括（　　）。
   A. 第 1、7 类　　B. 第 2、3 类　　B. 第 4、5、6 类　　D. 第 8、9 类
7. 九类危险品中有七类（仅一部分）可按有限数量危险品的有关规定进行运输，不包括（　　）。
   A. 第 2、3 类　　B. 第 1、7 类　　B. 第 4、5、6 类　　D. 第 8、9 类
8. 不可航空运输的爆炸品的类项（组）是（　　）。
   A. 1.4D　　　　　B. 1.4E　　　　　C. 1.4F　　　　　D. 1.4G
9. 运输指数是距离包装件、集合包装件或放射性专用货箱外表面（　　）远处的最高剂量率，如果该剂量率以 mSv/h 为单位进行表示，则测定出的值必须乘以（　　）。
   A. 4 m，400　　B. 3 m，300　　C. 2 m，200　　D. 1 m，100
10. 关于仅限货机标签，错误的是（　　）。
    A. 标签代码为 CAO
    B. 若危险品可用货机或客机运输，不应使用此标签
    C. 此标签必须与危险性标签相邻粘贴
    D. 若危险品可用货机或客机运输，可使用此标签

（二）多选题

1. 危险品是指能对（　　）构成危险的物品或者物质。
   A. 健康　　　　B. 安全　　　　C. 财产　　　　D. 环境
2. 下列爆炸品类项（组）中，禁止航空运输的有（　　）。

A. 1.1   B. 1.2   C. 1.3C 和 1.3G   D. 1.4F

3. 有些危险品在一般情况下禁止空运，但豁免后可以空运，豁免的适用范围有（　　）。
   A. 在极端紧急情况下
   B. 当其他运输方式不适宜时
   C. 完全遵守规定的要求违背承运人利益时
   D. 完全遵守规定的要求违背公众利益时

4. 关于承运人物资中的危险品，《危险品规则》规定条款不适用于（　　）。
   A. 航空器设备　　　　　　　　　B. 消费品
   C. 一次性气体打火机　　　　　　D. 电池驱动的电子设备

5. 下列隐含或可能隐含危险品的物品有（　　）。
   A. 呼吸器　　　B. 冷冻水果　　　C. 药品　　　D. 集运货物

6. 关于有限数量危险品包装件性能的跌落和堆码试验，正确的有（　　）。
   A. 试验包装件跌落高度为 1.2 m
   B. 试验包装件跌落于坚硬的、无弹性的水平表面上
   C. 堆码试验高度包括试样在内为 3 m
   D. 堆码试验持续时间为 24 h

7. 关于运输指数（TI）的描述，正确的有（　　）。
   A. 是分配给每一个包装件、集合包装件或放射性专用货箱用以控制其辐射暴露的数值
   B. 可用来确定与人、动物、未曝光的胶片和其他放射性物品相隔的最短安全距离
   C. 不可用来确定标签的类别
   D. 用以保证在整个运输过程中公众及相关操作人员受到的辐射最小

8. 关于危险品表运输专用名称栏中某些条目出现的符号，正确的有（　　）。
   A. 符号★表示需要附加技术或化学名称
   B. 符合†表示附加说明详见 DGR 附录 A
   C. 符合★和†属于运输专用名称的一部分
   D. 符号★和†不属于运输专用名称的一部分

9. 关于 UN 规格包装标记中字母 XYZ 和危险品包装等级，错误的有（　　）。
   A. X 表明包装仅用于要求Ⅰ级包装的危险品
   B. Y 表明包装仅用于要求Ⅱ级包装的危险品
   C. Z 表明包装仅用于要求Ⅲ级包装的危险品
   D. 要求Ⅱ级包装的危险品只能使用标记含 Y 的包装

10. 危险品表中的运输专用名称条目包括（　　）。
    A. 单一条目　　　　　　　　　B. 类属条目
    C. 特定的 n.o.s.条目　　　　　D. 一般 n.o.s.条目

11. 接收危险品进行航空运输应满足下列条件（　　）。
    A. 必须附两份托运人危险品申报单
    B. 必须经过收运人员按照危险品收运检查单检查并签字
    C. 必须确保托运人危险品申报单填写正确
    D. 必须确保包装上已有正确的标记与标签，且无渗漏或其他破损的迹象

12. 危险品在仓库中存储时，以下操作错误的有（   ）。

   A. 搬运和存放必须依照轻拿轻放原则和请勿倒置原则

   B. 应按照小心轻放、箭头向上、标记和标签朝上的要求存放

   C. 一般情况下，货物存放高度不宜超过同类货物 3 层或 4 m 的高度

   D. 还要遵循大不压小、重不压轻、木箱或铁箱不压纸箱的原则

13. 对于不相容的危险品包装件，操作正确的有（   ）。

   A. 在任何时候不得相互接触或处于相邻位置

   B. 固定在集装板或货舱地板上时两者之间至少间隔 1 m

   C. 固定在集装板或货舱地板上时两者之间至少间隔 2 m

   D. 可用普通货物包装件将其分开且两者之间至少间隔 5 m

14. 关于托运人危险品申报单，正确的有（   ）。

   A. 托运人必须将申报单至少保存 3 个月

   B. 申报单必须由托运人签署姓名和日期，签字必须使用全称

   C. 申报单必须用英文填写，且在英文后面不可出现其他文字

   D. 申报单上如有涂改，托运人必须在涂改处签字

15. 收运危险品使用收运检查单时，必须做到（   ）。

   A. 检查单由收货人员填写，经复核签字后生效

   B. 如果检查单未经收货人员复核签字，则不得收运该危险品

   C. 经检查，检查单上如有任意一项结果为否定，则该危险品不得收运

   D. 检查单正本必须和危险品申报单与货运单一起随同货物运输

（三）判断题

1. 如果 DGR4.2 节危险品表相关栏目中出现 Forbidden 字样，表示该危险品禁止空运。（   ）

2. 当 F 栏（例外数量）出现 E0 时，表示该危险品可以使用例外数量危险品包装进行运输。（   ）

3. 1.3C 和 1.3G 爆炸品既可用客机也可用货机空运。（   ）

4. Ⅱ级包装可用于要求Ⅱ、Ⅲ级包装的危险品。（   ）

5. 包装等级要求为Ⅲ级的危险品，可采用Ⅰ、Ⅱ、Ⅲ级包装。（   ）

6. UN 规格包装是根据联合国规格包装的标准进行设计、性能测试和生产的包装。（   ）

7. DGD 是重要的运输文件，中文名为危险品收运检查单。（   ）

8. 贴有 CAO 标签的危险品，既能装入货机，也能装入客机。（   ）

9. CCAR-276-R1 是我国制定的危险品航空运输法规。（   ）

10. 危险品九个类别的编号顺序与危险程度无关。（   ）

11. 危险品表中的单一条目比类属条目优先使用。（   ）

12. 在任何情况下都禁止空运的危险品也有专门的 UN/ID 编号。（   ）

13. 第 1 类危险品可按有限数量危险品的有关规定进行运输。（   ）

14. 例外数量危险品不要求托运人提供危险品申报单。（   ）

15. 具有两个项别以上危险性的气体和气体混合物，危险性主次顺序是 2.3 项、2.1 项、2.2 项。（   ）

16. 放射性物品不得与其他危险品列在同一申报单内，但作为制冷剂的固体二氧化碳（干冰）除外。（　　）

17. 各国及承运人不可提出比国际规则要求更严格、更具限制性的差异。（　　）

18. 例外数量危险品要求托运人也要提供危险品申报单、收运检查单。（　　）

19. 如果收运人员认为托运人提供的资料不足以说明货物的性质，有权要求托运人到承运人指定的鉴定机构对其所托运的货物进行检测。（　　）

20. S 配装组的爆炸品可与所有配装组的爆炸品一起码放。（　　）

（四）填空题

1. 易燃液体的包装等级是依据其闪点（Flash Point）和沸点（Boiling Point）来划分的，请将表 5-17 填写完整。

表 5-17　易燃液体包装等级划分标准

包装等级	闪点（闭杯）	初始沸点
Ⅰ	—	
Ⅱ		
Ⅲ		

2. 毒性物质的包装等级是根据它们在运输中的毒性危险程度划分的，请将表 5-18 填写完整。

表 5-18　毒性物质包装等级划分标准

包装等级	口服毒性 LD_{50}/（mg/kg）	皮肤接触毒性 LD_{50}/（mg/kg）	吸入尘/雾毒性 LC_{50}/（mg/L）
Ⅰ			
Ⅱ			
Ⅲ			

（五）应用题

1. 查阅危险品表（见表 5-19），分析回答后面的问题。

表 5-19　危险品表

UN/ID no.	Proper Shipping Name/Description	Class or Div.(SubRisk)	Hazard Label(s)	PG	EQ see 2.6	Passenger and Cargo Aircraft Ltd Qty Pkg Inst	Passenger and Cargo Aircraft Ltd Qty Max Net Qty/Pkg	Passenger and Cargo Aircraft Pkg Inst	Passenger and Cargo Aircraft Max Net Qty/Pkg	Cargo Aircraft Only Pkg Inst	Cargo Aircraft Only Max Net Qty/Pkg	S.P.see 4.4	ERG Code
A	B	C	D	E	F	G	H	I	J	K	L	M	N
2267	Dimethyl thiophosphoryl chloride	6.1 (8)	Toxic & Corrosive	Ⅱ	E4	Y640	0.5 L	653	1L	660	30L		6C

（1）单选题：UN2267 危险品的危险性是（　　）。
　　A. 易燃液体
　　B. 毒性物质
　　C. 主要危险性是毒性，次要危险性是腐蚀性
　　D. 不能确定
（2）单选题：UN2267 危险品的危险程度是（　　）。
　　A. 高危　　　　B. 低危　　　　C. 中危　　　　D. 不能确定
（3）UN2267 危险品的包装说明编号有哪些？
（4）H、J 和 L 栏的数量限制是对一票（一张货运单）货物的限制吗？
（5）UN2067 危险品的例外数量、有限数量、客货机和仅限货机的每个包装件最大净数量分别是多少？

2. 查阅图 5-18 所示的申报单，分析回答后面的问题。

UN or ID No.	Proper Shipping Name	Class or Division (Subsidiary Hazard)	Packing Group	Quantity and type of packing	Packing Inst.	Authorization
UN1203	Motor Spirit	3	II	1 Steel drum × 4 L 2 Plastic Jerricans × 2 L	353	
UN1950	Aerosols, flammable	2.1		1 Fibreboard box × 5 kg Overpack used	203	
UN1992	Flammable liquid, toxic, n.o.s. (Petrol, Carbon tetrachloride mixture)	3 (6.1)	III	1 Fibreboard box × 1 L	Y343	

图 5-18　申报单

（1）该申报单中有几种危险品？
（2）使用集合包装件的危险品有哪些？集合包装件中有多少个包装件？
（3）UN1992 的运输专用名称中，n.o.s. 的含义是什么？
（4）UN1992 的危险性是什么？
（5）在 Y343 中，Y 的含义是什么？

项目 6

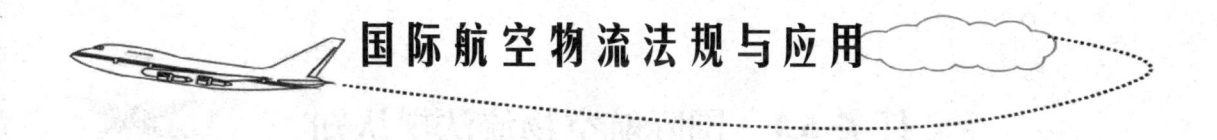

国际航空物流法规与应用

能力目标

能正确分析处理国际航空物流事故；会按规定程序索理赔；能正确分析和处理国际航空物流事故的一般案例。

知识目标

了解国际航空公约与国内航空法规；掌握国际航空物流事故分析处理的一般流程；熟悉索赔原则与条件、索赔程序、索赔文件的要求和理赔依据。

思政目标

提升法律作用与价值认知，牢固树立法治观念，深化对法治理念与契约精神的理解。

引导资料

民用航空领域的专门法

二十大报告指出，全面依法治国是国家治理的一场深刻革命，并提出加快建设法治社会，弘扬社会主义法治精神，推进多层次多领域依法治理，提升社会治理法治化水平。

《中华人民共和国民用航空法》是我国民用航空领域的专门法，由第八届全国人民代表大会常务委员会第十六次会议1995年10月经审议通过，自1996年3月实施。当前版本于2021年4月第十三届全国人民代表大会常务委员会第二十八次会议修改。《中华人民共和国民用航空法》分为十六章，含总则、民用航空器国籍、民用航空器权利、民用航空器适航管理、航空人员、民用机场、空中航行、公共航空运输企业、公共航空运输、通用航空、搜寻援救和事故调查、对地面第三人损害的赔偿责任、对外国民用航空器的特别规定、涉外关系的法律适用、法律责任、附则等内容。《中华人民共和国民用航空法》实施以来，为民用航空活动安全有序进行提供了法律保障，为保护民用航空当事人各方合法权益、促进民用航空事业发展提供了有力支撑。

二十大报告提出，坚定维护以国际法为基础的国际秩序。中国是国际民用航空组织

（ICAO）的重要成员国，并已加入国际航空公约——《统一国际航空运输某些规则的公约》，多年来始终积极维护以公约为基础的国际航空活动秩序。

通过本项目内容的学习，一方面，掌握国际航空公约与中国民用航空法及其应用，提高运用法治思维维护国际航空物流当事人各方合法权益、化解矛盾纠纷的综合能力；另一方面，提升法律作用与价值认知，牢固树立法治观念，深化对法治理念与契约精神的理解。

任务 6.1　国际航空物流法规认知

6.1.1　国际航空公约：蒙特利尔公约（1999 年签订）

蒙特利尔公约，正式名称是《统一国际航空运输某些规则的公约》（Convention For The Unification Of Certain Rules For International Carriage By Air）。为了使华沙公约及其相关文件现代化和一体化，1999 年 5 月 ICAO 起草了蒙特利尔公约，并在蒙特利尔召开的国际航空法大会上，中国和其他 51 个国家签署了该项公约，中国于 2005 年加入蒙特利尔公约。该公约最近 1 次修订时间是 2019 年。

在蒙特利尔公约以前，国际上已经存在若干个关于国际航空运输赔偿的规则，具体包括 1929 年华沙公约、1955 年海牙议定书、1961 年瓜达拉哈拉公约、1971 年危地马拉城协议书、1975 年蒙特利尔附加议定书。上述第二至第五项协议都是对华沙公约的修订，因此上述五项文件被统称为华沙公约文件。随着历史的发展，华沙公约中的某些规定已显陈旧，而且相关修订文件数量较多。为了使华沙公约及其相关文件现代化和一体化，1999 年通过了蒙特利尔公约，正式生效后取代原有的华沙公约文件。

小资料

蒙特利尔公约的主要内容（节选）

第一条　适用范围

一、本公约适用于所有以航空器运送人员、行李或者货物而收取报酬的国际运输。本公约同样适用于航空运输企业以航空器履行的免费运输。

二、就本公约而言，"国际运输"是指根据当事人的约定，不论在运输中有无间断或者转运，其出发地点和目的地点是在两个当事国的领土内，或者在一个当事国的领土内，而在另一国的领土内有一个约定的经停地点的任何运输，即使该国为非当事国。就本公约而言，在一个当事国的领土内两个地点之间的运输，而在另一国的领土内没有约定的经停地点的，不是国际运输。

三、运输合同各方认为几个连续的承运人履行的运输是一项单一的业务活动的，无论其形式是以一个合同订立或者一系列合同订立，就本公约而言，应当视为一项不可分割的运输，并不仅因其中一个合同或者一系列合同完全在同一国领土内履行而丧失其国际性质。

第七条　航空货运单的说明

一、托运人应当填写航空货运单正本一式三份。

············

四、承运人根据托运人的请求填写航空货运单的，在没有相反证明的情况下，应当视为代托运人填写。

第十条　对凭证说明的责任

一、对托运人或者以其名义在航空货运单上载入的关于货物的各项说明和陈述的正确性，……托运人应当负责。以托运人名义行事的人同时也是承运人的代理人的，同样适用上述规定。

二、对因托运人或者以其名义所提供的各项说明和陈述不符合规定、不正确或者不完全，给承运人或者承运人对之负责的任何其他人造成的一切损失，托运人应当对承运人承担赔偿责任。

第十一条　凭证的证据价值

一、航空货运单或者货物收据是订立合同、接受货物和所列运输条件的初步证据。

二、航空货运单上或者货物收据上关于货物的重量、尺寸和包装以及包（装）件件数的任何陈述是所述事实的初步证据；除经过承运人在托运人在场时查对并在航空货运单上或者货物收据上注明经过如此查对或者其为关于货物外表状况的陈述外，航空货运单上或者货物收据上关于货物的数量、体积和状况的陈述不能构成不利于承运人的证据。

第十二条　处置货物的权利

一、托运人在负责履行运输合同规定的全部义务的条件下，有权对货物进行处置，即可以在出发地机场或者目的地机场将货物提回，或者在途中经停时中止运输，或者要求在目的地地点或者途中将货物交给非原指定的收货人，或者要求将货物运回出发地机场。托运人不得因行使此种处置权而使承运人或者其他托运人遭受损失，并必须偿付因行使此种权利而产生的费用。

二、托运人的指示不可能执行的，承运人必须立即通知托运人。

············

四、收货人的权利依照第十三条规定开始时，托运人的权利即告终止。但是，收货人拒绝接受货物，或者无法同收货人联系的，托运人恢复其处置权。

第十三条　货物的交付

一、除托运人已经根据第十二条行使其权利外，收货人于货物到达目的地点，并在缴付应付款项和履行运输条件后，有权要求承运人向其交付货物。

二、除另有约定外，承运人应当负责在货物到达后立即通知收货人。

三、承运人承认货物已经遗失，或者货物在应当到达之日起七日后仍未到达的，收货人有权向承运人行使运输合同所赋予的权利。

第十八条　货物损失

一、对于因货物毁灭、遗失或者损坏而产生的损失，只要造成损失的事件是在航空运输期间发生的，承运人就应当承担责任。

二、但是，承运人证明货物的毁灭、遗失或者损坏是由于下列一个或者几个原因造成的，在此范围内承运人不承担责任：

（一）货物的固有缺陷、质量或者瑕疵；

（二）承运人或者其受雇人、代理人以外的人包装货物的，货物包装不良；

（三）战争行为或者武装冲突；

（四）公共当局实施的与货物入境、出境或者过境有关的行为。

三、本条第一款所称的航空运输期间，是指货物处于承运人掌管之下的期间。

四、航空运输期间，不包括机场外履行的任何陆路、海上或者内水运输过程。但是，此种运输是在履行航空运输合同时为了装载、交付或者转运而办理的，在没有相反证明的情况下，所发生的任何损失推定为在航空运输期间发生的事件造成的损失。承运人未经托运人同意，以其他运输方式代替当事人各方在合同中约定采用航空运输方式的全部或者部分运输的，此项以其他方式履行的运输视为在航空运输期间。

第十九条 延误

旅客、行李或者货物在航空运输中因延误引起的损失，承运人应当承担责任。但是，承运人证明本人及其受雇人和代理人为了避免损失的发生，已经采取一切合理的措施或者不可能采取此种措施的，承运人不对因延误引起的损失承担责任。

第二十条 免责

经承运人证明，损失是由索赔人或者索赔人从其取得权利的人的过失或者其他不当作为、不作为造成或者促成的，应当根据造成或者促成此种损失的过失或者其他不当作为、不作为的程度，相应全部或者部分免除承运人对索赔人的责任。

第二十二条 延误、行李和货物的责任限额

……………

三、在货物运输中造成毁灭、遗失、损坏或者延误的，承运人的责任以每公斤22特别提款权为限，除非托运人在向承运人交运包（装）件时，除承运人证明托运人声明的金额高于在目的地点交付时托运人的实际利益外，承运人在声明金额范围内承担责任。

四、货物的一部分或者货物中任何物件毁灭、遗失、损坏或者延误的，用以确定承运人赔偿责任限额的重量，仅为该包（装）件或者该数包（装）件的总重量。但是，因货物一部分或者货物中任何物件的毁灭、遗失、损坏或者延误，影响同一份航空货运单、货物收据或者在未出具此两种凭证时按第四条第二款所指其他方法保存的记录所列的其他包（装）件的价值的，确定承运人的赔偿责任限额时，该包（装）件或者数包（装）件的总重量也应当考虑在内。

第二十三条 货币单位的换算

一、本公约中以特别提款权表示的各项金额，是指国际货币基金组织确定的特别提款权。在进行司法程序时，各项金额与各国家货币的换算，应当按照判决当日用特别提款权表示的该项货币的价值计算。

……………

第二十五条 关于限额的订定

承运人可以订定，运输合同适用高于本公约规定的责任限额，或者无责任限额。

第二十六条 合同条款的无效

任何旨在免除本公约规定的承运人责任或者降低本公约规定的责任限额的条款，均属无

效，但是，此种条款的无效，不影响整个合同的效力，该合同仍受本公约规定的约束。

第三十一条 异议的及时提出

....

二、发生损失的，有权提取托运行李或者货物的人必须在发现损失后立即向承运人提出异议，并且，托运行李发生损失的，至迟自收到托运行李之日起七日内提出，货物发生损失的，至迟自收到货物之日起十四日内提出。发生延误的，必须至迟自行李或者货物交付收件人处置之日起二十一日内提出异议。

三、任何异议均必须在前款规定的期间内以书面形式提出或者发出。

四、除承运人一方有欺诈外，在前款规定的期间内未提出异议的，不得向承运人提起诉讼。

第三十三条 管辖权

一、损害赔偿诉讼必须在一个当事国的领土内，由原告选择，向承运人住所地、主要营业地或者订立合同的营业地的法院，或者向目的地点的法院提起。

....

第三十四条 仲裁

一、在符合本条规定的条件下，货物运输合同的当事人可以约定，有关本公约中的承运人责任所发生的任何争议应当通过仲裁解决。此协议应当以书面形式订立。

二、仲裁程序应当按照索赔人的选择，在第三十三条所指的其中一个管辖区内进行。

三、仲裁员或者仲裁庭应当适用本公约的规定。

四、本条第二款和第三款的规定应当视为每一仲裁条款或者仲裁协议的一部分，此种条款或者协议中与上述规定不一致的任何条款均属无效。

第三十五条 诉讼时效

一、自航空器到达目的地点之日、应当到达目的地点之日或者运输终止之日起两年期间内未提起诉讼的，丧失对损害赔偿的权利。

二、上述期间的计算方法，依照案件受理法院的法律确定。

第三十七条 对第三人的追偿权

本公约不影响依照本公约规定对损失承担责任的人是否有权向他人追偿的问题。

第五十二条 日的定义

本公约所称"日"，是指日历日，而非工作日。

6.1.2 中国航空法规：中国民航法

在国内，与国际航空物流相关的最重要法规为《中华人民共和国民用航空法》（简称"中国民航法"），由全国人大常委会1995年通过、1996年实施，最新修改时间为2021年。

关于涉外关系的法律适用，中国民航法第184条规定："中华人民共和国缔结或者参加的国际条约同本法有不同规定的，适用国际条约的规定；但是，中华人民共和国声明保留的条款除外。中华人民共和国法律和中华人民共和国缔结或者参加的国际条约没有规定的，可以适用国际惯例。"

关于承运人的赔偿责任限额，中国民航法第129条（二）规定：

"国际航空运输承运人的赔偿责任限额按照下列规定执行：对托运行李或者货物的赔偿责任限额，每公斤为 17 计算单位。旅客或者托运人在交运托运行李或者货物时，特别声明在目的地点交付时的利益，并在必要时支付附加费的，除承运人证明旅客或者托运人声明的金额高于托运行李或者货物在目的地点交付时的实际利益外，承运人应当在声明金额范围内承担责任。

托运行李或者货物的一部分或者托运行李、货物中的任何物件毁灭、遗失、损坏或者延误的，用以确定承运人赔偿责任限额的重量，仅为该一包（装）件或者数包（装）件的总重量；但是，因托运行李或者货物的一部分或者托运行李、货物中的任何物件的毁灭、遗失、损坏或者延误，影响同一份行李票或者同一份航空货运单所列其他包（装）件的价值的，确定承运人的赔偿责任限额时，此种包（装）件的总重量也应当考虑在内。"

关于上述"计算单位"，中国民航法 213 条规定："本法所称计算单位，是指国际货币基金组织规定的特别提款权；其人民币数额为法院判决之日、仲裁机构裁决之日或者当事人协议之日，按照国家外汇主管机关规定的国际货币基金组织的特别提款权对人民币的换算办法计算得出的人民币数额。"

任务 6.2　国际航空物流事故的分析处理

6.2.1　国际航空物流事故的概念

国际航空物流过程的空间跨度大、作业环节多、单证文件多、跨国环境和条件多变，因此在接收、仓储保管、配载、运输、报关报检、交付等过程中，难免发生各种事故。国际航空物流事故的常见类型主要包括国际航空物流过程中产生的货物损坏、货差、遗失、延误，此外还有错误交付、单证差错等事故。

6.2.2　国际航空物流事故一般处理流程

国际航空物流过程中发生事故的原因很多，虽然大部分是由于承运人的原因所致，但是实践中还有一些事故是由于货物固有缺陷、非承运人方面、不可抗力等因素所致。不同原因造成的货物损失将由不同当事人承担，这里的当事人可能是运输合同、买卖合同、保险合同当中的当事人。就运输合同而言主要当事人是承运人和托运人，只有了解当事人各自承担的责任，才能明确划分物流事故的责任。有关国际航空物流承运人及托运人应承担的义务和责任，适用蒙特利尔公约的有关规定。

国际航空物流事故分析处理的一般流程如图 6-1 所示，但仅供处理一般事故时进行参考，因有些事故的分析处理可能更复杂或相对简单，应灵活处理，不宜生搬硬套。图 6-1 流程的步骤可用 ABCDE 进行概括：Accident（事故判断）、Belonging（责任归属）、Cut-out（特情排除）、Declaration（价值声明情况）、Effectiveness（索赔有效性）。

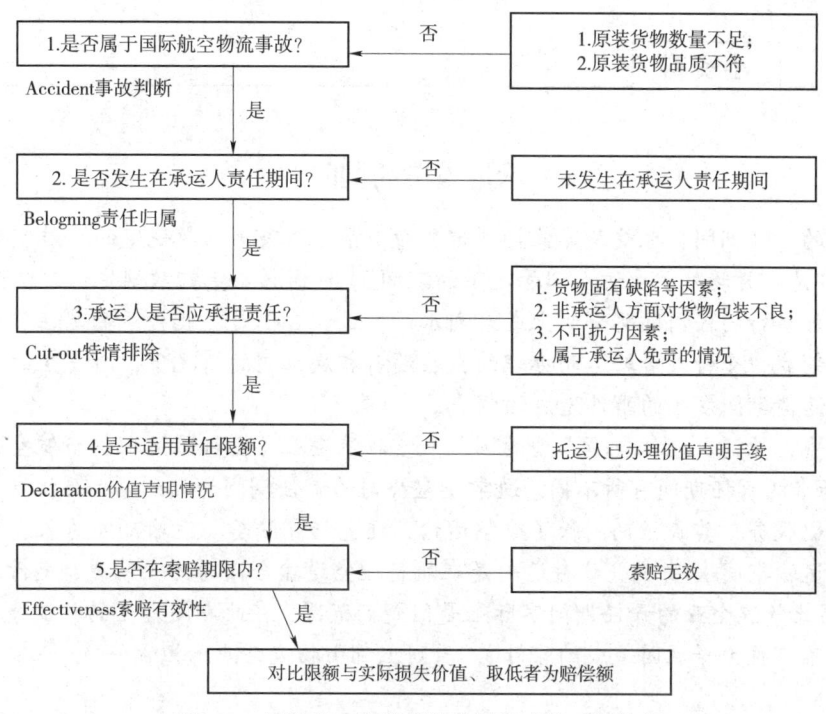

图 6-1 国际航空物流事故分析处理的一般流程

1. 确定是否属于国际航空物流事故

（1）国际航空物流事故。如前面所述，主要指国际航空物流过程中（接收、仓储保管、配载、运输、报关报检、交付等环节）产生的货物损坏、货差、遗失、延误，此外还有错误交付、单证差错等事故。

（2）非物流事故。除承运人的原因会造成物流事故外，还有一些情况也会使货物发生损失，但是不属于运输合同管辖，而应该由贸易合同管辖。因此，此时虽然发生了事故，但不能认定就是物流事故，以下是两种典型的情况。

① 原装货物数量不足。如果贸易合同规定了货物买卖的数量，但卖方在货物原始包装件内所装的货物数量不足，而承运人又无法知道包装件内实际所装的货物数量，这就会造成所谓的原装货物数量不足，这种情况不属于物流事故，承运人只要确保"货物外表状况良好"的情况下交付货物，就不承担任何责任。原装货物数量不足的问题，应该由贸易合同管辖。

② 原装货物品质不符。如果卖方托运的货物与贸易合同规定的货物品质不符，承运人显然无法确切知道货物的品质情况，造成承运人在目的地向收货人交付的货物品质与买卖合同不符，这种情况也不属于物流事故，除特别约定外，承运人只要确保"货物外表状况良好"的情况下交付货物，就不承担任何责任。原装货物品质不符的问题，也应由贸易合同管辖。

2. 确定是否发生在承运人责任期间

原则上，不在承运人的责任期间发生的物流事故，承运人不承担责任。在承运人的责任期间内发生的物流事故（由于货物、货方、不可抗力等原因造成的除外），原则上由承运人承担责任。

> **小资料**

承运人责任期间

承运人的责任期间,也就是《蒙特利尔公约》第十八条第三款规定的"航空运输期间",简单来说,"是指货物处于承运人掌管之下的期间"。同时该条第四款规定:"航空运输期间,不包括机场外履行的任何陆路、海上或者内水运输过程。但是,此种运输是在履行航空运输合同时为了装载、交付或者转运而办理的,在没有相反证明的情况下,所发生的任何损失推定为在航空运输期间发生的事件造成的损失。"

在实践中,承运人包括当事人型的国际航空物流企业(无机承运人)与航空公司(有机承运人),两者的责任期间有所不同。通常航空公司的责任期间为站到站;而物流企业通常提供门到门运输服务,其责任期间除了航空运输,还包括"陆路"运输期间(收发货人与机场之间的地面运输期间),并且"此种运输是在履行航空运输合同时为了装载、交付或者转运而办理的",因此物流企业的责任期间实际上是门到门范围,在此期间发生的物流事故(由于货物、货方、不可抗力等原因造成的除外),原则上都由物流企业承担责任。

3. 确定承运人是否应承担责任

如果国际航空物流事故是由于承运人(包括承运人的受雇人、代理人)的原因造成的,承运人应承担责任;但是,即使事故发生在承运人责任期间,如果存在以下情况,承运人也不承担责任。

(1)由于货物固有缺陷、非承运人方面对货物包装不良、不可抗力因素等造成的事故(见蒙特利尔公约第十八条(货物损失)第二款规定的情况),承运人不承担责任。

(2)属于承运人免除责任的情况。如果适用《蒙特利尔公约》第十九条(延误)、第二十条(免责)的规定,承运人不承担或免除责任。

4. 确定是否适用责任限额

如果属于国际航空物流事故且发生在承运人责任期间,事故是由于承运人的原因造成且承运人不可免责,承运人应对事故承担赔偿责任,则接下来需确定承运人是否适用责任限制的规定。

(1)适用责任限额规定。《蒙特利尔公约》赋予了承运人一项特殊的权利,即赔偿责任限制。《蒙特利尔公约》第二十二条(延误、行李和货物的责任限额)第三款规定:"承运人的责任以每公斤22特别提款权为限。"

(2)不适用责任限额规定。实践中这种情况通常是,托运人在向承运人交运货物时,办理了货物价值声明手续,即事先向承运人声明了货物价值并按要求缴付了声明价值附加费,则"承运人在声明金额范围内承担责任"(公约第二十二条第三款规定)。

此外,还有一种特殊情况,运输合同订定了适用高于公约规定的责任限额,或者无责任限额(公约第二十五条规定),则承运人按合同的规定赔偿。

> **小资料**
>
> **特别提款权（SDR）**
>
> 特别提款权（Special Drawing Right，SDR），是由国际货币基金组织（IMF）于1969年创设的一种用于补充成员官方储备的国际储备资产，俗称"纸黄金"，由于它是国际货币基金组织原有的普通提款权以外的一种补充，所以称为特别提款权。它不能直接支付，使用时必须先兑换成其他货币，其市值不是固定的，由一篮子货币决定。2015年11月30日，国际货币基金组织正式宣布人民币于2016年10月1日加入货币篮子，特别提款权的价值由美元、欧元、人民币、日元、英镑这五种货币所构成的一篮子货币的当期汇率确定，所占权重分别为41.73%、30.93%、10.92%、8.33%和8.09%（非完全固定）。

5. 确定是否在索赔期限内

索赔期限的相关规定见《蒙特利尔公约》第三十一条。若超出索赔期限，则索赔无效。若未超出索赔期限，则对比赔偿责任限额与实际损失价值，然后取低者作为赔偿额。

6.2.3 当事人与受雇人或代理人的责任划分

货方（托运人或收货人）和承运人是国际航空物流合同（若仅涉及国际空运业务，则为运输合同）的当事人双方，两者皆有可能对国际航空物流事故负有责任。如果当事人对物流事故不能免责，尽管事故是由于受雇人或代理人的原因造成的，当事人双方应先根据合同规定划分责任，之后再各自和受雇人或代理人划分具体的事故责任。

从事故处理程序上来说，责任划分和索理赔首先在合同当事人之间进行，然后才在当事人与受雇人或代理人之间进行。

任务 6.3 国际航空物流事故的索理赔

6.3.1 国际航空物流事故的发现

物流事故可能在物流过程的任何环节中发生，但是物流事故往往是收货人在最终目的地收货时或者收货后才发现的。当然，一些物流事故也可能在运输途中就被发现。

1. 事故第一发现人应及时报告

国际航空物流事故的第一发现人负有及时报告事故的责任。例如，收货人提货时，一旦发现货物包装件数量不足、货物外表状况不良等情况，应将损失事实以书面的形式通知承运人或其代理人，即使损失不明显，也必须在收货后的规定时间内，向承运人或其代理人通报事故情况，作为以后索理赔的重要依据。

2. 妥善保留原始记录和单证资料

无论索理赔工作日后如何进行，妥善记录和保留有关事故的原始记录和单证资料十分重要。运单、商业发票、装箱单、事故签证、事故记录、检验报告、双方电子或书面往来文件等资料均是日后处理物流事故和确定责任方的重要依据,必须妥善保管。如果收货人与承运人不能对事故的性质和损失程度取得一致意见时,则应在彼此同意的条件下,双方共同指定检验人(如商检等中间机构)进行检验,检验人签发的检验报告也是日后处理物流事故的重要依据。

6.3.2 索赔原则与条件

货物在国际航空物流过程中发生了损坏、货差、遗失、延误等事故,受损方向承运人等责任方提出赔偿要求的行为,称为索赔(Claim)。责任方受理受损方的索赔申请、处理受损方提出的赔偿要求的行为,称为理赔(Settlement of Claim)。

1. 索赔的原则

(1)实事求是。实事求是是双方沟通的基础,也是解决纠纷的关键。实事求是就是根据事故所发生的实际情况,深入分析事故原因,确定责任人及其责任范围。

(2)有根有据。在提出索赔时,应掌握造成物流事故的有力证据,并依据合同有关条约、国际公约、法律规定以及国际惯例,有根有据地提出索赔。

(3)合情合理。根据事故发生的事实,准确地确定损失程度和金额,合理地确定责任方应承担的责任。根据不同情况,采用不同的解决方式、方法,使事故尽早得到合理的处理。

(4)注重实效。注重实效指索赔应注重实际效益。如果已不可能得到赔偿,而仍然长期纠缠在法律诉讼中,则只能是浪费时间和财力。如果能收回一部分损失,切不可因等待全额赔偿而放弃。

2. 索赔对象的确定

发生物流事故后,受损方在提出索赔要求之前,须根据相关合同正确确定索赔对象。

(1)根据货物运输合同、确定索赔对象为承运人的常见情况主要有:

① 承运人在目的地交付的货物包装件数量少于航空运单等运输单证中记载的数量;

② 承运人在运单上未对货物外表状况作出批注,但在目的地交付货物时收货人发现货物外表状况不良且内装物发生残损、短少;

③ 由于承运人的原因且非货物、货方、不可抗力等因素、承运人免责事项造成的货物损失。

(2)根据货物买卖合同、确定索赔对象为卖方的常见情况主要有:

① 包装件内所装货物的数量不足;

② 包装件内所装货物的品质与买卖合同规定不符;

③ 包装不善导致货物受损(承运人确保货物外表状况良好);

④ 未在合同规定的装运期内装运货物。

(3)根据货物保险合同、确定索赔对象为保险人的常见情况主要有:

① 在承保责任范围内由于自然灾害、意外事故等原因引起的货物损失;

② 其他在承保责任范围内保险人应予赔偿的货物损失。

3. 索赔必须具备的条件

一项合理的索赔必须具备以下4个基本条件。

(1)索赔方必须具有索赔权。提出索赔的人原则上是货物所有人,或是运单上记载的收货人或合法的运单持有人。但是,根据收货人提出的权益转让书,也可以由有代位求偿权的货物保险人或其他有关当事人提出索赔。物流企业接受货主的委托后,也可以办理物流事故的索赔事宜。

（2）责任方必须负有实际赔偿责任。收货人作为索赔方提出的赔偿应在承运人免责范围之外，或在保险人承保责任范围之内，或在买卖合同规定由买方承担的责任范围之内。

（3）索赔金额必须合理。合理的索赔金额应以实际损失程度为基础。要注意在实践中责任人经常受到赔偿责任限额规定的保护。

（4）索赔必须在规定期限内提出。索赔必须在规定的期限内即"索赔时效"内提出，否则时效过后难以得到赔偿。

6.3.3 索赔程序

国际航空物流事故多数是由于承运人的原因所致，下面以承运人作为索赔对象为例，介绍索赔程序。

1. 提出索赔的期限

索赔程序的第一个环节是索赔方向承运人发出索赔通知。关于发出索赔通知的期限，《蒙特利尔公约》第三十一条第二款规定："货物发生损失的，至迟自收到货物之日起十四日内提出。发生延误的，必须至迟自行李或者货物交付收件人处置之日起二十一日内提出异议。"第三款规定："任何异议均必须在前款规定的期间内以书面形式提出或者发出。"第四款规定："除承运人一方有欺诈外，在前款规定的期间内未提出异议的，不得向承运人提起诉讼。"

2. 提交索赔的文件

索赔申请书（索赔函）和有关单证是索赔方向承运人正式要求赔偿所需的书面文件，提交索赔申请书和单证意味着索赔方向承运人正式提出了赔偿要求。因此，如果索赔方仅仅发出了索赔通知，却没有提交索赔申请书及有关单证，则可解释为没有正式提出索赔要求，承运人不会受理索赔。

（1）索赔申请书的内容。索赔申请书或索赔函没有统一的格式和内容要求，内容主要包括承运人及索赔方的名称、货物名称和运单号、航班号及日期、货物损失情况及相关信息、索赔理由、索赔金额、索赔日期、联系人及其联系方式等。索赔申请书示例如下：

索赔申请书

致：××××有限公司
自：××××有限公司
关于：航空运单（此处标明运单号码）项下货物损失的赔偿
日期：_____年___月___日
××××有限公司：

贵司承运的上述运单项下货物在目的地交付时外包装发生了明显破损，内装货物严重受损并已丧失使用价值，具体情况详见贵公司签发的《货物运输事故签证》。现本着实事求是、合理有据、维护双方共同利益的原则，我方就货物的实际损失向贵司提出赔偿申请。此票货物价值 3 150 美元，请按原价给予赔偿，价值证明详见本函随附发票。

请贵公司予以尽快办理为盼，谢谢合作。
顺颂商祺！

联系人：_____ 联系方式：_____
　附注：随附单证包括运单、发票、装箱单、《货物运输事故签证》。

（2）索赔所需的有关单证。除了索赔申请书，索赔方须提供能够证明事故的原因、丧失程度、索赔金额、责任划分以及索赔方具有索赔权利的单证，包括但不仅限于以下单证：

① 运单正本或副本；
② 商业发票；
③ 装箱单；
④ 货物运输事故签证或事故相关记录；
⑤ 检验报告（由商检等中间机构签发的损失鉴定报告）；
⑥ 电子或书面往来文件。

小资料

货物运输事故签证

《货物运输事故签证》是承运人针对货运事故签发的证明文件，通常在目的地交付货物时签发。在承运人填写这份签证之前，收货人须与承运人的操作人员共同检查货物损失情况，认真、全面确认货物的具体受损程度。《货物运输事故签证》须客观详尽地描述货物受损的状况，不能使用模糊的字眼或笼统的措辞。签证由承运人签字后，再由收货人签字，其中一份由承运人留存，另一份交收货人留存。

3. 提起诉讼或仲裁

通过当事人双方协商或非法律机关的第三人调停无法解决索赔问题时，可以通过法律手段解决争议，即提起诉讼、进入司法程序；另外，双方还可以通过仲裁解决争议（按照《蒙特利尔公约》第三十四条关于仲裁的规定）。

法律对涉及索赔的诉讼案件规定了诉讼时效。在解决赔偿问题没有希望的情况下，索赔方应在规定的诉讼时效届满之前提起诉讼，否则就失去了起诉的权利。《蒙特利尔公约》第三十五条（诉讼时效）规定："自航空器到达目的地点之日、应当到达目的地点之日或者运输终止之日起两年期间内未提起诉讼的，丧失对损害赔偿的权利。"

6.3.4 理赔

对于承运人来说，在受理索赔申请前后，首要的工作是判断自己是否应承担责任且如何划分责任，通常可按国际航空物流事故分析处理（如图 7-1 所示）的一般流程进行。

若确定承运人应予以赔偿，则应按规定理赔。理赔的依据主要是蒙特利尔公约，中国民航法对承运人赔偿的相关规定与公约一致。实际赔偿的常见情况有以下两种：

（1）如果托运人已向承运人声明货物价值并缴付了声明价值附加费的，承运人按照声明价值赔偿；

（2）如果托运人没有向承运人办理货物价值声明手续的，承运人按照实际损失的价值金额赔偿，赔偿责任限额为毛重每公斤 SDR22。

此外，如果运输合同订定适用高于公约规定的责任限额，或者无责任限额，则承运人按合同规定赔偿。

如果事故是由于承运人的受雇人或代理人的原因造成的，由于承运人才是合同当事人，所以从事故处理程序上来说，原则上理赔首先在承运人与索赔人之间进行，然后才是承运人向受雇人或代理人追偿。

任务 6.4　国际航空物流事故处理案例分析

6.4.1　国际航空运输货物丢失的处理

【案情】

> 一票从法兰克福空运至上海的货物，总毛重 250 千克，品名为"尼龙粉"，价值 3 000 欧元，托运人未向承运人办理货物价值声明手续。承运人 4 月 23 日交货时，收货人发现货物丢失 25 千克。经调查，事故原因是承运人操作人员在上海机场卸货时发现有粉末散落，但未对此引起重视，继续卸货搬运，造成货物散落部分丢失，损失价值折合人民币 2 333 元。5 月 6 日收货人提出索赔。

【问题】如何处理国际航空物流货物丢失事故？

【分析】本案属国际航空物流事故（货物部分丢失），发生在承运人责任期间，且事故由承运人的操作过失造成，收货人索赔未超期，承运人应赔偿。托运人未向承运人办理货物价值声明手续，则先比较赔偿限额和实际损失再取低者。赔偿限额为 CNY5 325 元（25×213），但实际损失 CNY2 333 元，取低者赔偿 CNY2 333 元。

6.4.2　国际航空物流货物延误的处理

【案情】

> 有一批服装从杭州经北京空运到巴黎，参加世界服装博览会。承运人安排了第一程（杭州至北京）的最早航班，但因托运人提供的资料严重出错造成延误，货物 3 天后才抵达北京。又由于连日的恶劣天气（大雪）使货物滞留在机场，但天气恢复正常后承运人安排了最早航班转运到巴黎。然后承运人在第一时间内即 5 月 20 日将货物交付收货人，但是仍比约定的到达日期延误了 8 天，错过了服装博览会。6 月 10 日，收货人向承运人书面提出索赔。承运人提供了完整资料，证明自己不对延误承担责任。

【问题】请分析承运人是否应对延误承担责任，并说明理由。

【分析】

（1）本案属国际航空物流事故（延误），发生在承运人责任期间，但恶劣天气是不可抗力因素，且承运人在天气恢复正常后安排了最早航班转运货物，并在第一时间内完成交货，表明承运人为了避免损失的发生已经采取一切合理的措施。

《蒙特利尔公约》第十九条（延误）规定："旅客、行李或者货物在航空运输中因延误引起的损失，承运人应当承担责任。但是，承运人证明本人及其受雇人和代理人为了避免损失的发生，已经采取一切合理的措施或者不可能采取此种措施的，承运人不对因延误引起的损失承担责任。"

（2）托运人提供的资料严重出错造成延误，对事故的发生存在过失。

（3）收货人在收货之日起第 22 天才提出索赔，超期 1 天，索赔无效。

综上所述，承运人不对延误承担责任。

6.4.3 国际航空物流部分货物受损的处理

【案情】

> 有一批干酪从墨尔本空运到深圳，共 847 千克，托运人未办理货物价值声明手续。货物运抵深圳机场后，承运人发出到货通知，收货人办完海关手续前来提货时，发现货物因没有放在冷库保管而受损，收货人当即提出异议并索赔。调查发现，航空运单的"操作信息"栏注明"KEEP COOL"字样，但操作人员疏忽了这个重要的操作注意事项。经过挑选与核查，受损货物的比例为 60%。

【问题】如何处理国际航空运输货物部分受损事故？

【分析】根据《蒙特利尔公约》第二十二条第四款："因货物一部分或者货物中某一物件的毁灭、遗失、损坏或者延误，影响同一份航空货运单、货物收据或者在未出具此两种凭证时按第四条第二款所指其他方法保存的记录所列的其他包（装）件的价值的，确定承运人的赔偿责任限额时，该包（装）件或者数包（装）件的总重量也应当考虑在内。"（要点归纳：货物的一部分损坏，影响同一份航空货运单的其他包（装）件价值的，确定承运人赔偿责任限额时，其他包（装）件的总重量应当考虑在内。）

这批货物的 60%损失，并不影响其他 40%货物的价值，因此确定赔偿金额的重量是总毛重的 60%，即 847×60%=508.2（508.5kgs），赔偿限额为 213×508.5（CNY）。

6.4.4 陆路运输期间货物受损的处理

【案情】

> 有一批成套设备由德国法兰克福进口到江苏昆山，货主与承运人签订了航空运输合同，服务范围为门到门。货物毛重为 1 646 千克，价值为 86 500 欧元，货主向承运人办理了货物价值声明手续。承运人将货物先空运到上海，再用卡车陆运到昆山，不幸在陆路上发生严重车祸，货物遭受全损。货主当即向承运人书面提出索赔。

【问题】如何处理陆运期间货物受损事故？

【分析】虽然事故发生在国内陆运期间，但是根据《蒙特利尔公约》第十八条第四款："航空运输期间，不包括机场外履行的任何陆路、海上或者内水运输过程。但是，此种运输是在履行航空运输合同时为了装载、交付或者转运而办理的，在没有相反证明的情况下，所发生的任何损失推定为在航空运输期间发生的事件造成的损失。"

因此，事故发生期间属于承运人责任期间（航空运输期间），适用蒙特利尔公约；因货主向承运人办理了货物价值声明手续，应赔偿 EUR86 500。

6.4.5 多个主体参与的国际航空物流事故的处理

【案情】

> 有 10 箱、价值为 CNY35 000、毛重为 150 千克的货物从南京经成都空运到伦敦，货主委托货运代理人 A 公司订舱。之后 A 公司向航空公司 B 订舱并向货主转交了 B 公司签发的航空运单，上面载明第一承运人（南京至成都）为 B 公司、第二承运人（成都至伦敦）是航空公司 C。两天后，B 公司将货物从南京运抵成都，之后准备将货物转交给 C 公司承运时，发现货物已遭受全损。B 公司立即通知 A 公司。之后货主向 A 公司递交索赔申请书和随附单证，要求全额赔偿。经查，货主从未办理货物价值声明手续。

【问题】

1. 本案中，A、B、C 公司的法律地位是什么？
2. 谁应当对货物的全损承担责任？
3. 本案是否适用蒙特利尔公约？依据是什么？
4. 如何处理货主的索赔？

【分析】

1. A 是 B 航空公司的代理人；B 既是缔约承运人，也是第一区段的承运人；C 是第二区段的实际承运人。
2. 事故发生在 B 航空公司的责任期间，B 应当承担责任。
3. 本案适用蒙特利尔公约。本案航线为南京经成都到伦敦，中国和英国都参加了蒙特利尔公约。根据第一条（适用范围）第三款的规定："运输合同各方认为几个连续的承运人履行的运输是一项单一的业务活动的，无论其形式是以一个合同订立或者一系列合同订立，就本公约而言，应当视为一项不可分割的运输，并不仅因其中一个合同或者一系列合同完全在同一国领土内履行而丧失其国际性质。"

因此，即使南京至成都航段在中国境内，但也是国际航空运输的组成部分。

4. 由于货主未办理货物价值声明手续，因此赔偿不应超过责任限额 213×250（CNY）。

6.4.6 空中运输未开始的责任认定

【案情】

> 一票从广州空运到首尔的活动物，共 1 件、毛重 30 千克，计费重量 46 千克，价值 CNY8 000，托运人未向承运人办理货物价值声明手续。事故结果：活动物死亡。调查情况：当天航班的起飞时间为 9:45，操作人员已将所有货物提前运到停机坪准备装机，后因飞机发生故障推迟了起飞时间，装机时间也推迟到当天下午两点，但是操作人员一直到中午才将货物运回货运站，当时气温达 35 ℃，该动物遭受日晒时间太长，受热过度，全部死亡。

【问题】如何认定空中运输未开始的责任？

【分析】本案货物的空中运输虽然未开始，但《蒙特利尔公约》第十八条第一款规定："对于因货物毁灭、遗失或者损坏而产生的损失,只要造成损失的事件是在航空运输期间发生的,承运人就应当承担责任。"第三款规定:"本条第一款所称的航空运输期间,是指货物处于承运人掌管之下的期间。"

本案事故发生时货物处于承运人掌管之下,因此事故是在航空运输期间发生的;托运人未向承运人办理货物价值声明手续,比较赔偿限额 CNY6 390(213×30)和实际损失(CNY8 000)再取低者,应赔偿 CNY6 390。

思考与练习

(一)单选题

1. 国际航空物流事故中,关于托运人责任的判断描述错误的是( )。
   A. 托运人将货物移交承运人之前发生的损失由托运人自己负责
   B. 货物交给承运人后处于承运人责任期间,托运人就能完全免除损失责任
   C. 由于托运人对货物包装不善原因造成损失时,由托运人负责
   D. 由于托运人原因导致在航空运单上载入的关于货物的各项说明和陈述的正确性有误,托运人对造成的相关损失负责

2. 若已确定承运人应对损失承担责任,关于赔偿金额的描述错误的是( )。
   A. 托运人未向承运人办理货物价值声明手续的,比较实际损失价值和赔偿限额,取低者进行赔偿
   B. 托运人未向承运人办理货物价值声明手续的,赔偿限额为毛重每公斤 SDR22
   C. 托运人已向承运人办理货物价值声明手续的,承运人按照声明价值赔偿
   D. 托运人已向承运人办理货物价值声明手续的,比较声明价值和赔偿限额,取低者

3. 关于索赔申请书的描述,错误的是( )。
   A. 索赔申请书是索赔方向承运人正式要求赔偿所需的书面文件
   B. 提交索赔申请书意味着索赔方正式提出了赔偿要求
   C. 如果索赔方没有提交索赔申请书但已经发出索赔通知,承运人应该受理索赔
   D. 如果索赔方仅仅发出了索赔通知而没有提交索赔申请书,则可解释为没有提出正式索赔要求

4. 国际航空物流事故的诉讼应在规定期限内提起,否则就丧失对损害赔偿的权利,期限错误的是( )。
   A. 自航空器到达目的地点之日起两年内
   B. 自航空器到达目的地点次日起两年内
   C. 自航空器应当到达目的地点之日起两年内
   D. 或者运输停止之日起两年内

5. 关于国际航空物流事故分析处理的一般流程与索理赔程序的描述,错误的是( )。
   A. 确定是否国际航空物流事故在前,确定是否在承运人责任期间在后
   B. 确定承运人是否应当承担责任在前,确定承运人赔偿是否适用责任限额规定在后
   C. 责任划分和索理赔首先在当事人之间进行,然后才在当事人各自和受雇人或代理

人之间进行

D. 责任划分和索理赔首先在当事人各自和受雇人或代理人之间进行，然后才在当事人之间进行

（二）多选题

1. 不属于国际航空物流事故的有（　　）。
   A. 原装货物数量不足
   B. 原装货物品质不符
   C. 国际航空物流企业在其责任期间未按照货物标签操作造成损失
   D. 航空公司在机场货运站保管货物不当造成货差

2. 下列选项中，承运人可以免除责任的有（　　）。
   A. 承运人在其责任期间由于他的代理人对货物包装不良造成的货物损失
   B. 承运人在其责任期间由于他的受雇人保管货物不当造成的货物损失
   C. 不可抗力因素造成的货物损失
   D. 托运人对货物申报内容不实造成的相关损失

3. 若当事人型国际航空物流企业提供门到门服务，对其责任期间的相关描述正确的有（　　）。
   A. 责任期间除了航空运输期间，还包括陆运期间
   B. 责任期间只是航空运输期间，不包括陆运期间
   C. 责任期间是门到门期间，而非机场到机场期间
   D. 虽发生在物流企业责任期间，但是由于货物、货方、不可抗力等原因造成的货物损失，物流企业不承担责任

4. 索赔必须具备的条件包括（　　）。
   A. 索赔方具有索赔权　　　　B. 责任方必须负有实际赔偿责任
   C. 赔偿的金额必须是合理的　　D. 在规定的期限内提出索赔

5. 通过当事人双方协商或非法律机关的第三人调停无法解决索赔问题时，对解决争议的描述正确的有（　　）。
   A. 只能通过法律手段解决争议，也就是提起诉讼、进入司法程序
   B. 可以通过仲裁解决争议，只要合同有约定
   C. 如果通过诉讼途径解决争议，索赔方应在规定的诉讼时效届满之前提起诉讼，否则就失去了起诉的权利
   D. 损害赔偿诉讼必须在一个当事国的领土内，由原告选择

（三）判断题

1. 除由于承运人的原因会造成国际航空物流事故外，还有一些情况也会使货物发生数量、质量变化，但不能认为一定发生了物流事故。（　　）

2. 关于国际航空物流事故处理，在进行司法程序时，关于各项金额与各国家货币的换算，应当按照判决当月用特别提款权表示的该项货币的价值计算。（　　）

3. 航空运输期间不包括机场外履行的任何陆路、海上或者内水运输过程。（　　）

4. 承运人可以订定，运输合同适用低于公约规定的责任限额，或者无责任限额。（　　）

5. 物流事故可能在物流过程的任何环节中发生，但是事故往往是收货人在最终目的地收

货时或者收货后才发现的。（　　）

6. 物流事故发生后，第一发现人负有及时报告的责任。（　　）
7. 如果事故是由于承运人的受雇人或代理人的原因造成的，承运人也不能免责。（　　）
8. 索赔方向责任方发出索赔通知是索赔程序的第一环节。（　　）
9. 《货物运输事故签证》是承运人针对货运事故签发的证明文件，通常在目的地交付货物时签发。（　　）
10. 根据《蒙特利尔公约》，货物发生损失的，至迟自收到货物之日起二十一日内提出异议。（　　）

（四）案例分析题

1. 某企业空运出口一批服装，航空公司在签发航空运单时，按照托运人在已签章的托运书上填写内容，在航空运单"货物品名及数量"（Nature and Quantity of Goods）栏目记载了服装的"数量"为2 000件（PCS）。收货人收到货物时虽然外表状况良好，但发现服装实际"数量"只有1 950件，于是要求托运人赔偿。但是托运人认为是承运人的责任，向承运人索赔。

请分析：（1）承运人是否应该赔偿？

（2）依据是什么？

2. 有一件建筑模型从厦门空运至悉尼，参加全球性建筑展览会。承运人采用中转航班，托运人未向承运人办理货物价值声明手续。承运人由于自身原因未能安排第一程的最早航班，货物几天后才抵达中转机场，又由于承运人操作失误，货物在机场停留过长时间后才转运到悉尼，于6月20日交付收货人，比约定的交付日期延误了8天，此时展会已结束。收货人于7月10日以书面形式提出异议，要求承运人按货值赔偿损失。

请分析：（1）承运人是否应该赔偿？

（2）依据是什么？

3. 有一单木箱包装的成套设备从上海空运到吉隆坡，共6箱，总毛重360千克，总价值80 000美元，货主未向承运人声明价值，在目的地交货时其中1个木箱严重裂开（该箱货物毛重100千克），经检验箱内设备严重受损并丧失使用价值，其他5个木箱完好，但是整套机器已完全无法运作。

请分析：（1）承运人是否应该赔偿？

（2）应该赔偿多少？依据是什么？

4. 某货主空运一单活动物到国外，毛重15千克、价值CNY5 000，货主向承运人办理了货物价值声明手续。航班起飞时间为9:30，操作人员已将所有货物提前运到停机坪准备装机，后因飞机发生故障推迟起飞，装机时间也推迟到当天下午3:00，但是操作人员直到12:00才将货物拉回货运站保管，当时气温高达36 ℃，宠物狗遭受日晒时间太长，受热过度，不久后死亡。货主要求承运人赔偿，但承运人认为空运尚未开始，因此没有责任。

请分析：（1）承运人是否应该赔偿？

（2）应该赔偿多少？

5. 某公司通过空运出口一批陶瓷，在办妥相关手续后，才得知错发了其中一部分已经破损的货物，于是马上向承运人提出退回货物，并承诺承担由此产生的一切费用。而此时货物已装上飞机，且机上还有其他托运人的紧急物资，卸机必将导致延误，因此承运人立即通知托运人并说明情况，拒绝了对方提出的卸机要求。

请分析：（1）承运人的拒绝有无道理？

（2）依据是什么？

6. 有一批空运进口的冻肉，在目的地交货时，收货人发现货物由于没有冷冻保管已产生异味并变质，当即提出异议并向承运人索赔。经详细调查，事故发生原因是托运人填写并签署的托运书中的内容出现错误，将物流运输条件"冷冻保管"错写为"冷藏保管"，承运人照此填制、签发航空运单，相关环节中的操作人员也按此要求对货物进行冷藏保管。

请分析：谁应对货物损失承担责任？为什么？

参 考 文 献

[1] 李旭东. 国际航空物流实务［M］. 修订本. 北京：北京交通大学出版社，2020.

[2] 李旭东. 国际航空物流实务［M］. 北京：北京交通大学出版社，2017.

[3] 李旭东. 国际航空货运实务［M］. 北京：北京交通大学出版社，2014.

[4] 王云. 国际航空物流实务［M］. 北京：中国商务出版社，2015.

[5] 中国航空运输协会. 民航货物运输：中级［M］. 北京：中国民航出版社有限公司，2020.

[6] 刘铁男. 航空危险品运输［M］. 北京：北京交通大学出版社，2023.

[7] 张辉. 民航危险品运输［M］. 北京：中国民航出版社，2018.

[8] 周艳，白燕. 危险品运输与管理［M］. 北京：清华大学出版社，2016.

[9] 杜勇，陆东. 民航危险品运输［M］. 北京：中国民航出版社，2015

[10] Dangerous Goods Regulations（DGR）［EB/OL］. https://www.iata.org/en/publications/dgr.

[11] Technical Instructions for the Safe Transport of Dangerous Good by Air［EB/OL］. https://www.icao.int/publications/pages/publication.aspx？docnum=9284.

[12] Live Animals Regulations（LAR）［EB/OL］. https://www.iata.org/en/publications/store/live-animals-regulations.

[13] Perishable Cargo Regulations（PCR）［EB/OL］. https://www.iata.org/en/publications/store/perishable-cargo-regulations.

[14] Temperature Control Regulations（TCR）［EB/OL］. https://www.iata.org/en/publications/store/temperature-control-regulations.

[15] CEIV Pharma［EB/OL］. https://www.iata.org/en/programs/cargo/pharma/ceiv-pharma.